Groß im Handel

Ausbildung im Groß- und Außenhandel

1. Ausbildungsjahr:
Lernfelder 1 – 4

Lösungen

von
Hartwig Heinemeier
Jürgen Hermsen
Peter Limpke
Hans Jecht

Sehr geehrte Damen und Herren,

dieser Lösungsband soll Ihnen die Arbeit mit dem Lehrbuch erleichtern.

Die Autoren und wir haben mit großer Sorgfalt gearbeitet und darauf geachtet, dass sich keine Fehler einschleichen.

Die Downloads der Datenbestände für unser Warenwirtschaftssystem können Sie unter www.winklers.de unter der Bestellnummer des Warenwirtschaftssystems (1671) herunterladen. Das Passwort lautet: GiH123.

Die passwortgeschützten Lösungen zum Arbeitsheft „Groß im Handel, Warenwirtschaftssystem" (Bestell-Nr. 5569) sowie zu den stufenbezogenen Arbeitsheften „Groß im Handel, Grundstufe", „Groß im Handel, Fachstufe I" und „Groß im Handel, Fachstufe II" (Bestell-Nr. 5605, 5606, 5607) können Sie unter www.winklers.de direkt bei den jeweiligen Titeln herunterladen. Das Passwort lautet jeweils: GiH123.

Wir wünschen Ihnen viel Freude und Erfolg mit Winklers Büchern.

Mit freundlichen Grüßen

IHR WINKLERS TEAM

Übereinstimmend ab 4. Auflage
des Lehrbuches (Bestell-Nr. 5562)
Druck 1, Herstellungsjahr 2011
© Bildungshaus Schulbuchverlage
Westermann Schroedel Diesterweg
Schöningh Winklers GmbH
Postfach 33 20, 38023 Braunschweig
Telefon: 01805 996696*   Fax: 0531 708-664
service@winklers.de
www.winklers.de
Druck: westermann druck GmbH, Braunschweig
ISBN 978-3-8045-**5563**-1

* 14 Cent/Min. aus dem deutschen Festnetz, Mobilfunk maximal 42 Cent/Min.

Auf verschiedenen Seiten dieses Buches befinden sich Verweise (Links) auf Internetadressen.

Haftungshinweis: Trotz sorgfältiger inhaltlicher Kontrolle wird die Haftung für die Inhalte der externen Seiten ausgeschlossen. Für den Inhalt dieser externen Seiten sind ausschließlich deren Betreiber verantwortlich. Sollten Sie bei dem angegebenen Inhalt des Anbieters dieser Seite auf kostenpflichtige, illegale oder anstößige Inhalte treffen, so bedauern wir dies ausdrücklich und bitten Sie, uns umgehend per E-Mail davon in Kenntnis zu setzen, damit beim Nachdruck der entsprechende Verweis gelöscht wird.

Dieses Werk und einzelne Teile daraus sind urheberrechtlich geschützt. Jede Nutzung – außer in den gesetzlich zugelassenen Fällen – ist nur mit vorheriger schriftlicher Einwilligung des Verlages zulässig.

Lösungen zu Lernfeld 1: Das Groß- und Außenhandelsunternehmen präsentieren

Die jeweiligen „Einstiege in das Lernfeld" können von der Lehrkraft auf zweierlei Weise verwendet werden:
- Mithilfe der Lernsituationen können die Inhalte des Lernfelds erarbeitet werden.
- Mit den Lernsituationen können die Schüler über die Anforderungen des gesamten Lernfelds informiert werden. Als eigentliche Lernsituationen dienen dann die Einstiege der einzelnen Kapitel. Nach Bearbeitung des Lernfelds dienen die jeweiligen „Einstiege in das Lernfeld" als komplexe Aufgaben für einen Transfer.

Lernsituation 1 (Seite 7)
1.–6. Schülerbeiträge sind abhängig vom Ausbildungsunternehmen; zum Mindmapping siehe im Lehrbuch Kap. 1.2 und 1.3, zum Visualisieren und Präsentieren von Arbeitsergebnissen siehe im Lehrbuch Kap. 1.2.

Lernsituation 2 (Seite 7)
zum Rollenspiel siehe im Lehrbuch Kap. 1.2

1.1 Wir erkunden einen Betrieb im Großhandel

Einstieg (Seite 8)
Die Schüler werden, da sie am Anfang ihrer Ausbildung stehen, die Unterschiede zwischen der *Spindler KG* (dem Modellunternehmen) und ihrem Ausbildungsunternehmen aufgrund der geringen Vorkenntnisse nur relativ unstrukturiert wiedergeben können. Durch Sammeln *aller* Schülerbeiträge (z. B. durch Moderationsmethode) sollte es dennoch möglich sein, bestimmte Kriterien zu erarbeiten, wodurch sich Großhandelsunternehmen unterscheiden können (analog der Zusammenfassung auf Seite 15).

Aufgaben (Seite 14)

Vorbemerkung: Bei den Aufgaben dieses Kapitels ist im Gegensatz zu späteren Kapiteln evtl. eine umfangreiche Hilfestellung des Lehrers notwendig: Bei den Aufgaben 1 bis 9 geht es darum, bestimmte für das Kennenlernen und Verständnis des Modellunternehmens wichtige Begriffe zunächst einmal vorläufig zu klären, bevor sie *in späteren Kapiteln detailliert* erläutert werden. Die Beantwortung einiger Fragen wird für die Schüler erleichtert durch den Hinweis auf das Sachwortverzeichnis.

1 Die *Spindler KG* ist im Handelsregister beim Amtsgericht Hannover in der Abteilung A eingetragen. Das Handelsregister ist ein Verzeichnis aller Unternehmen eines Amtsgerichtsbezirks, die Kaufmannseigenschaft haben. Das bedeutet, dass für diese Unternehmen andere speziellere Rechtsvorschriften gelten als für „normale" Wirtschaftsteilnehmer, weil sie als „Profis" im Wirtschaftsleben gelten. In der Abteilung A sind alle Personengesellschaften aufgeführt, bei denen die Eigentümer im Insolvenzfall persönlich haften.

2 Die Rechtsform der *Spindler* KG ist die Kommanditgesellschaft. Die Besonderheit der Kommanditgesellschaft liegt darin, dass es mindestens zwei Gesellschafter gibt. Dabei muss einer Komplementär, der andere ein Kommanditist sein.

3 Komplementäre: persönlich haftende Gesellschafter einer KG
Kommanditisten: beschränkt (nur mit der Einlage) haftende Gesellschafter einer KG

4 Stabliniensystem

5 Warenwirtschaftssysteme steuern und kontrollieren den Warendurchlauf im Unternehmen.

6 Ein Leitbild gibt alle Aspekte der Unternehmensphilosophie wieder.

7 alle Wirtschaftsteilnehmer, die keine Endverbraucher sind, z. B.:
- Einzelhändler
- andere Großhandlungen

Also können nur a) und c) richtig sein.

8 Die *Spindler KG* kauft auf dem Beschaffungsmarkt überwiegend von Industrieunternehmen Waren ein. Zusätzlich beschafft sie sich auf den entsprechenden Beschaffungsmärkten Personal und Betriebsmittel.

9 Gegenüber dem Finanzamt werden Steuern abgeführt. Bestimmte staatliche Einrichtungen können auch als Kunden auftreten, z. B. Arbeitskleidung bei der *Spindler KG* bestellen.

Aktionen (Seite 15)

1 Die Mindmap hilft hier, alle notwendigen Informationen über das Modellunternehmen kurz und übersichtlich zusammenzufassen. Wird von den Schülern diese Aktion bearbeitet, empfiehlt es sich, sie auf die Kap. 1.2 und 1.3 im Lehrbuch hinzuweisen und die dortigen Inhalte auch zu thematisieren.

2 Eine Wandzeitung ist ein großes Plakat, auf dem in übersichtlicher Form Informationen und Meinungen – Wünsche, Träume und Ängste – zu einem Thema dargestellt werden.

Wandzeitungen werden in Gruppen oder durch die Zusammenarbeit aller Schüler erstellt. Die Informationen können dann leicht in dieser Form anderen Schülern/der Öffentlichkeit zugänglich gemacht werden.

Generell sollten die Schüler auf Folgendes hingewiesen werden:
- Die Wandzeitung sollte nicht überladen sein.
- Überschriften und Bilder brauchen Raum, damit sie wirken können. Weniger sagt oft mehr.
- Der Betrachter muss die Aussagen der Wandzeitung schnell erfassen können, sonst verliert er evtl. das Interesse und wendet sich anderen Dingen zu.
- Überschriften, Schlagzeilen sollen griffig und einprägsam sein.
- Die Schriftgröße muss so gewählt werden, dass sie auch aus größerer Entfernung klar lesbar ist. Die Schriftgröße je nach Wichtigkeit der Aussage abstufen: wichtige Aussagen größer, unwichtigere kleiner darstellen.
- Wichtige Informationen müssen von den Betrachtern schnell erfasst werden können, sie werden durch eine größere Schrift oder leuchtende Farbe hervorgehoben.

1.2 Wir benötigen als Arbeitnehmer im Großhandel umfassende Handlungskompetenzen

Einstieg (Seite 16)

1. Momentan leben wir in der beginnenden Informationsgesellschaft. Diese ist einerseits gekennzeichnet durch eine rasante Zunahme an Wissen, andererseits durch ein Veralten bisheriger Kenntnisse. Vor diesem Hintergrund wird die Vermittlung von Schlüsselqualifikationen immer wichtiger: Wird es im Berufsleben immer mehr neues Wissen geben, wird das effiziente Lesen von Informationstexten immer wichtiger.

2. a) persönliche Kompetenzen:
   - Kritikfähigkeit
   - Kreativität
   - Flexibilität
   - Konzentrationsfähigkeit
   - Selbstverantwortung
   - Sorgfalt
   - Ausdauer
   - Lern- und Leistungsbereitschaft
   - Zuverlässigkeit

   b) soziale Kompetenzen:
   - Teamfähigkeit
   - Freundlichkeit
   - Konfliktfähigkeit
   - Toleranz

3. - aktives Lesen (5-Schritt-Methode)
   - Gruppenarbeit
   - Rollenspiel
   - Kartenabfrage
   - Brainstorming
   - Kopfstandmethode
   - Mindmapping
   - Referate
   - Präsentieren
   - Visualisieren

4. schülerabhängig

Aufgaben (Seite 25)

1. Schlüsselqualifikationen sind alle fachlichen, körperlichen, physischen und sozialen Qualifikationen, die den Berufstätigen befähigen, heute und in Zukunft auf veränderte Anforderungen flexibel reagieren zu können.

2. - Jeder fasst sich kurz.
   - Es redet immer nur eine Person.
   - Jeder arbeitet mit.
   - Jedes Gruppenmitglied ist für das Ergebnis mitverantwortlich.
   - Die Gruppendiskussionen sollten sich immer am Sachziel orientieren.
   - Jedes Gruppenmitglied darf sich frei äußern und ausreden. Alle Meinungen werden gegenseitig akzeptiert.
   - Über den „richtigen" Weg wird diskutiert. Diskussionsbeiträge dürfen allerdings nicht persönlich verletzend sein.
   - Fühlt sich jemand unwohl, sagt er es sofort.
   - Vereinbarte Termine werden eingehalten.

- An der Ergebnispräsentation sollten möglichst alle Gruppenmitglieder teilnehmen oder diese zumindest gemeinsam vorbereiten und dann einen Sprecher wählen.
- Jedes Gruppenmitglied ist für die von ihm übernommenen Aufgaben gegenüber der Gruppe verantwortlich.

3 Mindmaps dienen dazu, Gespräche und Ideen, Notizen und Gedanken
- auf einfache Weise,
- schnell und
- übersichtlich visualisiert

aufzuschreiben.

4
- Einleitung
- Hauptteil
- Schluss

5
- Alle Mitglieder eines Teams sind an der Lösung beteiligt: Das Sammeln der Beiträge wird nicht durch dominante Gruppenmitglieder verzerrt.
- Es werden möglichst viele Lösungsvorschläge erfasst. Durch die Visualisierung gehen keine Beiträge verloren.

6 Durch Anwendung der 5-Schritt-Methode wird der Lesestoff auf mehreren Lernwegen aufgenommen.

Aktionen (Seite 25–27)

1 schüler- und themenabhängige Lösung

2 1. Schritt: Was muss ich tun, um bei einer Bewerbung erfolgreich zu sein?
2. Schritt: (interessierende Problemstellung ins Gegenteil verkehren) Was muss ich tun, um bei einer Bewerbung unbedingt erfolglos zu sein?
3. Schritt: Sammlung der Antworten, z. B. unpünktlich sein, nicht informiert sein usw.
4. Schritt: zu jeder Nennung eine Gegenlösung suchen, die zur Problemlösung führen soll (unpünktlich sein à pünktlich erscheinen)

3 schülerabhängige Lösung, zur Pro-und-Kontra-Diskussion siehe auch die Ausführungen zur Aktion 4 in Kap. 2.9

4 schülerabhängige Lösung, zum aktiven Lesen siehe auch die Ausführungen zur Aktion 1 in Kap. 2.14

5 A: Persönliche Kompetenz 8
B: Persönliche Kompetenz 7
C: Soziale Kompetenz 2
D: Soziale Kompetenz 1
E: Persönliche Kompetenz 5
F: Persönliche Kompetenz 3
G: Persönliche Kompetenz 2
H: Persönliche Kompetenz 1
I: Soziale Kompetenz 4
J: Soziale Kompetenz 3
K: Persönliche Kompetenz 6
L: Persönliche Kompetenz 4

1.3 Wir planen und präsentieren mit Programmen

Einstieg (Seite 28)

Eine Mindmap enthält auf geringer Fläche eine dichte Komplexität an Inhalten, Fakten oder Ideen. Gearbeitet wird mit Schlüsselbegriffen. Sie sind so passend gewählt, dass sich in oder hinter ihnen ein weiterer Komplex von weiteren Komplexen versteckt. Mithilfe von Mindmaps werden mit Leichtigkeit riesige Datenmengen festgehalten und gemerkt. Die Vorteile von Mindmaps liegen somit in der einprägsamen Art der Strukturierung und der Möglichkeit der individuellen Gestaltung entsprechend den eigenen Bedürfnissen und Vorlieben.

Aufgaben (Seite 33)

1
- Zusammenfassen von Ergebnissen
- Planung
- Dokumentation von Ideen
- Präsentation

2
- einfache und schnelle Umstrukturierung
- Begriffe können mit Erklärungen hinterlegt werden
- einfache und schnelle farbliche und grafische Gestaltung
- Präsentationseignung

3 siehe im Lehrbuch Seite 29 f.

4
- Vorträge
- Produktvorstellungen und -präsentationen
- Schulungen
- Workshops
- Moderationen

5 siehe auch im Lehrbuch Seite 30
- Möglichkeit, optisch ansprechende Ergebnisse zu erzielen
- freie Gestaltungsmöglichkeiten
- alle Informationsquellen sind in einem Medium vereint
- leichtes Ändern und Aktualisieren möglich
- Einstellung ins Internet

6 siehe im Lehrbuch Seite 30 bis 32

7 a) bis c) siehe im Lehrbuch Seite 30 f.

Aktionen (Seite 33)

1 Für die weitere Arbeit ist es von Vorteil, mit der Klasse die Präsentationsregeln zu erarbeiten und wegen der immensen Bedeutung auf einer Wandzeitung festzuhalten.

Weisen Sie die Lernenden darauf hin, dass PowerPoint-Präsentationen nicht zu textlastig sein sollten. Eine Folie sollte nur kurze prägnante und relevante Informationen enthalten und den Vortrag unterstützen – nicht ihn ersetzen. Von Vorteil ist immer auch die Visualisierung von Aussagen durch Bilder.

2 An dieser Stelle können mit den Lernenden die Vorteile einer Erstellung der Mindmap mithilfe des Programms erarbeitet werden (z. B. Ausdruck mehrerer Exemplare, leichte Veränderbarkeit, Hinterlegung von Texten und Links usw.).

3 Optimal wäre es, die Ergebnisse tatsächlich im Netz zu hinterlegen.

1.4 Wir nutzen das Internet

Einstieg (Seite 34)

1. Weltweit größtes Online-Informationssystem: Das Internet ist die Gesamtheit aller weltweit zusammengeschlossenen Computernetzwerke, die nach einem standardisierten Verfahren miteinander kommunizieren.

2. siehe Tabelle im Lehrbuch, Seite 34

3. Wichtig ist, dass die Schüler mit unterschiedlichen Suchmaschinen arbeiten und die Suchergebnisse vergleichen.

4. schülerabhängig

Aufgaben (Seite 41)

1
- WWW
- E-Mail
- FTP
- Telnet
- Usenet

2 Am Beispiel: http://www.spiegel.de/fotostrecke/fotostrecke-33574.html
- **http://** gibt das „Protokoll" an. Das ist die „Sprache", die der Browser beim Zugriff auf dieAdresse verwendet: http:// (HyperText Transfer Protokol) wird hauptsächlich zum Übertragen von Webseiten benutzt, ftp:// (File Transfer Protokol) zum Download/ Upload von Dateien.
  Lässt man das Protokoll bei der Eingabe einer WWW-Adresse weg, fügt der Browser im Allgemeinen automatisch http:// hinzu.
- **www** world wide web – wichtiges Teilnetz des Internets
- **spiegel.de** ist die eigentliche Adresse des Rechners im Internet, auf dem die Seite abgerufen wird. Dieser Teil einer URL wird auch als Domain oder IP-Adresse bezeichnet. Der vordere Teil wird als Sub-Level-Domain, der hintere als Top-Level-Domain bezeichnet. Die Top-Level-Domain gibt an, in welchem Land der Rechner steht oder welche Organisation den Rechner betreibt: z. B. steht de für Deutschland.
- **/fotostrecke/** ist ein Unterverzeichnis auf dem Rechner www.spiegel.de.
- **fotostrecke-33574.html** ist eine Datei im Verzeichnis fotostrecke.

3 Hyperlinks sind durch Mausklick zu aktivierende Querverweise in einem Internetdokument, die zu einer anderen Textstelle des Dokuments oder einem ganz anderen Internet-Rechner führen.

4 Browser sind Programme, die die Navigation im WWW ermöglichen. Hierfür wird der HTML-Code in die Darstellung für den Bildschirm umgesetzt. Die grafische Oberfläche des Browsers ermöglicht es, Texte, Bilder und Grafiken zu zeigen und erleichtert die Suche im Netz. Die bekanntesten Browser sind „Internet Explorer" von Microsoft und der „Mozilla Firefox".

5 Es gibt Suchmaschinen, weil man in den meisten Fällen nicht die genaue Internetadresse eines interessanten Internetangebotes kennt.

6 • reine Suchmaschinen
• Kataloge
• Metasuchmaschinen

7 a) Usenet   c) E-Mail
b) Telnet   d) WWW

Aktionen (Seite 41–43)

1 Eine mögliche weitere Aufgabe wäre die Bearbeitung der Aufgaben 1 bis 7 mithilfe dieses Kurses.

2 Die Übernahme von Texten und Bildern aus dem Internet ist eine der wichtigsten Tätigkeiten und sollte auch mit den Lernenden geübt werden. Weisen Sie Ihre Schüler aber darauf hin, dass auch bei Übernahmen aus Internetquellen Copyrights beachtet und z. B. in schriftlichen Referaten sämtliche Übernahmen durch ausführliche Quellenangaben zu kennzeichnen sind.

3 Einen weiteren schönen Internettest findet man unter:
www.swisseduc.ch/informatik/internet/internet_recherche/test/

4 a) SG   c) UK
b) ZA   d) SE

5 Im Hinblick auf Aufgabe 5f) sollten die Schüler explizit darauf hingewiesen werden, dass auch Lehrkräfte sowohl entsprechende Adressen genau kennen als auch über Suchmaschinen diese finden können. Sehr weit gediehen ist beispielsweise die Entwicklung einer Suchmaschine, die prozentuale Ähnlichkeiten von Texten mit im Internet vorhandenen Dokumenten ausgibt.

6 Zur Förderung der Medienkompetenz sollen die Suchstrategien vor allem beim Auffinden guter Adressen protokolliert werden. In der anschließenden Auswertung sollte auch der Suchweg besprochen werden.

7 Zur Förderung der Medienkompetenz die Schüler die Internetadressen selber suchen lassen. Mögliche Hilfestellungen bei der Domainsuche: www.denic.de

1.5 Wir erkennen die Beziehungen zwischen Haushalten und Unternehmen

Einstieg (Seite 44)

Um sich Güter, u. a. auch Joggingschuhe, kaufen zu können, benötigt Monika Bode Geld, das sie über ihr monatliches Einkommen erhält. Ihr Gehalt bekommt sie von ihrem Arbeitgeber ausgezahlt, dem sie als Gegenleistung ihre Arbeitskraft zur Verfügung stellt.

Aufgaben (Seite 48)

1

a) Kaufhaus	b) Verlag	c) Apotheke	d) Nerzfarm
Lebensmittel Elektroartikel Sportartikel usw.	Fachbücher Zeitschriften Belletristik	Hautcreme Arzneimittel Sonnenbrillen Hustenbonbons	Felle von Nerzen

2 Das **Modell des einfachen Wirtschaftskreislaufs** gibt die Wirklichkeit stark vereinfacht wieder, denn es wird dabei unterstellt:
- In der betrachteten Volkswirtschaft gibt es nur einen Unternehmensbereich und einen Haushaltsbereich. Beziehungen zum Staat und zum Ausland werden nicht berücksichtigt, wie z. B. Rente, Arbeitslosengeld vom Staat oder Geld, das z. B. die Familie Lang während ihres Urlaubs im Ausland ausgibt.
- Das gesamte Einkommen der privaten Haushalte wird zum Kauf von Konsumgütern ausgegeben, es wird also nicht gespart.
- Die Unternehmen und die Haushalte leihen bei den Kreditinstituten (Banken und Sparkassen) kein Geld.
- Produktion und Konsum fallen zeitlich zusammen.
- Die Haushalte bekommen nur von den Unternehmen Einkommen.

3 Es wird weniger gekauft als vorher. Da die Warenmenge jedoch gleich geblieben ist, müssen die Unternehmen die Preise senken, um ihr Warenangebot absetzen zu können. Gleichzeitig wird die Produktion eingeschränkt. Es wird daher in Zukunft weniger gearbeitet (Kurzarbeit oder Entlassungen). Weniger Arbeit bedeutet weniger Einkommen = weniger Geld auf der Verbraucherseite. Die Wirtschaft schrumpft aufgrund des Nachfrageausfalls, die Preise sinken weiter ...

4 Arbeitsniederlegung = Streik → die Arbeitnehmer stellen (vorübergehend) ihre Arbeitskraft nicht mehr zur Verfügung und kaufen wegen ihres nun geringeren Einkommens weniger Konsumgüter von den Unternehmen.
Dadurch werden sowohl der Güter- als auch der Geldstrom unterbrochen, die ständige Wiederholung von Kauf und Verkauf findet nicht mehr statt. Die Unternehmen können nicht mehr sämtliche hergestellten Güter absetzen, ihre Erlöse sinken, Arbeitnehmer aus anderen Branchen (vgl. Arbeitsteilung → Zuliefererindustrien) müssen evtl. entlassen werden ...
(Anmerkung: dem Schülerniveau entsprechend vertiefen)

5 Güterstrom: Er zeigt die Bereitstellung der Produktionsfaktoren durch die Haushalte für die Unternehmen und die Bereitstellung der Konsumgüter durch die Unternehmen für die Haushalte.

Geldstrom: Er zeigt, woher das Einkommen der Haushalte stammt und dass die Haushalte das Einkommen an die Unternehmen wieder ausgeben.

6 Es gibt kein Wirtschaftswachstum, da sich Produktion und Konsum unverändert wiederholen, d. h., dass die privaten Haushalte ihr gesamtes Einkommen für den Kauf von Konsumgütern ausgeben (Y = C). Dementsprechend werden von den Unternehmen auch nur Konsumgüter produziert – in neue oder verbrauchte Produktionsgüter wird nicht investiert.

7   a) Die Kreditinstitute verzeichnen einen höheren Geldmittelzufluss.
→ Erhöhung des Kreditvolumens (Kreditvergabe **an die Unternehmen**)
b) → Anstieg der Investitionstätigkeit, insbesondere der unternehmerischen Nachfrage nach Investitionsgütern
c) → Die Nachfrage nach Konsumgütern sinkt aufgrund der (jetzt höheren) gebildeten Ersparnisse.
d) → Die Wirtschaft wächst letztlich aber, da die von den privaten Haushalten gesparten Einkommensteile (= Ausfall der Konsumgüternachfrage) durch die Investitionsgüternachfrage kompensiert wird.
→ Anwachsen der Produktionsmöglichkeiten

8   Unternehmen, private Haushalte, Kreditinstitute, Staat

9   a) geschlossene Volkswirtschaft: Volkswirtschaft ohne den Sektor Ausland
offene Volkswirtschaft: Volkswirtschaft, in die das Ausland in die Kreislaufbetrachtung mit einbezogen wurde

b) **Der einfache Wirtschaftskreislauf** besteht aus den Wirtschaftssubjekten private Haushalte und Unternehmen bzw. bei der Betrachtung von Sparen und Investieren zusätzlich aus dem Bankensektor.
Beim erweiterten Wirtschaftskreislauf wird der einfache Wirtschaftskreislauf um die beiden Sektoren Staat und Ausland ergänzt.

10 a) staatliche Zahlungen ohne Gegenleistung der Zahlungsempfänger
b) Unternehmen und private Haushalte
c) Renten, BAföG, Wohngeld, Subventionen

11 a) Unterschied zwischen dem Wert der Exporte und dem Wert der Importe
b) Exporte > Importe
c) Exporte < Importe

12 • Inländische Gütermenge nimmt ab.
• Inländisches Einkommen erhöht sich.
• Forderungen des Inlandes gegenüber dem Ausland steigen an.
• Inländische Haushalte leisten Konsumverzicht für das Ausland.

13 Konsumverzicht leistet das Ausland für das Inland.

Aktionen (Seite 48/49)

1   individuelle Schülerbeiträge
Bei der Schaubilderstellung mithilfe von Diagrammen, Symbolen und Bildern sollte explizit auf die Visualisierungsregeln hingewiesen werden:
• auf Lesbarkeit achten
• angemessen groß und für alle sichtbar schreiben
• nicht zu viel schreiben oder zeichnen
• übersichtlich gliedern
• verschiedene Farben einsetzen
• bei Texten nur Kernaussagen aufnehmen
• verständlich und präzise formulieren

2 individuelle Schülerbeiträge
Die Schüler sollten zudem aufgefordert werden, ihr Ergebnis in **freier Rede** zu erklären. Es sollte vorbereitend auf die Vortragsphase auf folgende Punkte hingewiesen werden:
- sich kurz fassen
- laut und deutlich reden, in kurzen und verständlichen Sätzen
- kurze Pausen einlegen, wenn ein Gedanke abgeschlossen ist
- Zuhörer anschauen

3 Das Ergebnis dieser Aktion soll der einfache Wirtschaftskreislauf sein.

4 a) Dieses *Modell* reduziert das Wirtschaftsleben auf zwei Wirtschaftssubjekte (Sektoren): die *privaten Haushalte* einerseits und die *Unternehmen* andererseits. Die privaten Haushalte sind sowohl Arbeitnehmer- als auch Unternehmerhaushalte. Die Haushalte verbrauchen ihre Einkommen, ohne Ersparnisse zu bilden.
Der Wirtschaftskreislauf stellt die wesentlichen *Geldströme* und *Güterströme* zwischen beiden dar. Einflüsse von *Staat, Kreditinstituten, Kapitalsammelstellen* sowie des *Auslands* werden dabei nicht betrachtet.

b) In der klassischen Definition wird ein *Modell* als vereinfachtes Abbild der Realität angesehen. Ein Modell erfasst nicht sämtliche Merkmale des Originals, sondern nur diejenigen, die dem Modellschaffer relevant erscheinen. Es ist ein von der Wirklichkeit weitgehend losgelöstes Denkschema, dessen Ergebnisse nur unter den von vornherein festgelegten Voraussetzungen gültig sind. Diese Voraussetzungen sind notwendig, um eindeutige Aussagen machen zu können. Fiktive Modelle sind daher Mittel zur tieferen und umfassenderen Erkenntnis der Wirklichkeit. Sie helfen, reale Beziehungen und Zusammenhänge aufzudecken, bestimmte reale Eigenschaften erfassbar und praktisch beherrschbar werden zu lassen.

1.6 Wir als Großhändler erfüllen verschiedene Funktionen in der Gesamtgesellschaft

Einstieg (Seite 51)

a) – c)
Bezüglich seiner **Stellung in der Wirtschaft** bzw. seiner Eingliederung in den gesamtwirtschaftlichen Prozess kann der Großhandel als Bindeglied zwischen Produktion (Leistungserstellung) und Konsumtion (Leistungsverwertung) gesehen werden. Insofern tritt er in der arbeitsteiligen Wirtschaft sowohl als Zwischen**nachfrager** als auch als Zwischen**anbieter** auf. Dabei gibt der Großhandelsbetrieb die Ware ohne nennenswerte Veränderungen an gewerbliche Nutzer bzw. Weiterverarbeiter weiter.
Bezüglich seiner **Stellung in der Absatzkette** muss man unterscheiden zwischen Aufkauf-, Produktionsverbindungs- und Absatz- (Verteilungs-)Großhandel.
Der Aufkaufgroßhandel (Sammelgroßhandel) sammelt bei verschiedenen Anbietern kleinere Warenpartien, bündelt sie und veräußert sie an Großabnehmer.
Der Produktionsverbindungshandel stellt die Verbindung dar zwischen zwei Produktionsbetrieben und damit letztlich auch zwischen zwei Produktionsstufen. In erster Linie wird mit Halb- und Fertigerzeugnissen, mit Roh-, Hilfs- und Betriebsstoffen sowie mit Betriebsmitteln gehandelt. Diese Güter werden weiterverarbeitenden Betrieben zugestellt.
Der Absatzgroßhandel kauft bei Herstellern größere Warenmengen und beliefert überwiegend Einzelhandelsunternehmen.

Neben seiner ursächlichen Aufgabe, dem Kauf und Verkauf von Waren, erfüllt der Großhandel eine Reihe von weiteren Aufgaben, denen je nach Art des Großhandelsbetriebes unterschiedliches Gewicht zukommt.

Zu nennen sind im Einzelnen: Raumüberbrückung (Transport), Lagerhaltung, Kreditgewährung, Preisausgleich, Mengenumgruppierung, Sortimentsbildung, Qualitätsausgleich (Warenmanipulation), Kundendienst, Markterschließung, Kundenberatung, Verkaufsförderung und Ladengestaltung.

Erst bei Wegfall all dieser Aufgabenbereiche (die in Zukunft qualitativ und quantitativ eher noch ansteigen werden) wird evident, welche Bedeutung, insbesondere auch vor dem Hintergrund kostenmäßiger Entlastung für Hersteller und Einzelhandel, Großhandelsbetriebe in der Wirtschaft einnehmen.

„Verlängerung der Warenwege" durch den Großhandel ist sicherlich eine richtige Bemerkung, aber nicht mit der daraus von den Kritikern abgeleiteten Konsequenz der Warenverteuerung (stets im Vergleich zu sehen mit der Situation, in der der Großhandel nicht existent wäre).

Bedeutung: Seine generelle Bedeutung hat der Großhandelsbetrieb in seiner Funktion als Bindeglied zwischen Produktion und Verbrauch. Als Mittler auf den verschiedenen Märkten wird er zukünftig für seine Lieferanten immer mehr als Berater, Zuarbeiter und Informationslieferant sowie als Mitgestalter und -planer in der Absatzwirtschaft tätig werden. Seine Kunden erwarten immer häufiger die Übernahme von Serviceleistungen und Aufgaben bzgl. Beratung und Sortimentsbildung, die in der Vergangenheit noch von der Industrie übernommen wurden.

Aufgaben (Seite 61/62)

1 „Der Absatzgroßhandel (Konsumgütergroßhandel) bezieht Güter in größeren Mengen von den Herstellern ..."

2 Einerseits werden die Ansprüche der Konsumenten immer differenzierter, andererseits wird der Güterstrom im Zuge der Integration der Märkte (z. B. in Europa) noch breiter. In dieser Situation ist es der Handel, der den doppelten Druck einer verstärkten Gütervielfalt vonseiten der Hersteller aus dem In- und Ausland und einer steigenden und differenzierter werdenden Konsumnachfrage ausbalanciert und seine Versorgungsfunktion wirtschaftlich erfüllt.

Versorgung meint in diesem Sinne: Lenkung der Warenströme in der gewünschten Art, Menge und Qualität an die Orte des Bedarfs. Handelsbetriebe sind demnach Dienstleistungsbetriebe, die Sachgüter von anderen Unternehmen aufkaufen und lagern, um sie unverändert (ggf. mit geringen, handelsüblichen Veränderungen) und bedarfsgerecht an die Abnehmer (andere Unternehmen oder Haushalte) abzugeben.

Als Zwischenanbieter und Zwischennachfrager sind die Handelsbetriebe Bindeglied zwischen den Herstellern und den Konsumenten. Je nach Abnehmerkreis unterscheidet man im Handel zwei Verteilungsstufen:

Der *Einzelhandel* bezieht seine Waren vom Großhändler oder vom Hersteller und verkauft sie an die Endverbraucher.

Großhandelsbetriebe verkaufen ihre Produkte an Wiederverkäufer (Einzelhändler), Großabnehmer (z. B. Großkantinen) und Verarbeitungsbetriebe (Industrie, Handwerk). Der Handelsbetrieb erleichtert also dem Hersteller den Absatz seiner Produkte. Dabei ergeben sich die Teilaufgaben wie unter Aufgabe 2 aufgelistet.

(siehe auch ausführliche Stellungnahme zum Einstiegsfall)

3 a) Hersteller schalten für den Absatz ihrer Waren Handelsbetriebe (oder selbstständige Absatzmittler) ein, die ihnen Verteilungs- und Serviceaufgaben abnehmen.

b) In sehr vielen Fällen würde es den Gewinnungs- und Erzeugungsbetrieben große Schwierigkeiten machen, ihre Güter direkt an die Verwender abzusetzen. Um den Beschaffungswünschen der Verwender zu entsprechen, hätten sie unter Umständen durch den Absatz mehr Arbeit als durch die Produktion selbst. Das entspricht i. d. R. aber nicht ihren eigenen Wünschen, die mehr auf eine Verringerung der Absatzarbeiten als auf deren Ausweitung gerichtet sind. Ihr Interesse gilt hauptsächlich der Produktion.

Die Bedeutung des indirekten Absatzes liegt nun darin, durch Einschaltung der Handelsbetriebe zwischen den Absatzwünschen der Hersteller und den Beschaffungswünschen der Verwender einen für beide Partner nützlichen Ausgleich zu schaffen.

Die Unterschiede zwischen den Absatzwünschen der Hersteller und den Beschaffungswünschen der Verwender können sich dabei auf verschiedene Sachverhalte beziehen.

Die Elegantia Textil GmbH sieht u. a. die folgenden Vorteile:

- Einsparung von Vertriebskosten
- Einsparung von Kosten durch die Übernahme von Funktionen seitens hoch spezialisierter Großhandelsbetriebe, die bestimmte Aufgaben günstiger als das eigene Unternehmen wahrnehmen können
- Nutzung der Eigeninitiative und Eigenständigkeit der Großhandelsbetriebe bei der Kundenakquisition
- Erschließung der u. U. besseren Marktkenntnisse von Großhandelsunternehmen
- Der Handel übernimmt häufig das kurz- und mittelfristige Absatzrisiko (Lager- und Preisrisiko).
- Der Handel ist häufig besser auf Kundenwerbung und -service eingestellt.
- Güter sind häufig im Rahmen eines Sortiments besser absetzbar.

4 Die grundlegende Aufgabe von Großhandelsbetrieben ist der Kauf und Verkauf von Waren, allerdings mehr und mehr ergänzt durch Aktivitäten im Qualitäts- und Produktbereich, durch Serviceaktivitäten, Aktivitäten in den Bereichen Warenkreditierung und Kommunikation.

Dabei verändert der Großhandelsbetrieb die Waren nicht, wie es im Gegensatz die be- und verarbeitende Industrie tut.

5 schülerabhängige Antwort

6 siehe Übersicht im Lehrbuch Seite 60

7 Markterschließung bedeutet, dass der Großhandel als „Kontaktglied" zum Verwender die Informationen bekommt, auf die die Hersteller der Waren angewiesen sind. Beispielsweise ist es wichtig, zu wissen, wie der Kunde eine Ware annimmt resp. beurteilt, ob und welche Änderungswünsche bestehen, welche Verbesserungen vorzunehmen sind usw. Bei der Beantwortung dieser Fragen ist der Handel vor Ort maßgeblich beteiligt. Dadurch und durch Werbung kann er neue Märkte erschließen und bestehende ausweiten bzw. sichern helfen.

(Lehrbuch, Seite 61/62)

8

	Produktionsstufen		
	Urproduktion	Weiterverarbeitung	Dienstleistungen
a) Wollpullover	Landwirtschaft (Schäfer)	Spinnerei, Weberei, Textilfabrik	Transportunternehmen, Banken, Post AG, Groß- und Einzelhandel
b) Wohnzimmerschrank	Forstwirtschaft, Bergwerke	Sägewerk, Hersteller von Schrauben und Beschlägen, Farbenfabrik, Schreinerei (Handwerksbetriebe)	
c) Automobil	Bergwerke, Kautschukplantagen	Reifenhersteller, Glashütten, Chem. Industrie, Autohersteller	
d) Bleistift	Bergbaubetriebe, Forstwirtschaft	Sägewerk, Kohleverarbeitung, Bleistiftherstellung	

Anmerkung: Lösungsvorschläge erheben keinen Anspruch auf Vollständigkeit.

9 Die Schüler sollen nach dem Durcharbeiten des vorliegenden Kap. 1.6 diese Frage vor dem Hintergrund ihrer vorherigen Stellungnahmen zu den Einstiegsfragen a) bis c) im Lehrbuch Seite 51, beantworten.

Im Rahmen der Beantwortung von Aufgabe 9 können zuvor abgegebene Standpunkte ggf. gefestigt, modifiziert oder u. U. revidiert werden.

Mögliche Antwort:

Der Handel ist ein zum Dienstleistungssektor zählender Wirtschaftszweig, dessen Unternehmen Waren beschaffen und an andere Unternehmen oder Endverbraucher weiterveräußern, ohne die Güter einer wesentlichen Veränderung durch Be- oder Verarbeitung zu unterziehen. Der Binnenhandel umfasst die Wirtschaftsbereiche Einzelhandel und Großhandel.

Seine Dienstleistungen erbringt der Handelsbetrieb einerseits für die Produktionsbetriebe, denen er eine große Zahl von Aufgaben, die mit dem Absatz zusammenhängen, abnimmt, sodass sie sich vor allem auf ihre produktionswirtschaftlichen Aufgaben konzentrieren können, andererseits für die Kunden, denen er die Waren herbeischafft und in gewissen, dem Bedarf angepassten Sortimenten jederzeit in der gewünschten Qualität und Quantität anbietet. Die Funktion des Handels besteht also generell darin, die Spannungen, die zwischen Herstellern und Kunden existieren, zu überbrücken.

Zum einen gehört hierzu der Ausgleich von Spannungen zwischen Produzenten und Abnehmern, die räumlich, zeitlich, quantitäts- und qualitätsmäßig bedingt sind. Zum anderen beseitigen oder vermindern die Handelsbetriebe die Unvollkommenheiten des Marktes, die z. B. durch fehlende Marktübersicht der Marktteilnehmer oder durch fehlende Warenkenntnisse entstehen. Sie sollen durch Kontakt, Information, Beratung und sortimentsmäßige Umgruppierungen überwunden werden.

10 Der Sportfachhandel übernimmt in erster Linie eine Transport- und Lagerhaltungsfunktion (= Überbrückungsfunktionen i. S. v. Raumüberbrückung und Zeitüberbrückung). Im vorliegenden Fall ist es insbesondere die **Zeitüberbrückungsfunktion**, also der Ausgleich der zeitlichen Differenz zwischen Produktion und Verbrauch bzw. Nutzung. Sie kann auf folgende Weise erfüllt werden:

- Es besteht die Möglichkeit der Vordisposition, bei der der Sportfachhandel Bestellungen der Kunden entgegennimmt und diese an den oder die Hersteller weiterleitet;

(Lehrbuch, Seite 61/62)

- Der Handel kann die Ski lagern und auf diese Weise die Zeit bis zum Zeitpunkt des Kaufs durch die Kunden überbrücken.

  Beide Möglichkeiten führen im Endeffekt zum selben Ergebnis, dass nämlich eine kontinuierliche Produktion auch bei diskontinuierlicher Abnahme durch die Nachfrager möglich ist und eine gewisse Reduktion des Produktionsrisikos eintritt.

11 a) Bei dem Instrument der Absatzfinanzierung geht es um die Möglichkeit des Großhandelsunternehmens, als Kreditgeber für seine Kunden aufzutreten. Der **Lieferantenkredit** wird als Stundung der Zahlungen für Waren- oder Dienstleistungsverkäufe nach branchenbezogenen Konditionen gewährt. Seinem Wesen nach ist der Lieferantenkredit ein Mittel der Absatzförderung, da der Lieferant nicht wegen des Kreditgeschäfts, sondern zur Steigerung seines Umsatzes an der Einräumung des Kredits interessiert ist. Er wird in der Regel ohne jegliche Formalität, z. B. Kreditwürdigkeitsprüfung, bei Abschluss des Kaufvertrages gewährt.

b) Ein Mittel der Absatzfinanzierung, das immer größere Bedeutung erlangt, ist der **Teilzahlungskredit**. Der Kunde muss beim Kauf nur eine Anzahlung leisten, der Restkaufpreis wird gestundet und in vertraglich festgelegten Raten allmählich abgezahlt. Der Vorteil des Teilzahlungskredits liegt für das Großhandelsunternehmen in der Tatsache, dass Käufer gewonnen werden, die aufgrund des hohen Kaufpreises der angebotenen Güter zu einer Barzahlung nicht in der Lage wären.

Aktionen (Seite 62)

1 Beim Vorbereiten, Halten und Nachbereiten eines **Referates** sollte folgendermaßen vorgegangen werden:

Informationsphase
- Informationen beschaffen
- auf vorliegende Materialien zurückgreifen (Schulbücher, Lexika, Zeitschriften, Internet, Zeitungen u. v. m.)
- in der Bibliothek recherchieren

Erarbeitungsphase
- die wesentlichen Informationen auswählen
- ausgewählte Informationen/Inhalte in eine schlüssige Reihenfolge bringen
- Gliederung aufschreiben
- Langfassung des Referates sowie einen Stichwortzettel für den Vortrag erstellen
- die wesentlichen Aussagen schriftlich zusammenfassen

Vortragsphase
- kurz fassen (hier: 10 Minuten)
- langsam sprechen
- laut und deutlich sowie in kurzen und verständlichen Sätzen reden
- frei reden unter Benutzung des Stichwortzettels (keinen vorgeschriebenen Text ablesen)
- nach Abschluss eines Gedankens eine kurze Pause einlegen
- Blickkontakt mit wechselnden Mitschülern suchen
- Veranschaulichung der Ausführungen mithilfe der verfügbaren Medien (OHP/Folie, Tafel, Plakate, Bilder u. v. m.)

2 a) Informationen zur **Gruppenarbeit:**
- Jedes Mitglied ist mitverantwortlich für die Ergebnisse.
- Keiner der Mitglieder darf sich „ausklinken"
- Jeder kann seine Meinung frei äußern, alle Meinungen werden akzeptiert.
- Die Meinungen der Mitglieder werden in der Gruppe diskutiert.
- Niemand wird beim Sprechen unterbrochen.
- Bei einer komplexeren Aufgabe wie im vorliegen Fall übernimmt jedes Mitglied einen Teilbereich, für den er selbst verantwortlich ist.

Weitere Informationen zur *Gruppenarbeit* sind im Lehrbuch Kap. 1.2, Seite 20 f. zu finden.

Brainstorming

Einsatzmöglichkeiten
- zum Einstieg in das Kap. 1.6
- zur Sammlung von Wahlmöglichkeiten und vielen unterschiedlichen Ideen
- zur Findung von alternativen Problemlösungen

Lernziele
- eigene Einfälle zum vorliegenden Thema entdecken und eigenen Einfällen Raum zur Äußerung geben
- Struktur des Unterrichtsgegenstandes finden
- Konzentrationsfähigkeit, Solidarität und Konsensfähigkeit stärken
- Vielfalt von Ideen und/oder Lösungsansätzen finden und wahrnehmen (assoziatives Denken unterstützen)
- Spontaneität entwickeln

Durchführung
- siehe im Lehrbuch Kap. 1.2, Seite 23 (geeignet für Gruppen zwischen 6 und 12 Personen)

Fragebogen

Mithilfe eines *Fragebogens* kann eine Befragung leichter gesteuert werden und ist eine genauere Informationsbeschaffung möglich. Daher sollten die Fragen gut vorbereitet werden. Damit der Interviewte die Fragen nicht nur mit ja oder nein beantworten kann, sollten diese offen gestellt werden: „Was gefällt Ihnen besonders gut an der Fernsehwerbung?" Häufig werden geschlossene Fragen gestellt, die nur mit ja oder nein beantwortet werden können. Dies erleichtert die spätere Auswertung: „Stört es Sie, wenn Fernsehsendungen häufig durch Werbung unterbrochen werden?" In Marktsforschungsstudien werden i. d. R. halbstandardisierte Interviews bevorzugt, die eine Kombination offener sowie geschlossener Fragen beinhalten.

Wenn die Schüler Informationen mithilfe einer **Befragung** beschaffen sollen, dann sollte wie folgt vorgegangen werden:
- Es müssen festgelegt werden: das Ziel und die Art der Befragung, die zu stellenden Fragen, die Art der Aufnahme der Antworten, die geplante Auswertung der Erkundung und die Umfragepersonen.
- Entwurf eines Fragebogens
- Vervielfältigung des Fragebogens
- Festlegung, wie bei der Durchführung der Befragung vorgegangen werden soll

b) **Durchführung der Befragung**
- Gesprächsatmosphäre positiv gestalten:
  – sich vorstellen

(Lehrbuch, Seite 62)

- Aufgabe/Anlass für das Gespräch umreißen
- freundlich sein
- zuhören/Interesse zeigen (Rückfragen, Körpersprache)
- Umgang mit den befragten Personen:
  - keine Beeinflussung der befragten Personen
  - Meinungsäußerungen nicht kommentieren
  - Anonymität wahren (keine Namen auf die Fragebögen)
  - nicht zu schnell reden
  - deutlich sprechen
  - auf das sprachliche Niveau des Gesprächspartners einstellen
  - Augenkontakt halten
  - für das Gespräch danken

Unmittelbar nach der Befragung sollte innerhalb der Arbeitsgruppe gesprochen werden über:
- das persönliche Empfinden bei der Befragung
- die Schwächen des Fragebogens
- die Probleme mit den Interviewpersonen und deren Ursachen

c) Auswertung sämtlicher Antworten: Dabei ist das *Clustern* eine gute Möglichkeit, um bei der Suche nach Gedankenverbindungen zu einer bereits grob vorgegebenen Thematik weitere gedankliche Verknüpfungen und Einfälle grafisch festzuhalten.

d) Übersichtliche Darstellung der Befragungsergebnisse; Darstellungsformen können sein: Kreis- oder Kurvendiagramm, Säulendiagramm, Aufbaudiagramm, Liste und Tabelle; im vorliegenden Fall mithilfe von Diagrammen unter Anwendung von Excel.

e) zum Erarbeiten eines Referats siehe die Ausführungen zu Aktion 1 in Kap. 1.6 auf Seite 16 dieses Lösungsbandes
Zum Halten des **Referates** sollten die Schüler zuvor auf die Präsentationsregeln hingewiesen werden:

Einleitung
- Interesse und Neugier wecken
- themenbezogene, „überraschende" Fragen stellen
- mit überraschenden Arbeitsergebnissen beginnen
- die wichtigsten Zielsetzungen des Vortrages nennen

Hauptteil
- die Informationen, die vermittelt werden sollen, so strukturieren, dass die Zuhörer gut folgen können
- Strukturen und Organisationsprinzipien benutzen, die in den zugrunde liegenden Texten vorgefunden wurden (Orientierung z. B. an Überschriften)
- bei längeren Abschnitten – wie bei der Gesamtpräsentation – zwischen den Teilen „Einleitung"/„Hauptteil"/„Zusammenfassung" unterscheiden

Schluss
- die wichtigsten Ergebnisse wiederholen
- persönliche Einschätzungen dazu abgeben
- Ergebnisse/Erkenntnisse in provokativen Aussagen präsentieren
- Fragen nennen, die trotz intensiver Beschäftigung mit dem Thema geblieben sind
- Rückverweise auf die Einleitung machen

(Lehrbuch, Seite 62)

1.7 Wir können den Kunden unsere Leistungen in unterschiedlichen betrieblichen Formen anbieten

Einstieg (Seite 65)

Sortimentsumfang		Übernahme des Transports zum Kunden	
		ja	nein
	breit	Sortimentszustellgroßhandel	Sortimentsabholgroßhandel
	schmal	Spezialzustellgroßhandel	Spezialabholgroßhandel

Die **Spindler KG** hat ein tiefes und gleichzeitig schmales Sortiment. Da sie den Transport zum Kunden übernimmt, ist sie der Betriebsform des *Spezialzustellgroßhandels* zuzuordnen.[1] (Obwohl die *Spindler KG* ihr Hauptgeschäft in der Betriebsform des Zustellgroßhandels abwickelt, betreibt sie *nebenbei* auch den konventionellen Verkauf nach dem *Abholprinzip*.)

Die **Hartlen-Handelsgruppe** wird mit ihrem Stammgeschäft den *Sortimentszustellgroßhandlungen* zuzuordnen sein. Sie beschafft für die ihr angeschlossenen Mitglieder sowohl Lebensmittel (Food) als auch Nichtlebensmittel (Non-Food), wie beispielsweise auch Edeka, Rewe oder Spar.

Mit ihren Cash-and-carry-Märkten Melgros ist sie mit der Betriebsform des *Sortimentsabholgroßhandels* tätig.

Sie hat sich mit der Betriebsform des *Großverbraucherzustellservices* darauf spezialisiert, Großverbraucher (Alten- und Pflegeheime, Krankenhäuser, Hotels und Kantinen von Unternehmen) mit allen benötigten Waren zu versorgen. Ausgeliefert werden nicht nur Lebensmittel und Getränke, fertige Mahlzeiten, Süßigkeiten, Zeitschriften, Spirituosen und Tabakwaren, sondern auch Nonfood-Artikel wie z. B. Verbrauchsgüter für Bäder und Toiletten (Seife, Toilettenpapier, Duschgel usw.). Die Besonderheiten dieser Betriebsform bestehen in der Notwendigkeit

- eines Spezialsortiments,
- von spezifisch geschultem Personal und
- eines kundengerechten Dienstleistungsangebotes (z. B. Beratungsleistungen wie Menüvorschläge, Speisezettelplanungen, Diätpläne oder auch Vorschläge für küchenorganisatorische Abläufe zum Dienstleistungsangebot).

---

1 Vom *Spezialgroßhandel* werden höchstens die Waren einer Branche, gewöhnlich jedoch nur solche eines Branchenausschnitts geführt. Der *Sortimentsgroßhandel* hingegen führt ein über mehrere Branchen sich erstreckendes Sortiment bzw. deckt eine Branche vollständig ab. In der Praxis ist der *Übergang* zwischen diesen beiden Betriebsformen *fließend*.

Aufgaben (Seite 71)

1 Die Aussagen b) und c) sind richtig.

2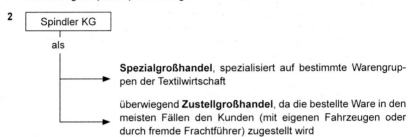

3 schülerindividuelle Antwort
Grundsätzliches: Beim **Streckengeschäft** hat der Großhandelsbetrieb kein eigenes Warenlager. Der Streckengroßhändler **vermittelt** zwischen Hersteller (Anbieter) und Abnehmer (Nachfrager). Dabei liefert der Lieferant unmittelbar an den Abnehmer (= Kunden des Großhändlers); das Lager des Großhändlers wird **nicht** berührt. Allerdings wird der Streckengroßhändler Eigentümer der Ware und ist für das Inkasso (die Rechnungsabwicklung) verantwortlich.

4 Vorteile beim Streckengeschäft: siehe im Lehrbuch Seite 68

5 siehe Übersichten im Lehrbuch Seite 66 und 67

6 Aussage d) ist richtig.

7 a) siehe Ausführungen im Lehrbuch Seite 67
  b) schülerindividuelle Antworten

8 Spezialgroßhandel

9 Die Einrichtung einer eigenen Verkaufsniederlassung im Ausland hat für den Exporthändler den Vorteil, dass er näher am potenziellen Markt ist und daher besser in der Lage sein sollte, seine Position auf diesem ausländischen Markt zu finden, auf- und auszubauen sowie zu sichern. Dies gilt sowohl für den Absatzmarkt als auch für die Rekrutierung einheimischen Fachpersonals, den Aufbau eines Beziehungsgeflechtes zu den Behörden, einheimischen Informationsträgern, Außenhandelskammer u. v. m.

Aktionen (Seite 72)

1 a) Zur Bearbeitung des Textes über die Betriebsformen sollen die folgenden fünf Schritte durchgegangen werden:
- **Survey** = Überblick gewinnen: Der Schüler soll sich mit den wesentlichen Informationen des Textes vertraut machen (Inhaltsverzeichnis, Einleitung, Überschriften, Zusammenfassungen).
- **Question** = Fragen stellen: Der Schüler soll den bislang unbekannten Text hinterfragen.
- **Read** = Lesen: Der Text soll konzentriert gelesen werden. Dabei empfiehlt es sich, wichtige Passagen zu unterstreichen und/oder Randnotizen zu machen.
- **Recite** = Zusammenfassen: Der Text soll kapitel- oder absatzweise wiederholt und mündlich oder schriftlich zusammengefasst werden.

- **Review** = Wiederholen: Durch eine abschließende Wiederholung sollen die erarbeiteten Einzelergebnisse zu einem Ganzen zusammengetragen und gesichert werden.

b) **Exzerpte** sind für die Schüler so etwas wie „externe Speicher", auf die bei Bedarf – beispielsweise bei Referaten – zurückgegriffen werden kann. Sie stellen allerdings nicht nur eine Arbeitserleichterung dar, sondern dienen den Schülern auch zu einem besseren Lernen und bilden für sie sehr häufig die Grundlage für eigene Aussagen.

Hinweise zum Anfertigen von Exzerpten:
- Verwendung von A4-Blättern oder Karteikarten im A5-Format
- Um später schnell wieder auf Informationen zurückgreifen zu können, müssen *am Kopf* der Karteikarte ein Oberbegriff bzw. ein Unterbegriff als Stichwort eingetragen werden. *In die Mitte* kommen die eigentlichen (exzerpierten) Informationen. Am *unteren Ende* sollten die vollständigen Angaben der Informationsquelle (Verfasser, Titel, Erscheinungsort und -jahr sowie die Seitenzahl) aufgeführt werden.
- Das Exzerpt kann sowohl wörtliche Zitate als auch eigene Worte enthalten. *Wichtig:* Beim Exzerpieren sollte man sparsam vorgehen, da ansonsten kein sinnvolles Verkürzen der Textinformationen gegeben ist, sondern das gedankenlose Abschreiben des Textes vorliegt.
- Es sollte stets versucht werden, die gewählten Inhalte zu komprimieren (= Zusammenfassung und Verdichtung). Dadurch können bereits große Teile des Stoffes erlernt werden.
- Sortieren der Exzerpte in Karteikästchen (Ordnern) entsprechend den Oberbegriffen.

c)/d) individuelles Schülervorgehen mit entsprechenden Ergebnissen
Hinweis: Zum gegenwärtigen Zeitpunkt der schulischen Ausbildung sind die Schüler in der Lage, sowohl eine gezielte Internetrecherche durchzuführen als auch selbstständig Entscheidungen zu treffen hinsichtlich Visualisieren, Präsentieren und Moderieren.

2 a) Die **Netzwerktechnik** stellt an dieser Stelle eine geeignete Methode zur selbstständigen Informationsverarbeitung. Der Einsatz im Rahmen einer Darstellung von Konsequenzen der Forderung eines auf die Zukunft ausgerichteten Großhandelsunternehmens schult das Denken in komplexen Zusammenhängen, das sogenannte „vernetzte Denken".

Arbeitsschritte beim Ablauf:
- Beschreibung des Problems durch Ermitteln der relevanten Einflussgrößen
- Formulierung der Aufgabenstellung der Analyse
- Anschließend werden die Beziehungen der verschiedenen Einflussgrößen untereinander untersucht
  - nach ihrer Wirkung   (+ = Beeinflussung in derselben Richtung;
                          – = Beeinflussung in entgegengesetzter Richtung);
  - nach dem Zeithorizont (unterschiedliche Pfeilfarben für kurz-, mittel-, langfristig;
  - nach ihrer Intensität (unterschiedliche Strichstärken)

(Anm.: Der Schüler soll lernen, dass man in komplexen Situationen nicht nur eine Sache der Reihe nach machen kann, sondern immer mehrere gleichzeitig

(Lehrbuch, Seite 72)

machen muss. Das bedeutet, dass man auch die verschiedenen Konsequenzen, die eine Entscheidung hervorruft, weiterverfolgen muss, um die Entscheidungen ggf. korrigieren zu können.)

- Erarbeiten von Szenarien durch
  - Abklären von Einflussmöglichkeiten: Unterscheidung von lenkbaren und nicht lenkbaren Größen und Indikatoren
  - Analyse von Teilkreisläufen: Ermittlung von instabilen (nur positiven Wirkungsbeziehungen) und von stabilen Systemen

b) Bei der **Gestaltung von Folien und Plakaten** sollte auf die folgenden Punkte besonders geachtet werden:
- nur maximal sieben Inhaltspunkte pro Visualisierung aufnehmen
- nur wichtige Kernaussagen
- einfache Formulierungen
- kurz und knapp formulieren
- Abstand zwischen den Zeilen
- lesbar bis zur letzten Reihe
- maximal vier Farben pro Darstellung verwenden, Farben als Bedeutungsträger verwenden, Farbe nur wechseln, wenn die Bedeutung wechselt
- Für die vom Sinn her zusammengehörenden Sachverhalte sollte immer die gleiche Farbe und Form eingesetzt werden.
- Wichtiges ist hervorzuheben, z. B. durch Verwendung der Farbe Rot oder durch Umrahmung, Unterstreichung oder Schraffur
- Es sollte möglichst die stimulierende Wirkung von Grafiken, Symbolen und Zeichnungen genutzt werden.

c) Bei der Arbeit mit dem **Overheadprojektor** ist zu beachten:
- prüfen, ob der Inhalt der Folie auf der Projektionsfläche zu lesen ist (Bildschärfe, Ausrichtung der Folie)
- mit dem Zeigestift auf der Folie zeigen, worüber man gerade spricht, nicht an der Projektionswand
- eine kurze Pause einlegen, wenn zu einem neuen Punkt auf der Folie gewechselt wird

1.8 Wir fördern mit der richtigen Wahl des betrieblichen Standortes die Erfolgsaussichten unseres Unternehmens

Einstieg (Seite 73/74)

1. Neben der Absatzorientierung legte man in der Spindler KG Wert auf qualifizierte Arbeitskräfte, die den Handel mit den früheren Ländern des Ostblocks kennen; niedrigere Arbeitskosten; Nähe zu Rostock (Hafen), Berlin (Verkehrsknotenpunkt mit Luftverkehrsanbindung) und der polnischen Grenze.

2. Grundstückskosten bzw. Mieten, Ausdehnungsmöglichkeiten, Verkehrsverhältnisse (z. B. Gleisanschluss), polizeiliche Vorschriften (Abwässer, Abgase, Lärm usw.), Höhe der Gewerbesteuer (Abgabenordnung), kommunale Fördermaßnahmen

3. Transportkosten für die Beschaffung der für die Produktion erforderlichen Roh-, Hilfs- und Betriebsstoffe (Rohstofforientierung); Rohstoffvorkommen; Energiequellen, wenn auch unbedeutend.

Aufgaben (Seite 79)

1 a) standortgebundener Betrieb, da Stahlproduktion auf Kohleenergie angewiesen ist und die Wahl des Produktionsstandorts daher an die Nähe zu Kohlevorkommen (→ naturgegebene Verhältnisse) gebunden ist
b) Nähe der Abnehmer/Verwender (absatzorientiert); daneben sind die örtlichen Standortfaktoren zu berücksichtigen
c) Nähe der Verkehrswege wie Hafen, Autobahnen, Schienennetz
d) Standorte der Lieferanten (beschaffungsorientiert)
e) Nähe der Verkehrswege (verkehrsorientiert)
f) Standorte der Abnehmer (absatzorientiert)
g) Standorte der Lieferanten (beschaffungsorientiert)

2 individuelle Schülerantworten
Antworten könnten u. a. sein:
- Sortimentsgroßhandel mit Produktionsgütern, z. B. landwirtschaftliche Geräte
- Sortimentsgroßhandel mit Konsumgütern, z. B. Elektrogroßhandelsbetriebe

3 Großhandelsbetriebe sind generell bei der Wahl ihres Standortes **frei** (im Gegensatz zu den **gebundenen** Standorten der Betriebe der Urproduktion). Da der Standort gewählt werden soll, der langfristig den größtmöglichen Gewinn verspricht (= optimaler Standort), sind bei der Standortwahl so viele Standortfaktoren wie möglich zu berücksichtigen.
Die Standortwahl ist eine Entscheidung mit langfristiger Wirkung!
Ist die Entscheidung für einen Standort erst einmal gefällt worden, so ist sie nicht mehr so leicht rückgängig zu machen und wäre mit hohen Kosten verbunden.

4 a) betrieblicher Standort = Ort, an dem sich Unternehmen mit ihren Betrieben niederlassen
b) optimaler Standort = Ort, an dem der größtmögliche Gewinn erzielt wird

5 verkehrsgünstige Lage; Konkurrenzsituation; Bedarf und Kaufkraftumfang; Abgaben und Steuern; Mieten; kommunale Förderungsmaßnahmen

6 allgemeine Standortfaktoren:
- verkehrstechnische Einrichtungen
- Absatzmärkte
- Beschaffungsmärkte
- Arbeitskräfte
- Bürokratie
- Energiequellen

örtliche Standortfaktoren:
- Abgaben und Steuern
- kommunale Fördermaßnahmen
- Umweltschutzbestimmungen
- Boden- und Baupreise

Zu den Standortfaktoren für die Entstehung und die Entwicklung von Industrie- und Dienstleistungsgebieten zählt heute weniger das Vorhandensein von Rohstoffen, sondern vielmehr vorrangig Anzahl und Ausbildungsstand der Arbeitskräfte, Lohn- und Lohnnebenkosten, vorhandene Infrastruktur, politische und soziale Stabilität, Energiekosten sowie die zu beachtenden Gesetze und Verordnungen für den Umweltschutz und Arbeitszeitregelungen.

Eine andere Einteilung wäre die in *harte und weiche Standortfaktoren*, die wie folgt aussieht:

harte Faktoren

- *Marktpotenzial:*
  - BIP pro Kopf
  - Konkurrenzsituation
  - unternehmensrelevante Dienstleistungen
  - Kundendichte
  - Nähe zu anderen Unternehmen als potenzielle Kunden
- *regionale Faktoren:*
  - Verkehrsanbindung
  - Zulieferer/Materialversorgung
  - Parkplatzsituation
  - Passantensituation (Frequenz der Laufkundschaft)
  - Mieten und Grundstückspreise
  - Elektrizitäts-, Abwasser- und Energiepreise
  - Kaufkraft/Löhne und Gehälter
  - Behördliche Auflagen und Beschränkungen

weiche Faktoren

- Wohn- und Lebenshaltungskosten
- Image der Kommune
- Kultur- und Sportangebot
- Freizeitwert
- Lebensqualität
- Natur und Erholung/Umweltsituation

7   **Infrastruktur** bezeichnet die Gesamtheit aller privaten und öffentlichen Einrichtungen eines Wirtschaftsraumes, die der Allgemeinheit zur Verfügung stehen. Sie ist eine der wichtigsten Voraussetzungen für die Gründung neuer Unternehmen.
Beispiele: Straßen, Industrie- und Abwassernetze, Kläranlagen, Eisenbahnlinien, Telefonnetze, Kanäle, Häfen, Krankenhäuser, Polizei, Schulen, öffentliche Verwaltungen u. v. m.
Ein Gebiet mit unzureichend entwickelter Infrastruktur hemmt daher die wirtschaftliche Entwicklung eines Handelsunternehmens in vielerlei Hinsicht. Ein Aspekt ist beim Großhandel – neben der Absatzorientierung – die Verkehrsorientierung, da er vielfach besonders auf die Nähe günstiger Verkehrsmöglichkeiten wie Autobahnen, Bahnhöfe oder Häfen angewiesen ist.
Grundsätzliche Bedeutung: Sämtliche Maßnahmen, die dem Ausbau der Infrastruktur dienen, sind dazu geeignet, vorhandene Arbeitslosigkeit abzubauen durch

- die Ansiedlung neuer Unternehmen und
- die Bautätigkeit selbst.

8   Der Aufkaufgroßhandel kauft von verschiedenen Herstellern Wirtschaftsgüter in kleinen Mengen, die gesammelt, umsortiert und anschließend in größeren Mengen an Betriebe der Weiterverarbeitung abgegeben werden. Insofern werden entsprechende Großhändler **beschaffungs- und verkehrsorientiert** ihren Standort wählen.

(Lehrbuch, Seite 79)

Aktionen (Seite 80)

1 Zum **aktiven Lesen** gehört das Unterstreichen und Markieren wichtiger Textstellen, das Anbringen von Merk- und Arbeitszeichen sowie das systematische und schrittweise Herangehen an den Text mit der **5-Schritt-Methode:**
1. Der Text wird vom Schüler überflogen.
2. Der Schüler stellt Fragen an den Text, z. B.:
   - Welche Kapitel, Absätze, Begriffe sind unbekannt, unverständlich?
   - Wo kann auf gründliches Lesen verzichtet werden?
   - Wo kann auf Vorkenntnisse zurückgegriffen werden?
   - Welche Informationsquellen müssen bereitgelegt werden?
   - Können bereits vorhandene Aufzeichnungen verwendet werden?
3. Der Schüler liest den Text gründlich und konzentriert:
   - Absatz für Absatz wird intensiv durchgelesen,
   - die Lesephasen werden in kleine Schritte unterteilt,
   - Zeichnungen, Abbildungen, Tabellen usw. werden dabei besonders aufmerksam betrachtet,
   - andere Informationsquellen werden ausgewertet, um unbekannte Fachausdrücke und Definitionen kennen zu lernen.
4. Der Schüler verkürzt den Textinhalt auf das Wesentliche, wie Zahlungspflichtiger und Empfänger differenziert, ob mit oder ohne Konto.
5. Der Gesamttext wird wiederholt und in einer schülergemäßen Struktur festgehalten. Im vorliegenden Aktionsteil soll – bewusst abweichend von der Zusammenfassung auf Seite 81 im Lehrbuch – die Baumstruktur gewählt werden. Die hier zum Zuge kommende hierarchische Strukturierung leitet aus Oberbegriffen logisch-systematisch Unterbegriffe ab und umgekehrt.

2 Die **Kopfstandmethode,** auch „Umkehrmethode" genannt, geht von einem bewusst herbeigeführten Rollentausch aus. Die Problemfrage wird auf den Kopf gestellt, in ihr Gegenteil verkehrt, z. B.:
→ „Warum benötigt das Großhandelsunternehmen für seinen wirtschaftlichen Fortbestand keinerlei Werbearten?"
→ „Warum kann der Großhändler auf die verschiedenen Werbearten in seinem Unternehmen verzichten?"

Die sich daran anschließende Ideensuche erfolgt im **Brainstorming.**
Der Kern der Methode besteht darin, dass sich die Schüler mit den Ideen und Gedanken der konträren Problemstellung auseinandersetzen sollen. Dadurch können eingefahrene Sichtweisen aufgelöst und die Bedürfnisse anderer an der Problemstellung Beteiligter systematisch in die Ideensuche mit einbezogen werden.
Die Problemstellung darf dabei nicht zu komplex sein und die Gruppengröße sollte zwischen sechs und zwölf Schülern liegen.

Vorgehensweise:
- gemeinsame Formulierung des Problems
- Die Problemstellung wird ins Gegenteil verkehrt.
- Durchführung eines Brainstormings zur veränderten Fragestellung (Erläuterung der Regeln des Brainstormings: Zeitvorgabe, keine Bewertung und Kritik, Ideen kurz und knapp benennen)

- Zu jeder genannten Idee wird eine Gegenlösung gesucht, die sich auf die ursprüngliche Fragestellung bezieht.
- Die Gegenlösungen werden geordnet und untersucht, ob sie sich als Lösungsvorschläge eignen (denkbar ist auch, dass eine andere Gruppe die Bewertung vornimmt).

3   Der Einsatz der **Mindmap** an dieser Stelle dient der Lernstoffwiederholung sowie der Ordnung der Gedanken. Es kann gelernt werden, die Inhalte zum Themengebiet „Nutzen einer Standortplanung" strukturiert anzuordnen, die Assoziationsfähigkeit und Kreativität zu steigern sowie Informationen zu den Werbearten zu verdichten und zu verknüpfen – Erleichterung des Wiederfindens.

Im Mindmapping-Prozess werden Gedanken nicht verarbeitet, sondern einfach notiert, so wie sie aus dem Kopf kommen.

Für die **Erstellung einer Mindmap** sollten sich die Schüler an die folgende Ablauffolge halten:

- Ein Schlüsselwort für das Thema wird in die Mitte eines Blattes geschrieben (Mindmaps bauen sich immer vom Mittelpunkt her auf).
- Vom Zentrum ausgehend werden Linien („Äste") gezeichnet, die in verschiedene Richtungen gehen.
- Um Unterbegriffe aufnehmen zu können, werden bestehenden Linien neue (dünnere) Nebenzweige hinzugefügt. (Die Ordnungsstruktur wird vom Allgemeinen zum Speziellen aufgebaut.)
- Es sollen bevorzugt Substantive benutzt werden, da sie die höchste Informationsdichte aufweisen.
- Zur Verbesserung des Arbeitsergebnisses (und zum besseren Behalten) können ggf. Symbole, Pfeile, Bilder, Zeichen und Farben verwendet werden. Je origineller, desto besser.

Der Zeitbedarf ist je nach Art des Einsatzes unterschiedlich, in der Gruppe ca. 15 – 20 Minuten. Teilnehmer: Einzelarbeit bis Klassenstärke.

4   a)/b) Mithilfe der **Kartenabfrage** können Lernziele angestrebt werden wie beispielsweise:
- eigene Einfälle zur vorliegenden Fragestellung formulieren
- in Ruhe in der Arbeitsgruppe über eigene Ideen und Vorstellungen nachdenken
- Ideen auf einen Kurzsatz reduzieren
- demokratische Regeln erfahren

Die halbkreisförmige Sitzordnung um die Pinnwand ist sinnvoll.

Die **Durchführung der Kartenabfrage** sollte möglichst wie folgt erfolgen:
- Fragestellung für die Ideensammlung an Moderationswand (Metaplantafel) visualisieren
- Metaplankarten austeilen (eine Farbe)
- Regeln für die Kartenbeschriftung erklären:
  - nur einen Gedanken pro Karte notieren
  - leserlich und groß schreiben
  - maximal dreizeilig schreiben
  - Kurzsätze verwenden (keine Stichworte)
  - mit Filzstift schreiben

(Lehrbuch, Seite 80)

- Karten in Ruhe schreiben lassen (ca. drei Karten pro Person)
- Einsammeln der Karten (anonym)
- alle Karten vorlesen und anpinnen
  - Moderator liest die Karten vor
  - Kommentare sind nur den Kartenverfassern gestattet
  - Ordnung der Gedanken/Karten nach Sinneinheiten
  - die Gruppe entscheidet, wohin die Karten gehängt werden; es gilt die Regel: eher trennen als zusammenlegen, da alle Inhalte letztendlich zu einem Themenkreis gehören
- Überprüfung der Zuordnungen
- Über-/Oberbegriffe suchen und anpinnen
- Themenspeicher
- Themenauswahl (Gruppenbildung)
- Themenbearbeitung (Planung – Durchführung – Kontrolle)

c) Auswertung sämtlicher Antworten. Dabei ist das **Clustern** eine gute Möglichkeit, um bei der Suche nach Gedankenverbindungen zu einer bereits grob vorgegebenen Thematik weitere gedankliche Verknüpfungen und Einfälle grafisch festzuhalten.

d)–f) schülerindividuelle Ergebnisse

5 a) unternehmensabhängig
Bei der Veranschaulichung mittels *Folie, Pinnwand, Flipchart oder Tafelanschrieb* sollte insbesondere beim **Text** auf die folgenden Aspekte geachtet werden:
- auf Wesentliches beschränken
- kurze, präzise Aussagen
- einfache Formulierungen
- gute Lesbarkeit
- deutlich gliedern
- zusätzliche Hervorhebungen (unterstreichen, farblich markieren, rahmen)

(Anm.: siehe auch die Hinweise zur Aktion 2 b) und 2 c) in Kap. 1.7, Seite 22)

Die Visualisierung mithilfe der **Pinnwand**
- hilft, die Informationen leichter zu verstehen,
- hilft, den Redeaufwand zu verkürzen und Wiederholungen zu vermeiden,
- ermöglicht es, Wesentliches zu verdeutlichen (festgehaltene Punkte werden ihrer Bedeutung und Wichtigkeit entsprechend dargestellt),
- zwingt zu kurzen, präzisen und prägnanten Aussagen und erleichtert so die Kommunikation,
- führt zu einer besseren Vergleichbarkeit der Aussagen, Vorschläge usw. und hilft, Zusammenhänge zu verdeutlichen,
- hält das gesamte „Ideen- und Vorschlagsmaterial" für die Bewertungs- und Entscheidungsphase fest,
- hilft, Abwechslung in die Präsentation zu bringen und dadurch die Aufmerksamkeit der Gruppenmitglieder zu erhöhen.

Bei der Gestaltung einer **Wandzeitung** oder **Folie** sollte beachtet werden:
- maximal 7 Inhaltspunkte aufnehmen
- nur Kernaussagen aufnehmen
- verständlich formulieren
- kurz und knapp formulieren
- deutlich und leserlich schreiben

(Lehrbuch, Seite 80)

- Blöcke bilden – Sinneinheiten sollten (auch) dadurch zusammengefasst werden, indem diese räumlich nah beieinander abgebildet werden.
- maximal 4 Farben pro Darstellung verwenden. Die Farben sollten als Bedeutungsträger verwendet werden. Ein Farbwechsel sollte nur dann stattfinden, wenn die Bedeutung wechselt.
- für die vom Sinn her zusammengehörenden Sachverhalte immer die gleiche Farbe und Form einsetzen
- Wichtiges hervorheben, z. B. durch Verwendung der Farbe Rot oder durch Umrahmung, Unterstreichung oder Schraffur.
- Die stimulierende Wirkung von Grafiken, Symbolen und Zeichnungen sollte genutzt werden.

1.9 Wir unterstützen unser Unternehmen bei der Erreichung der Unternehmensziele

Einstieg (Seite 81/82)

1. Die Geschäftsführung sowie die Mitarbeiterinnen und Mitarbeiter der *Spindler KG* müssen u. a. folgende Ziele beachten: Wirtschaftlichkeit, Kundennähe (kundengerechtes Sortiment), angemessener Gewinn, Innovationsstärke, motivierte Mitarbeiterinnen und Mitarbeiter, Schutz der Umwelt.
2. Die Mitarbeiterinnen und Mitarbeiter können durch kundenorientiertes, professionelles Verhalten zum Erreichen dieser Ziele beitragen.

Aufgaben (Seite 84)

1 Unternehmer streben nach einem möglichst hohen Gewinn, weil er ihr Einkommen darstellt und weil sie damit investieren und expandieren können.

2 Rentabilität gibt die Verzinsung des im Unternehmen eingesetzten Kapitals an. Die Wirtschaftlichkeit ergibt sich aus dem Verhältnis von Kosten zu Leistung, im Handel aus dem Verhältnis von Kosten zu Nettoumsatz.

3 Sie versuchen durch hohen Umsatz einen höheren Gewinn zu realisieren.

4 a) Eine hohe Wirtschaftlichkeit verbessert die Wettbewerbsfähigkeit des Unternehmens.
b) Eine hohe Wirtschaftlichkeit sichert den Bestand des Unternehmens und damit die Arbeitsplätze.

5 Weil er dann die besten Voraussetzungen hat, seine Umsatz- und Gewinnziele zu erreichen.

6 Aufnahme umweltfreundlicher Ware ins Sortiment, Auslisten umweltschädlicher Ware, Verwendung sparsamer Verpackung, Recycling usw.

7 Bielefeld: Wirtschaftlichkeit $= \dfrac{2.000.000}{1.200.000} = \underline{1{,}67}$

Münster: Wirtschaftlichkeit $= \dfrac{1.400.000}{800.000} = \underline{1{,}75}$

Die Wirtschaftlichkeit der Filiale in Münster ist höher.

Aktionen (Seite 84)

1 Mit den Schülern muss die erstmalige Anwendung der Kopfstandmethode genau erläutert werden. Dazu bieten sich auch die Ausführungen im Lehrbuch auf Seite 24 an.

2 Um die Mindmap zu erstellen (Lehrbuch Seite 21), kann auch eine Internetrecherche durchgeführt werden.

1.10 Wir erkennen die Kundenorientierung als wichtigsten Erfolgsfaktor von Großhandelsunternehmen

Einstieg (Seite 85)

1. früher Verkäufermarkt: Die Verkäufer besorgten und verteilten knappe Waren.

   heute Käufermarkt: Die Verkäufer müssen Verkaufsgespräche durchführen, um Waren auf einem gesättigten Markt absetzen zu können.

2. Kundenorientierung ist heute (z. B. vor dem Hintergrund eines harten Preiswettkampfs mit ähnlichen Preisen) mittlerweile zum wichtigsten Erfolgsfaktor von Unternehmen geworden.

3. Elemente der Kundenorientierung: siehe im Lehrbuch Seite 89

Aufgaben (Seite 93)

1 Verkäufer dominiert den Markt: Nachfrage ist erheblich größer als das Angebot auf dem Markt.

2 Er übernimmt die Funktion des Verteilers knapper Ware.

3 Der Käufermarkt ist gekennzeichnet durch ein Überangebot an Waren. Auf Verkäuferseite herrscht ein intensiver Wettbewerb; der Käufer hat die Wahl.

4 In den 1960er-Jahren entwickelte sich langsam der Käufermarkt: Das Angebot übersteigt die Nachfrage bei weitem.

5 Die zunehmende Massenproduktion von Konsumgütern in der Industrie schlägt sich im Großhandel in riesengroßen Sortimenten nieder. Diese führen zu einer Sättigung aller relevanten Märkte.

6 a) Es liegt ein Verkäufermarkt vor, da geringer Wettbewerb herrschte und das Angebot begrenzt war: Nur Neckermann und kein anderer Einzelhändler hatte diese Ware.

   b) Es liegt ein Käufermarkt vor, da ein weltweiter Konkurrenzkampf durch die Globalisierung herrscht und Geld für Werbung mobilisiert werden muss.

7 Nach dem Wirtschaftswunder mussten Verkäufer neben dem eigentlichen Verkaufen vor allem die beratende Rolle einnehmen. Dies war nur möglich durch Verkaufs- und Produktschulungen.

8 Die vorliegende Verkaufsphilosophie ist
a) Softselling: Kunden beraten, jedoch nicht zum Kaufentschluss drängen
b) Hardselling: Der Kunde wird zur Kaufentscheidung gedrängt.
c) Softselling: kundenorientierende Verschiebung der Kaufentscheidung

9 Hardselling: Der Kunde wird als Gegner gesehen, Manipulation beim Kauf.
Softselling: Verkäufer möchte einen natürlichen Verkaufsabschluss tätigen und sieht den Kunden als Partner.

10 Zufriedene Kunden sind die beste Werbung für den Betrieb.

11 Durch die aktuelle Marktlage und die große Konkurrenz sinken für den Käufer die Preise und für den Verkäufer steigen die Kosten, weil er, um Absatz zu erzielen, Marketingkosten aufwenden muss.

12 Nur wenn die Ansprüche von Kunden erfüllt werden, gewinnt man sie (bzw. behält man sie).

13 Die Kleidung soll nicht von der Ware ablenken. Deshalb soll sie sauber, gepflegt und zweckmäßig sein).

14 Fachkompetenz zu haben bedeutet, über große Warenkenntnisse zu verfügen. Diese gezielt und zur Zufriedenheit des Kunden in Verkaufsgesprächen einzusetzen, bedeutet Verkaufskompetenz.

15 verkaufsrelevante Einstellungen, soziale Kompetenz, Selbstkompetenz, Allgemeinbildung

16 Wenn er eine verkaufsfördernde Sprache verwendet, kann er sich sehr gut mit dem Kunden verständigen.

Aktionen (Seite 93–95)

1 Mit dieser Aktion sollen die Schüler erfahren, dass das Mindmapping sich sehr gut für die Zusammenfassung eines Textes eignet.

2 Die Schüler müssen unbedingt darauf hingewiesen werden, dass die Akteure ihre Rollen **spielen.** Ihre Aufgabe ist es, aus der Rolle heraus glaubhaft zu agieren und zu argumentieren, auch wenn sie tatsächlich ganz anderer Meinung sind.

3 Nach der Lektüre des Textes können sich Diskussionen zu Fragen ergeben wie z. B.
- Kundenorientierung der Mitarbeiter um jeden Preis?
- Ist Einkaufen denkbar ohne Verkäufer?

4 Die Schüler müssen wissen, warum sie die Collagen fertigen sollen. Sie werden angeregt, die Kapitelinhalte auf eine ganz neue Weise anzugehen und sich wieder damit zu beschäftigen. Im Idealfall ist die Collage Mittel zur Selbstbeurteilung. Dabei sind die Äußerungen der Schüler völlig frei. Sie sollen aus ihrer Sicht angeben, wo sie die Ansprüche der Kunden gut zu erfüllen glauben und wo eher nicht. Hier sollte man evtl. Verbesserungsmöglichkeiten thematisieren.

1.11 Wir berücksichtigen handelsrechtliche Vorschriften

Einstieg (Seite 97)

Die Eintragung der unrichtigen Tatsache in das Handelsregister hat in diesem Fall keine negativen Auswirkungen, da das Handelsregister öffentlichen Glauben genießt.

Die Verantwortlichen der *Spindler KG* haben darauf vertraut, dass die Eintragungen im Handelsregister richtig und vollständig sind. Sie werden in diesem ihrem Vertrauen geschützt und brauchen daher nur das zu glauben, was im Handelsregister eingetragen ist, auch wenn diese Eintragungen falsch sind.

→ Jeder Gutgläubige kann sich auf Eintragungen im Handelsregister berufen. Die *Spindler KG* kann daher die 50.000,00 € gegen Herrn Springer geltend machen.

Aufgaben (Seite 102/103)

1 Registergericht (Amtsgericht)

2 Jedermann hat das Recht zur Einsicht (§ 9 Abs. 1 HGB).

3 Vgl. Schaubild im Lehrbuch Seite 97

4 Alle Bekanntmachungen erfolgen elektronisch über das bundesweite Portal www.justiz.de. Die Suchmaske ermöglicht sowohl eine bundesweite Abfrage aller Neubekanntmachungen als auch eine eingeschränkte Suche.

5 Er kann sich so zuverlässige Informationen über Geschäftspartner und ihre kaufmännischen Verhältnisse verschaffen, z. B. über Vertretungsberechtigte – Haftungs- und Beteiligungsverhältnisse – Vergleichs- und Konkursanmeldungen.

6 • Unterrichtung der Öffentlichkeit über wichtige Tatbestände einer Unternehmung, beispielsweise Inhaber, Geschäftsführer, Firma, Prokura
 • Schaffung klarer Rechtsverhältnisse durch den weitgehenden Schutz gutgläubiger Dritter

7 a) Rechtserzeugende (konstitutive) Wirkung:
 – Hannoversche Papierfabrik AG (Formkaufmann)
 – Hotelbesitzer (vorher Kleinbetrieb; Kannkaufmann)
 – Landwirtschaftsbetrieb
 – Kleingewerbebetreibender
 b) Rechtsbezeugende (deklaratorische) Wirkung:
 – Handelsgewerbe (Istkaufmann)
 – Bauunternehmung Frank Neumann OHG
 – Prokura von Herrn Adam

8 Die Anmeldung (über Neueintragung, Veränderung, Löschung) zum Handelsregister muss *schriftlich* (elektronisches Dokument) in öffentlich beglaubigter Form (Notar, Gericht) erfolgen.

9 Soweit die Dokumente „zum Handelsregister" nicht ohnehin öffentlich zu beglaubigen sind und damit i. d. R. vom Notar eingereicht werden, ist das Unternehmen selbst zur elektronischen Einreichung verpflichtet (§ 29 HGB).

10 Angaben, die bei der Eintragung ins Handelsregister zu leisten sind:
- Firma
- Ort der Niederlassung
- Geschäftsinhaber
- Gegenstand des Unternehmens
- Rechtsverhältnisse
- Beginn der Gesellschaft

11 Jede Anmeldung zur Eintragung in das Handelsregister muss unverzüglich erfolgen.

12 Adam könnte weiterhin Dritten gegenüber als Prokurist auftreten. Geschäfte, die die Gläubiger mit Adam abschließen, haben daher Gültigkeit. Sie haben – ohne offensichtliche Änderung des Handelsregistereintrags – in gutem Glauben gehandelt.

13 Das HGB unterscheidet
- **Istkaufleute**: Kaufleute kraft pflichtgemäßer Eintragung; Gewerbetreibende, die nach Art und Umfang einen in kaufmännischer Weise geführten Betrieb unterhalten.
- **Kannkaufleute**: Kaufleute kraft freiwilliger Eintragung; Kleingewerbetreibende und Land- und Forstwirte
- **Formkaufleute**: Kaufleute kraft Rechtsform; juristische Personen in Form der AG, GmbH und KGaA.

14
- **Istkaufleute**: Der Gewerbebetrieb ist bereits Kaufmann. Die Eintragung ist deklaratorisch.
- **Kannkaufleute**: Eintragung ist freiwillig. Die Kaufmannseigenschaft wird erst mit der Eintragung erworben. Die Eintragung ist konstitutiv.
- **Formkaufleute**: Eintragung ist Pflicht. Die Kaufmannseigenschaft wird erst mit der Eintragung erworben. Die Eintragung ist konstitutiv.

15 Die Art oder der Umfang der Tätigkeit, die eine kaufmännische Organisation erfordern, ist gesetzlich nicht geregelt. Bei der Entscheidung über die Notwendigkeit kaufmännischer Einrichtungen sind die Verhältnisse des einzelnen Unternehmens in ihrer Gesamtheit zu berücksichtigen.
Es kommt für die Beurteilung der Art und des Umfangs des Geschäftsbetriebs neben dem Umsatzvolumen auf weitere Kriterien an.
Kriterien für einen in kaufmännischer Weise eingerichteten Geschäftsbetrieb:
- Umsatzvolumen (500.000,00 €)
- Gewinn (50.000,00 €)
- Vielfalt der verkauften Erzeugnisse
- Zusammenfassung verschiedener Unternehmensarten
- Art der Geschäftsabwicklung (Kreditverkehr, Bargeschäfte)
- Anzahl der Beschäftigten
- Größe der Lagerhaltung
- Höhe von Anlage- und Umlaufvermögen

Die Entscheidung, ob ein in kaufmännischer Weise eingerichteter Geschäftsbetrieb notwendig ist, trifft das Amtsgericht – ggf. mit Unterstützung der zuständigen Industrie- und Handels- oder Handwerkskammer.

16 Nichtkaufleute sind:
- Land- und Forstwirte, die sich im Handelsregister nicht haben eintragen lassen
- Kleingewerbetreibende, die sich im Handelsregister nicht haben eintragen lassen
- Freiberufler, wie beispielsweise Ärzte, Schriftsteller, Anwälte, Architekten

Für Nichtkaufleute gelten die Bestimmungen des Bürgerlichen Gesetzbuches (BGB).

(Lehrbuch, Seite 102/103)

Aktionen (Seite 103/104)

1 Individuelle Schülerlösungen

Hinweis zum „aktiven Lesen": Wesentlich bei dieser Form der Texterfassung ist, dass nie ganze Sätze unterstrichen werden, sondern immer nur wenige, den Hauptsinn enthaltende Wörter (je nach Aufgabenstellung). Die Schüler können mit verschiedenen Symbolen arbeiten, z. B.: Pfeile zur Verdeutlichung von Textzusammenhängen, Wellenlinien unter fragwürdigen Inhalten, Fragezeichen bei unklaren Textpassagen usw.

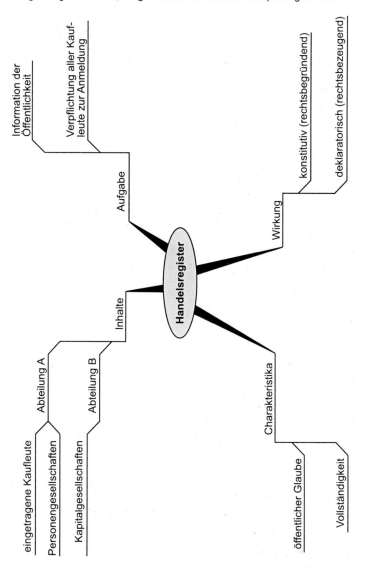

2 individuelle Schülerlösungen

Tipp: Der Besuch beim Amtsgericht kann in der Klasse als Projekt organisiert werden. Dabei können unterschiedliche Schülergruppen unterschiedliche Fragen parallel beantworten – Gruppe A beantwortet Aufgabenteil a) und Gruppe B Aufgabenteil b). Die Antworten werden später den Mitschülern im Plenum unter Berücksichtigung der Präsentationstechniken vorgestellt.

3 Fall 1 *Schmiedemeister:*

Die Eintragung ins Handelsregister wurde vom Oberlandesgericht Celle wie folgt begründet:

Der Umfang des Kapitaleinsatzes erfordere eine Überwachung der Vermögensentwicklung, um das Geschäftsrisiko und die Ertragslage auch im Interesse der Geschäftspartner beurteilen zu können. Ein Rechnungswesen sei notwendig, um eine realistische Einschätzung hoher Sachwerte zu ermöglichen.

Fall 2 *Gastwirt:*

Die Eintragung ins Handelsregister wurde in diesem Fall vom Gericht wie folgt begründet:

Der Umsatz des Gastwirts ist zu hoch, er hat mehrere Angestellte. Allein die Abrechnung der Löhne und die Abführung von Sozialabgaben und Steuern erfordere eine Lohnbuchhaltung.

4 a – d) individuelle Schülerantworten

Beispiel für eine mögliche Gliederung des Referats „Die Kaufmannseigenschaft"

1. Definition „Kaufmann"
2. Arten der Kaufmannseigenschaft
3. Wirkung der Handelsregistereintragung

(Lehrbuch, Seite 103/104)

1.12 Wir arbeiten in Großhandlungen mit unterschiedlichen Rechtsformen

Einstieg (Seite 106)

1. Wahl der Rechtsform
2. Ein Unternehmer stellt allein das nötige Kapital zur Verfügung, darf dafür allein die Entscheidungen treffen und gegebenenfalls über einen Gewinn verfügen, muss aber im Insolvenzfall nicht nur mit seiner Einlage, sondern auch mit seinem Privatvermögen haften.
3. Vorteile: Es sind schnelle und flexible Entscheidungen möglich; kein Streit unter Gesellschaftern.

   Nachteile: Ein Unternehmer ist nicht kapitalstark genug für die nötigen Investitionen; hohes Risiko durch die private Haftung.
4. a) Denkbar wären die OHG, die KG und die stille Gesellschaft im Rahmen der Personengesellschaften (oder auch die Umwandlung in eine GmbH).

   b) Bei Ausschluss der persönlichen Haftung bietet sich bei den Personengesellschaften die KG oder die stille Gesellschaft für Erwin Kurz (oder auch die Umwandlung in eine GmbH, wo für beide Gesellschafter die persönliche Haftung entfällt) an.

   c) Bei der OHG wird der Gewinn – wenn vertraglich nicht anders geregelt – folgendermaßen verteilt:
   - Zunächst erfolgt eine 4 %ige Kapitalverzinsung.
   - Der Gewinnrest wird zu gleichen Anteilen verteilt.
   - Im Beispiel würde Kurz 198.800,00 € und Kühne 201.200,00 € bekommen.

   Bei der KG wird i. d. R. nach den Bestimmungen des Gesellschaftsvertrages verteilt.
5. a) Der Hauptvorteil einer GmbH liegt im Ausschluss der persönlichen Haftung.

   b) Ja, es gibt die Möglichkeit einer Einmann-GmbH.

   c) Die GmbH & Co KG ist eine Personengesellschaft, bei der der Komplementär (GmbH als Kapitalgesellschaft) nicht persönlich haftet.

Aufgaben (Seite 116)

1. Art der rechtlichen Ausgestaltung eines Unternehmens
2. Rechtsformen unterscheiden sich dadurch, welche rechtlichen Regelungen gelten, z. B. für
   - ein aufzubringendes Mindestkapital,
   - Haftung im Insolvenzfall,
   - Entscheidungs- und Vertretungsbefugnisse,
   - die Firma.
3. Eine Person stellt das gesamte Eigenkapital zur Verfügung und hat deshalb auch das alleinige Recht der Geschäftsführung. Die Haftung des Einzelunternehmers erstreckt sich auf das Geschäfts- und Privatvermögen. Er kann den ganzen Gewinn für sich beanspruchen
4. - Meinungsverschiedenheiten wie evtl. bei anderen Unternehmensformen gibt es nicht.

- Es gibt keine kontrollierenden Organe.
- Entscheidungen können schnell, frei und unabhängig getroffen werden.

5
- Beschaffung von Kapital
- Beschränkung der Haftung, wenn er eine entsprechende Unternehmensform wählt

6   Die meisten Betriebe sind Einzelunternehmen.

7   a), b), c): nein, da eindeutiger Rechtsformzusatz fehlt
    d) ja

8   Eine OHG ist ein Zusammenschluss von mindestens zwei Kaufleuten, wobei alle Gesellschafter persönlich haften.

9   Schulz: 50.000,00 € (16.000,00 € + 34.000,00 €)
    Otto: 40.000,00 € (6.000,00 € + 34.000,00 €)

10 unbeschränkt: Neben dem Geschäftsvermögen haftet vor allem das Privatvermögen.
    unmittelbar: Ein Gläubiger kann nicht nur von der OHG, sondern auch von jedem Gesellschafter direkt die Zahlung der Schulden verlangen.
    solidarisch: Gesamtschuldnerisch, d. h., jeder Gesellschafter kann allein für alle Schulden der OHG haftbar gemacht werden.

11 Fantasiename mit Zusatz KG oder Name mindestens eines Komplementärs mit Zusatz KG; Kommanditisten dürfen nicht genannt werden.

12
- Gesellschafterversammlung als beschließendes Organ
- Aufsichtsrat als kontrollierendes Organ (bei mehr als 500 Arbeitnehmern)
- Geschäftsführung als handelndes Organ

13
- Ausschluss der persönlichen Haftung
- nur 25.000,00 € Mindestkapital
- unbegrenzte Zahl der Gesellschafter

14 Die Einmann-GmbH ist eine Sonderform der GmbH, wenn ein Unternehmer eine GmbH gründet oder aus einer bestehenden GmbH alle Gesellschafter bis auf einen ausscheiden.
    In ihr sind die Vorteile einer GmbH mit denen eines Einzelunternehmens verbunden.

15 Gesellschafterversammlung

16 Damit besteht die Möglichkeit der Haftungsbeschränkung innerhalb einer Personengesellschaft. Die GmbH tritt als Komplementär der KG auf.

17 a) Urkunde über Anteils- und Besitzrechte an einer AG
    b) der augenblickliche Wert der Aktie, der beim Verkauf der Aktie (z. B. an der Börse) zu erzielen ist
    c) der auf die einzelne Aktie entfallende Betrag des Jahresüberschusses der AG, der ausgezahlt wird

18 eG

19 a) Genossenschaft
    b) Einzelunternehmung
    c) KG
    d) AG

    e) Stille Gesellschaft
    f) GmbH
    g) OHG

(Lehrbuch, Seite 116)

Aktionen (Seite 117)

1. Im Rahmen des Programms lassen sich noch weitere Informationen zum Unternehmensrecht als nur die Rechtsformen abrufen.
2. Ein ähnlicher Test findet sich unter www.unternehmertalente.com. Dort zum Link „Test" gehen.
3. Böttger bekommt 34.133,33 €, Greiser 33.333,33 € und Dessin 32.533,33 €.
4. Die Gruppen 2, 4 und 6 können bei Zeitproblemen auch als Kontrollgruppen auftreten und ergänzen nur noch.
5. Ein Börsenspiel bietet die Möglichkeit realitätsnahen handlungsorientierten Lernens. Die Teams von Schülerinnen und Schülern (ein Team kann aber auch aus einer Einzelperson bestehen) verfügen über ein fiktives Startkapital und können unter börsennotierten Wertpapieren ihre Anlageentscheidungen treffen. Ziel des Spiels ist es vordergründig, möglichst wenig Verluste und möglichst hohe Gewinne zu machen, kurzum: das Kapital zu mehren.

   Der eigentliche Kern dieses *learning by doing* liegt darin, anwendungsorientiert tiefere Einblicke in Finanzmärkte und Wirtschaftsgeschehen zu bekommen. Ökonomische Zusammenhänge und Abläufe werden beim Durchspielen von Anlagealternativen und -entscheidungen transparent und leichter erfahrbar. Wettbewerbscharakter und Spaß am Spiel können die Lerneffekte nachhaltig unterstützen.

   Dieses Lernen an der Realität ist eine interessante und spannende Ergänzung zum wirtschaftskundlichen Unterricht und erst recht eine substanzielle lebenspraktische Erfahrung, gehört es doch zur Grundanforderung eines jeden, mit Geld umgehen zu können, und ist doch jeder den jeweiligen ökonomischen Rahmenbedingungen ausgesetzt.

   Bei den Geldanlageentscheidungen sind die Spielteilnehmer allen Risiken und Unwägbarkeiten des Wirtschaftsgeschehens ausgesetzt, da zu realen Börsenkursen abgerechnet wird. Erfolge oder Misserfolge einer Strategie können an den Depot-Auszügen abgelesen werden. Es zeigt sich, dass „Spekulation" – Vorausschau einer künftigen Entwicklung – zu sehr geteilten Auffassungen führt. Börsenumsätze kommen nur dann zustande, wenn die einen meinen, es gehe aufwärts und kaufen und zugleich andere denken, es gehe abwärts und verkaufen.

   Der besondere Reiz eines Börsenspiels liegt darin, dass Können und Glück zusammenspielen müssen. Wer noch so schlau Fundamentalanalyse betreibt und aus Zinsentwicklung, Dollarschwankungen, Branchenkonjunktur, Geschäftsberichten usw. eine Anlageentscheidung herausdestilliert, wer noch so professionell die Instrumentarien der technischen Analyse nutzt wie Trendkanäle, Chartformationen, Widerstands- und Unterstützungslinien, wer noch so findig die Markttechnik mit *Advance-Decline*-Linie, Trend-Oszillator u. a. befragt, der muss immer wieder feststellen, dass die Komplexität der Wirtschaftsabläufe und die Variabilität im Zusammenwirken etlicher Faktoren „spekulativ" – also vorausschauend – nur in Grenzen zu erfassen ist.

1.13 Wir lernen die Organisation des Ausbildungsbetriebs nachzuvollziehen

Einstieg (Seite 120)

1. Das schlechte Betriebsklima ist durch unzureichende Organisation zustande gekommen.
2. Kompetenzstreitigkeiten lassen sich z. B. durch Stellenbeschreibungen vermeiden. Stellenbeschreibungen informieren genau über Arbeitsgebiet und Verantwortungsbereich einer Stelle.
3. Stabliniensystem
   a) analog zur Abbildung im Lehrbuch Seite 123 unten
   b) Stabliniensystem, weil das aus dem Gesamtstellenplan der *Spindler KG* von Seite 11 im Lehrbuch ersichtlich wird

Aufgaben (Seite 125)

1 Ab einer bestimmten Größe des Betriebs muss die Organisation in mehrere Aufgabenbereiche aufgeteilt werden: Nur in Kleinbetrieben kann ein Inhaber sämtliche Aufgaben selbst erfüllen.

2 Im Rahmen der Aufgabenanalyse wird die Gesamtaufgabe eines Unternehmens in Teilaufgaben zerlegt. Beim Funktionsprinzip ist das Gliederungsmerkmal dabei die Verrichtung (Welche Tätigkeiten sind erforderlich?).
Beim Objektprinzip wird die Gliederung nach den Objekten des Betriebs vorgenommen (z. B. Artikeln).

3 Stellen sind die kleinsten Organisationseinheiten des Betriebs.
Stellen, die gleiche oder ähnliche Arbeiten verrichten, werden zu größeren organisatorischen Einheiten – den Abteilungen – zusammengefasst.

4 Damit die Aufgaben einer Stelle klar erkennbar sind, ist es sinnvoll, eine Stelle genau zu beschreiben.

5 Instanzen sind Stellen, die Anordnungs- und Entscheidungsbefugnisse gegenüber rangniedrigeren Stellen haben.
Die Hierarchie zeigt die Einordnung der Stellen in das Weisungssystem eines Unternehmens.

6 In größeren Unternehmen
   - wäre der Dienstweg für Anordnungen und Meldungen zu lang,
   - wäre die oberste Leitungsebene überlastet, weil dort alle Entscheidungen getroffen werden müssen.

7 Stabsstellen sind Hilfsstellen der Instanz und normalen Stellen gegenüber nicht weisungsgebunden.

8 Stabsstellen sollen die Leitungsstellen entlasten. Sie bereiten durch Information und Beratung sachgerechte Entscheidungen der Instanz vor.

9 schülerabhängige Antwort

10 Im Einliniensystem hat jeder Untergebene nur einen direkten Vorgesetzten. Beim Mehrliniensystem erhält eine untergeordnete Stelle von mehreren Instanzen Weisungen.

11 a) Die Liniensysteme sind nach dem Verrichtungsprinzip aufgebaut, bei der divisionalen Organisation ist die Ebene nach der Unternehmensleitung dagegen nach dem Objektprinzip gegliedert.

b) In der Matrixorganisation existieren zwei Hierarchien:
- eine – wie bei den Liniensystemen – nach dem Verrichtungsprinzip,
- eine nach dem Objektprinzip.

Aktionen (Seite 125)

1 schülerabhängig

2 schülerabhängig

3 A. Organigramm: siehe Folgeseite

B. Es liegt ein Stabliniensystem vor. Man erkennt dies am Vorhandensein der Stabsstellen Rechtsberatung, Organisation/Datenverarbeitung sowie dem Chefsekretariat, die absolut wichtige beratende Funktionen haben, jedoch keine Anweisungen geben dürfen.

4 schülerabhängig

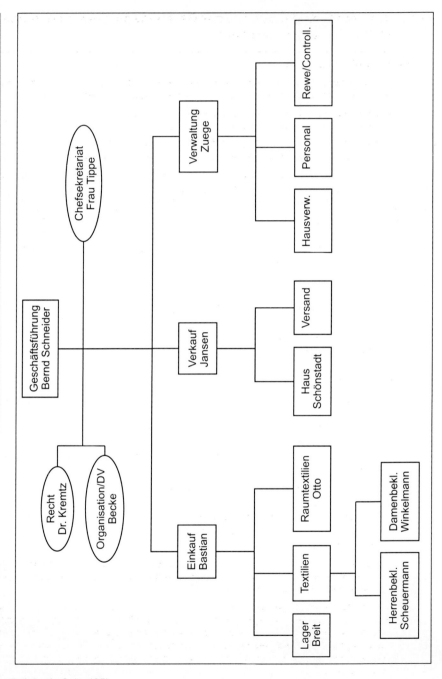

(Lehrbuch, Seite 125)

1.14 Wir erkennen die Vorteile der Geschäftsprozessorientierung in Großhandelsunternehmen

Einstieg (Seite 126–128)

1. Ein Geschäftsprozess ist eine konsequent am Kunden ausgerichtete Aktivität zur Erreichung der Unternehmensziele, die i. d. R. auch abteilungsübergreifend ist.

2. Die Großhandelsunternehmen wollen durch Geschäftsprozessorientierung
   - Abteilungs- und Funktionsegoismen überwinden,
   - alle kundenbezogenen Vorgänge im Unternehmen optimieren,
   - Kundenorientierung auf allen Ebenen des Unternehmens erreichen.

3. Sie nutzt alle Vorteile der traditionellen Aufbauorganisation, vermeidet aber viele Nachteile wie z. B. Bereichsegoismen oder mangelnde Kundenorientierung.

Aufgaben (Seite 135)

1 Großhandlungen sind immer öfter gezwungen, ihre Leistungen kundenorientiert anzubieten. Gleichzeitig müssen wegen der Konkurrenzsituation immer mehr Abläufe im Unternehmen optimiert und kostensparend angeboten werden.

2
- fehlender Kundenbezug
- fehlende Transparenz von Geschäftsvorgängen
- Medienbrüche
- lange Durchlaufzeiten
- geringe Motivation
- Bürokratie
- hohe Lagerbestände

3 Unter einem Geschäftsprozess versteht man eine logisch zusammengehörende Folge von Aktivitäten, die
- einen Beitrag zur Erreichung der Unternehmensziele leisten,
- dem Kunden einen Nutzen bringen,
- und nach bestimmten Regeln von den Mitarbeitern des Unternehmens durchgeführt werden.

4
- Beitrag zur Wertschöpfung des Unternehmens
- konsequente Kundenausrichtung
- Ableitung aus den Unternehmenszielen
- Integration von Kunden und Lieferanten in den Ablauf
- verursacht Kosten

5 Kundenorientierung ist wichtig, um Kunden zu halten oder neue Kunden zu gewinnen. Dies wird erleichtert durch eine geschäftsprozessorientierte Unternehmensstruktur, die von den Bedürfnissen der Kunden ausgeht.

6 Kernprozesse erbringen die Hauptleistungen des Unternehmens, die auch von den Kunden des Unternehmens wahrgenommen werden. Sie haben also einen direkten Bezug zum Produkt oder zur Dienstleistung des Unternehmens und tragen damit direkt zur Wertschöpfung des Unternehmens bei. Unterstützungsprozesse werden vom Kunden nicht wahrgenommen. Es handelt sich dabei um interne Leistungen, die in den Kernprozess eingehen.

7
- Es wird ein deutlicher Nutzen für den Kunden hergestellt.
- Reichweite von der Schnittstelle Kunde bis zur Schnittstelle Lieferanten
- Sie dienen der Erlangung, Sicherung oder Erweiterung einer Marktposition.

8
- Warenprozess: Er umfasst den Warendurchlauf im Unternehmen.
- Informationsprozess: Auch Informationen (z. B. über Warenbewegungen) laufen durch das Unternehmen.

Jeder Geschäftsprozess besteht immer aus diesen beiden Komponenten.

9 Bei jedem Kernprozess werden im Zusammenhang mit den Waren Leistungen für den Kunden erstellt. Diese schlagen sich im Verkauf durch im Vergleich zum Einkauf i. d. R. höhere Verkaufspreise nieder. Diese Schaffung von Mehrwert wird Wertschöpfung genannt.

Aktionen (Seite 135/136)

1 a) Zwischen den einzelnen Abteilungen des Unternehmens sowie dem Unternehmen und den Beschaffungs- und Absatzmärkten fließen Informations-, Güter- und Geldströme.

b) Ströme im Handel

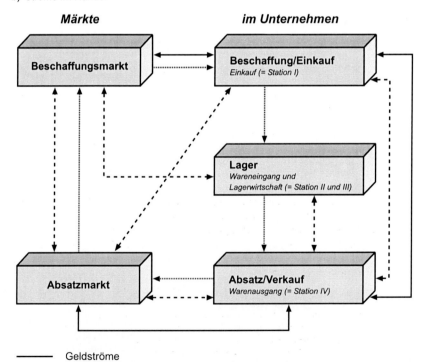

2   a) Mit dem Fischverkauf waren mehrere Abteilungen beschäftigt (Einkauf/Lager/Verkauf). Die Einkäufer achten dabei nur auf einen günstigen Einkauf, gehen aber überhaupt nicht auf die Wünsche der Kunden hinsichtlich bestimmter Fischarten oder einer guten Qualität ein: Fisch, der von Kunden nicht nachgefragt wird, muss gelagert werden und verliert an Frische.

Die Verkäufer dagegen informieren die Einkäufer nur unzureichend über die Kundenwünsche: Der Informationsweg läuft durch die gesamte Aufbauorganisation und ist damit sehr langwierig; Informationen gehen verloren.

b) Man legt alle Tätigkeiten, die mit dem Fischverkauf zusammenhängen und bis jetzt in ziemlich unabhängigen Abteilungen durchgeführt werden (= Sachbearbeitung in den Abteilungen Einkauf/Lager/Verkauf) in eine Hand (= Fallbearbeitung), die aufgrund von Kundenwünschen alle entsprechenden und notwendigen (Einkaufs-, Lager- und Verkaufs-)Tätigkeiten vornimmt.

c) schülerabhängig

1.15 Wir verstehen Rechte und Pflichten der Auszubildenden im Groß- und Außenhandel

Einstieg (Seite 137)

Die Auszubildenden haben folgende Pflichten:
- Lernpflicht
- Befolgung von Anweisungen
- Besuch der Berufsschule
- Führen des Berichtshefts
- Einhalten der Betriebsordnung
- Schweigepflicht

Aufgaben (Seite 139)

1   Der Ausbildungsvertrag wird zwischen dem Ausbildenden und dem Auszubildenden abgeschlossen.

2   Die zuständige Stelle (Industrie- und Handelskammer) überwacht die ordnungsgemäße Durchführung der Ausbildung.

3   a) Karin Jäger kann nicht vom Berufsschulunterricht freigestellt werden, weil sie in ihrem Bundesland Niedersachsen noch schulpflichtig ist.

b) Der Auszubildende verstößt gegen die Schweigepflicht.

c) Der Großhändler muss seinen Auszubildenden für den Berufsschulunterricht freistellen.

d) Laut Berufsbildungsgesetz muss Herr Adams seiner Auszubildenden eine Ausbildungsvergütung zahlen.

e) Innerhalb der Probezeit kann der Auszubildende fristlos ohne Angabe von Gründen kündigen.

f) Claudia Maier kann ihr Ausbildungsverhältnis nach 6 Monaten nicht mehr fristlos kündigen, da sie sich nicht mehr in der Probezeit befindet. Sie kann nach der Probezeit jedoch mit einer Frist von 4 Wochen kündigen, wenn sie die Ausbildung zur Kauffrau im Groß- und Außenhandel abbrechen möchte.

g) Nach Ablauf der Probezeit kann dem Auszubildenden nur aus wichtigem Grund gekündigt werden. Die Begründung „Die Leistungen reichen nicht aus" stellt allein noch keinen wichtigen Kündigungsgrund dar.

Aktionen (Seite 139)

1. Informationen aus dem Ausbildungsvertrag sind schülerabhängig. Es geht hier darum, dass aus dem Ausbildungsvertrag Rechte und Pflichten der Auszubildenden/Ausbildungsbetriebe abgeleitet werden können.

2. Eine andere informative Adresse ist **www.berichtsheft.de/**, anschließend Link Berichtsheft folgen.

1.16 Wir orientieren uns in der dualen Berufsausbildung im Groß- und Außenhandel

Einstieg (Seite 140)

1. Im Betrieb sollen die Auszubildenden die praktischen Kenntnisse und Fertigkeiten lernen und einüben. Im Berufsschulunterricht sollen ihnen die theoretischen Lerninhalte vermittelt werden, die sie für die Tätigkeit in ihrem Ausbildungsberuf benötigen.

2. Informationen über Inhalte und Ablauf der Ausbildung können die Auszubildenden in der Ausbildungsordnung für den Ausbildungsberuf „Kaufmann im Groß- und Außenhandel/Kauffrau im Groß- und Außenhandel" finden.

Aufgaben (Seite 141)

1. „Duales Berufsausbildungssystem" bedeutet, dass Auszubildende an zwei Lernorten, im Ausbildungsbetrieb und in der Berufsschule, ausgebildet werden.

2. Die Inhalte des Berufsschulunterrichts werden durch Richtlinien der Kultusministerien der Länder festgelegt.

3. Beim Teilzeitunterricht besuchen die Auszubildenden ein- oder zweimal in der Woche die Berufsschule. An den anderen Tagen lernen sie im Betrieb.

   Beim Blockunterricht besuchen die Auszubildenden an mehreren aufeinander folgenden Tagen die Berufsschule.

4. je nach Bundesland unterschiedliche Lösungen

5. Im Ausbildungsbetrieb sollen die Auszubildenden alle Fähigkeiten und Fertigkeiten lernen, die im Ausbildungsrahmenplan vorgeschrieben sind.

6. 3 Jahre

7. zu Beginn des zweiten Ausbildungsjahres

8. Die Zwischenprüfung wird schriftlich in den Gebieten Arbeitsorganisation, Warenwirtschaft, Wirtschafts- und Sozialkunde durchgeführt.

9. Großhandelsgeschäft, Kaufmännische Steuerung und Kontrolle, Organisation, Wirtschafts- und Sozialkunde

10. Es wird ein fallbezogenes Fachgespräch geführt.

11. Ausbildungsrahmenplan

Aktionen (Seite 141)

1. Bei der Gegenüberstellung des Ausbildungsrahmenplans für die betriebliche Ausbildung und des Rahmenlehrplans für den Berufsschulunterricht kann beim Vergleich der Lernfelder mit den Bereichen der betrieblichen Ausbildung eine hohe Übereinstimmung festgestellt werden. Unterschiede ergeben sich jedoch bei der Zielformulierung. Im Ausbildungsrahmenplan herrschen die Beschreibungen von Qualifikationen vor, die aus den betrieblichen Arbeits- und Geschäftsprozessen abgeleitet sind. Im Rahmenlehrplan stehen auch die Arbeits- und Geschäftsprozesse im Mittelpunkt. Sie werden aber nicht nur aus der betrieblichen Perspektive betrachtet.

   Bei der Erarbeitung der Gemeinsamkeiten und Unterschiede bietet es sich an, die Inhalte und Ziele des Ausbildungsrahmenplans den Lernfeldern des Rahmenlehrplans zuzuordnen.

2. schülerabhängig

1.17 Wir erkennen die Bedeutung von Tarifverträgen für Beschäftigte im Groß- und Außenhandel

Einstieg (Seite 142)

- abhängig vom aktuell gültigen Tarifvertrag
- Tarifverträge regeln:
  - Ausbildungsvergütung
  - Urlaubszeiten
  - Arbeitszeiten
  - Pausenzeiten

  Die tarifvertraglichen Vereinbarungen zu diesen Punkten sind immer Mindestgrößen, d. h., die Auszubildenden können besser gestellt, aber niemals schlechter gestellt werden.

Aufgaben (Seite 144)

1. Tarifparteien sind die Gewerkschaften und Arbeitgeberverbände.

2. Die Bestimmungen eines Tarifvertrags gelten für die Mitglieder der Tarifvertragsparteien.

3. Der zuständige Arbeitsminister darf Tarifverträge für allgemein verbindlich erklären.

4. Möglicher Ablauf von Tarifverhandlungen:
   - Tarifverhandlungen zwischen Gewerkschaft und Arbeitgeberverband
   - Scheitern der Verhandlungen, wenn sich die Tarifvertragsparteien nicht einigen können
   - Schlichtungsverfahren, sofern es zwischen den Tarifparteien zuvor in einem Abkommen vereinbart wurde
   - Urabstimmung der gewerkschaftlich organisierten Arbeitnehmer
   - Streik, wenn in der Urabstimmung eine Zustimmung zum Arbeitskampf von mindestens 75 % erreicht wurde
   - Aussperrung als Kampfmittel der Arbeitgeber

- Wiederaufnahme der Verhandlungen
- Ende des Streiks, wenn dem Verhandlungsergebnis mindestens 25 % der gewerkschaftlich organisierten Arbeitnehmer in einer erneuten Urabstimmung zustimmen

5 Mindestens 75 % der gewerkschaftlich organisierten Arbeitnehmer müssen in einer Urabstimmung für einen Streik stimmen.

6 - Der Manteltarifvertrag regelt allgemeine Arbeitsbedingungen, z. B. Arbeitszeit, Urlaub, Kündigungsfristen, Zulagen.
- Der Lohn- und Gehaltstarifvertrag regelt die Lohn- bzw. Gehaltshöhe für die Arbeitnehmer in den verschiedenen Lohn- und Gehaltsgruppen. Er regelt auch die Höhe der Ausbildungsvergütungen.

7 - Auswirkungen auf Arbeitgeber: Umsatzausfall, Gewinneinbußen
- Auswirkungen auf organisierte Arbeitnehmer: keine Gehaltszahlung, aber Unterstützung durch Streikgeld aus der Streikkasse ihrer Gewerkschaft
- Auswirkungen auf nicht organisierte Arbeitnehmer: kein Einkommen

Aktionen (Seite 144)

1 abhängig vom aktuell gültigen Tarifvertrag

2 Die Aufgabe kann als Pro-und-Kontra-Diskussion (siehe im Lehrbuch Seite 24) durchgeführt werden.

1.18 Wir informieren uns über die Bestimmungen des Jugendarbeitsschutzgesetzes

Einstieg (Seite 145)
eine Möglichkeit: siehe Zusammenfassung im Lehrbuch Seite 147

Aufgaben (Seite 146/147)

1 Das Jugendarbeitsschutzgesetz gilt für 14- bis 17-jährige Personen.

2 Dem Jugendlichen stehen 60 Minuten Pause zu.

3 Ein Jugendlicher darf täglich nicht länger als 8,5 Stunden arbeiten.

4 Ein Jugendlicher darf in der Woche nicht mehr als 40 Stunden arbeiten.

5 Ihr stehen 27 Werktage Jahresurlaub zu.

6 Sie darf höchstens bis 20:00 Uhr im Betrieb beschäftigt werden.

7 Der 1. Berufsschultag wird mit 8 Stunden, der 2. Berufsschultag mit 3 ¼ Stunden auf die wöchentliche Arbeitszeit angerechnet.

8 Ein Jugendlicher darf keine gesundheitsgefährdenden Arbeiten, keine Akkordarbeit, keine Arbeiten, die seine Leistungsfähigkeit überschreiten, und keine Arbeiten, bei denen er sittlichen Gefahren ausgesetzt ist, ausführen.

9 Der Jugendliche muss an der Erstuntersuchung und der 1. Nachuntersuchung teilnehmen.

Aktionen (Seite 147)

1 Die Kartenabfrage wird im Lehrbuch auf Seite 23 thematisiert.

2 Gemäß Jugendarbeitsschutzgesetz darf Martin Solms in der Woche 40 Stunden areiten. Der erste Berufsschultag am Mittwoch wird mit 8 Stunden und der zweite Berufsschultag am Freitag mit 5 Stunden auf die Arbeitszeit angerechnet. Damit kann Martin Solms noch 27 Stunden in der woche im Betrieb beschäftigt werden. Bei einer Beschäftigung von 8 Stunden am Montag, Dienstag und Donnerstag und einer Beschäftigung von 6 Stunden an jedem zweiten Samstag könnte der Wocheneinsatzplan unter Berücksichtigung der vorgeschriebenen Pausen folgendermaßen aussehen:

Montag: Arbeitsbeginn 07:00 Uhr, Frühstückspause 9:15 Uhr bis 9:30 Uhr, Mittagspause 12:00 bis 12:30 Uhr, Nachmittagspause 14:30 bis 14:45 Uhr, Arbeitsende 16:00 Uhr

Dienstag: Arbeitsbeginn 07:00 Uhr, Frühstückspause 9:15 Uhr bis 9:30 Uhr, Mittagspause 12:00 bis 12:30 Uhr, Nachmittagspause 14:30 bis 14:45 Uhr, Arbeitsende 16:00 Uhr

Donnerstag: Arbeitsbeginn 07:00 Uhr, Frühstückspause 9:15 Uhr bis 9:30 Uhr, Mittagspause 12:00 bis 12:30 Uhr, Nachmittagspause 14:30 bis 14:45 Uhr, Arbeitsende 16:00 Uhr

Freitag: Arbeitsbeginn 14:00 Uhr, Arbeitsende 17:00 Uhr

Lösungen zu Lernfeld 2: Aufträge kundenorientiert bearbeiten

Lernsituation 1 (Seite 149)

1. individuelle Schülerbeiträge

2. • Vorausgesetzt, dass **Zahlungsverzug** bereits eingetreten ist, hat der Verkäufer z. B. die *Spindler KG*, die folgenden Rechte gem. BGB:
   Vorrangig:
   – Zahlung verlangen und ggf. Käufer auf Zahlung verklagen **und**
   – Ersatz des Verzugsschadens (Schadensersatz *neben* der Zahlung)
   Für verspätete Zahlungen kann der Verkäufer Verzugszinsen fordern (§ 288 BGB).

   Nachrangig (nach Ablauf einer angemessenen Nachfrist):
   – Ablehnung der Zahlung und Rücktritt vom Kaufvertrag und/oder
   – Schadensersatz *statt* der Zahlung (Nichterfüllungsschaden), wahlweise Ersatz vergeblicher Aufwendungen

   • Vorausgesetzt, dass sich der Käufer bereits im **Annahmeverzug** befindet, hat der Verkäufer die folgenden Rechte gem. BGB:
   – Rücktritt vom Kaufvertrag und anderweitiger Verkauf
   – Bestehen auf Erfüllung des Kaufvertrags, d. h. Einlagerung der Ware auf Kosten und Gefahr des Käufers und
   – Bestehen auf Abnahme der Ware (Klage) oder
   – Selbsthilfeverkauf

3.–5. individuelle Schülerbeiträge

Lernsituation 2 (Seite 149)

1. Beim Kauf auf Probe hat der Käufer, Einzelhändler Eilers, das Recht, die Ware innerhalb der vereinbarten Frist zu prüfen und auszuprobieren. Bei Nichtgefallen kann er sie innerhalb der vereinbarten Frist von 14 Tagen an die *Spindler KG* zurückgeben, da ein Kaufvertrag nicht zustande gekommen ist (= **Kauf mit Rückgaberecht**).
   Meldet sich allerdings der Käufer – wie im vorliegenden Fall – während der Probezeit nicht, so gilt sein Verhalten als *Annahme des Angebots*. Im Falle des GH *Spindler KG* vs. EH Eilers ist nach Ablauf der 14-tägigen Frist daher ein **rechtsgültiger Kaufvertrag zustande gekommen.**

2. individuelle Schülerbeiträge

3. Die Formulierung „*Zahlbar 2 Tage nach Ablauf der Frist*" gilt in diesem Fall als genau bestimmter Zahlungstermin, da der 6. Juni 2010 in Verbindung mit dem 14-tägigen Probezeit die Bestimmung des genauen Zeitpunkts der Zahlung zulässt.
   Einzelhändler Eilers befindet sich daher, auch ohne eine Mahnung, in *Zahlungsverzug.* Er hätte spätestens am 22. Juni seine Schuld aus dem Kaufvertrag begleichen müssen.
   Für die Verjährung der Forderung der Großhandlung *Spindler KG* bedeutet dies, dass die Forderung gegenüber dem Einzelhändler Eilers am 1. Jan. 2014 verjährt ist.
   Begründung: Regelmäßige Verjährungsfrist von 3 Jahren beginnend mit dem Schluss des Jahres, in dem der Anspruch entstanden ist

4. a) Der Einzelhändler Eilers hat fristgerecht gezahlt. Da ein Scheck bei *Sicht zahlbar* ist, kann die *Spindler KG* den auf den 25. Juni vordatierten Scheck bereits am 22. Juni ihrer Bank vorlegen und einlösen.

b) individuelle Schülerbeiträge

c) individuelle Schülerbeiträge

5. Die *Spindler KG* kann im Nachhinein ihr *Angebot anfechten*. **Begründung:** Im vorliegenden Fall liegt ein *Irrtum in der Erklärung* vor, da das Angebot nicht dem entspricht, was das Großhandelsunternehmen eigentlich äußern wollte, nämlich den Angebotspreis von 830,00 €.

Das Angebot ist zwar bis zur Anfechtung gültig, kann aber durch die nachträgliche Anfechtung ungültig werden. Allerdings muss die *Spindler KG* die Anfechtung wegen Irrtums unverzüglich nach Entdecken ihres Irrtums dem Einzelhändler mitteilen. Entsteht dem Einzelhändler Eilers nun aus irgendwelchen Gründen ein wirtschaftlicher Schaden, so ist der Großhändler schadensersatzpflichtig.

2.1 Wir steuern und kontrollieren den Warenfluss durch das Unternehmen

Einstieg (Seite 150)

1. a) Instrumentarium, mit dem der Großhandel den vermehrten Warenfluss durch das Unternehmen und die ausgeweiteten Sortimente steuert und kontrolliert.

b) in allen Bereichen, die etwas mit der Ware zu tun haben

2. Momentaner Standard sind geschlossene Warenwirtschaftssysteme, offen sind heutzutage Warenwirtschaftssysteme nur noch zeitweise in der Implementationsphase neuer Programme. Der Trend geht zu integrierten Warenwirtschaftssystemen, die die Warenwirtschaftssysteme der Kunden und Lieferanten einbinden.

zu den Vor- und Nachteilen siehe im Lehrbuch Seite 153/154

Aufgaben (Seite 154/155)

1 Mehr und mehr werden Informationen zum entscheidenden Produktionsfaktor im Handel. Vor dem Hintergrund eines unübersichtlichen und schwierigen Marktes werden zunehmend aktuelle und zuverlässige Informationen notwendig: Je mehr Informationen einer Unternehmung zur Verfügung stehen – und je besser diese sind –, desto höher wird die Qualität der Entscheidungen sein.

2 Warenbereich der Großhandelsunternehmung

3 Die Ware ist die wichtigste und i. d. R. größte Investition im Großhandelsbetrieb. Fehler im Bereich der Warenwirtschaft können daher für das Unternehmen sehr schnell gefährlich werden.

4 a) körperlicher Weg der Ware durch das Großhandelsunternehmen

b) Weg von Informationen über die Ware durch das Großhandelsunternehmen

5 a) Warenfluss

b) Warenfluss

c) Warenfluss/Informationsfluss (Merkmale der Ware können gespeichert sein)

d) Informationsfluss
e) Warenfluss

6 System im Großhandel, das den Warendurchlauf durch das Unternehmen regelt und überwacht sowie Informationen über Waren als Grundlage für Entscheidungen liefert

7 Der Einkauf und die Lagerung der Ware sollten möglichst geringe Kosten verursachen. Außerdem ist eine geringe Kapitalbindung anzustreben. Beides bedeutet den Lagerbestand möglichst klein zu halten.
Gleichzeitig muss jedoch der Lagerbestand groß genug sein, um ständig alle Kundenwünsche sofort erfüllen zu können.

8 • Sie liefern nur warengruppengenaue Informationen.
   • „Handerstellte" Belege dienen als Instrumente der Warenwirtschaft.

9 Warenwirtschaftssysteme, bei denen die Warenwirtschaft von Computern gesteuert und kontrolliert wird

10 • artikelgenaue Informationen
   • Informationen sind leichter zugänglich und schneller verfügbar
   • Rationalisierung vieler Arbeitsprozesse

11 Den Warendurchlauf durch ein Unternehmen optimal zu steuern, ist eines der ältesten Probleme des Handels. Schon in alten Kulturen versuchte man, es zu lösen. Aber erst mithilfe der EDV geschieht dies zufrieden stellend.

12 Bei geschlossenen WWS werden alle Funktionen der Warenwirtschaft von der EDV unterstützt, bei offenen WWS nur ein Teil der Warenwirtschaftsarbeiten.

13 a) geschlossenes WWS
   b) offenes WWS

14 schülerabhängige Antwort

15 Sie binden die Marktpartner in das WWS des Großhandelsbetriebs ein.

Aktionen (Seite 155/156)

1 individuelle Lösung

2 Die Durchführung ist abhängig von den Ansätzen der Schüler.

3 abhängig von der Situation in den Ausbildungsbetrieben

Wichtig ist, dass die Schüler für das Vorhandensein der Warenwirtschaft sensibilisiert werden.

4 Im Rahmen dieser Aktion sollen die Schüler alle Unterprogramme systematisch kennen lernen. Wird mit einem anderen Programm als „Groß im Handel" gearbeitet, kann diese Aktion entsprechend bearbeitet werden.

5 a) im Hauptmenü von *Beschaffung* bis zu *Auswertungen*
   b) *Stammdaten – Handelsbetrieb*
   c) *Stammdaten – Lieferer*
   d) *Stammdaten – Kunden*
   e) *Stammdaten – Artikelverwaltung – Artikelstamm – Artikelgruppe*
   f) *Stammdaten – Artikelverwaltung – Artikel suchen – entsprechenden Artikel markieren – Artikelstamm*

g) I. *Stammdaten – Artikelverwaltung – Artikelstamm (Nettoverkaufspreis)*
   II. *Stammdaten – Lieferer – Lieferer markieren – Liefererdaten – entsprechende Felder ändern*
   III. *Stammdaten – Handelsbetrieb – Konstanten*

6 a) *Stammdaten – Artikelverwaltung*
   b) *Auswertungen – Barverkauf – Datum*
   c) *Hilfsmittel – Limitrechnung*
   d) *Verkauf – Rechnungsverkauf*
   e) *Lager – Warenannahme*
   f) *Stammdaten – Handelsbetrieb*
   g) *Hilfsmittel – KER*
   h) *Verkauf – Barverkauf*
   i) *Hilfsmittel – Kalkulation*

7 a) Es werden Artikel-, Kunden- und Lieferantenstammdaten erfasst. Ebenfalls als Stammdaten im System werden Personal- und Firmendaten erfasst.

   b) Im System sind jede Menge Bewegungsdaten enthalten, unter vielen anderen z. B.
   - aktueller Bestand
   - Umsatz
   - Rohertrag
   - Absatz
   - Verkäuferkennzahlen (Leitungsinformationen)
   - Raumkennzahlen (Leitungsinformationen)
   - Bestellmengen
   - gekaufte Artikel (an der Kasse)
   - Restlimit

8 Diese Aktion dient dazu, auf spielerische Weise die Orientierung im Programm zu vertiefen.

2.2 Wir wickeln Aufträge ab

Einstieg (Seite 157)

1. u. a.
   - Bearbeitung der Anfrage
   - Bearbeitung des Auftrags
   - Bonitätsüberprüfung
   - Auftragsauswertung

2. Herr Vergin bekommt eine Vielzahl normalerweise zeitraubender Routinetätigkeiten abgenommen und erhält zusätzlich viele Informationen schnell zur Verfügung gestellt.

Aufgaben (Seite 161)

1 Unter Auftragsbearbeitung versteht man eine Kette von Vorgängen, durch die ein erteilter Auftrag bis zu seiner Auslieferung und Abrechnung geführt wird.

2 Die Auftragsbearbeitung ist einer der Hauptbestandteile eines übergeordneten Warenwirtschaftssystems.

3
- Bestellübermittlung
- Auftragsaufbereitung
- Umsetzung der Aufträge
- Zusammenstellung des Auftrags
- Versand
- Fakturierung

4 Fakturierung bedeutet Rechnungserstellung.

5
- Vorfakturierung: Bevor die Güter kommissioniert worden sind, wird fakturiert.
- Nachfakturierung: Erst nach Kommissionierung wird fakturiert.

6
- Durchschreibeverfahren: Erstellung mehrerer unterschiedlicher Formulare in einem Arbeitsgang
- Umdruckverfahren: in einem Arbeitsgang mehrere Ausführungen einer Formularart
- Ordersatzverfahren: wird vom Besteller ausgefüllt und vom Auftragssachbearbeiter ans Lager weitergeleitet

7 Programme sorgen für einen schnelleren Informationsfluss und bessere Organisation der Auftragsabwicklung.

Aktionen (Seite 161)

1 schülerabhängige Antwort

2 schülerabhängige Antwort

3 a) Angebotserstellung

WWS:
- *Verkauf – Rechnungsverkauf – Neuer Auftrag*
- *Neuer Auftrag*
- *Kunden suchen*
- *Auftrag speichern*
- *Eingabe*
- *Artikel suchen*
- *Stückzahl eingeben*
- *Ende*
- *Drucken Angebot*

b) Auftragsabwicklung

In derselben Maske erzeugt der Haken bei *Auftragsbestätigung* die Auftragsbestätigung, um den Kaufvertrag abzuschließen (Maske schließen).

zur weiteren Auftragsabwicklung:
- *Verkauf – Rechnungsverkauf – Bearbeitung Auftrag*
- im Register *Auftrag selektieren* den entsprechenden Auftrag suchen und markieren
- Registerkarte *Auftrag ausführen*
- *bearbeiten*
- Häkchen bei *geliefert*
- *speichern*

2.3 Wir lernen die Bedeutung von Anfragen kennen

Einstieg (Seite 162)

Die Anfrage hat für die Grote OHG den Zweck festzustellen, ob und zu welchen Bedingungen (Preis, Lieferzeit, Zahlungsbedingungen) die Textilgroßhandlung *Spindler KG* Herrenfreizeithemden einer bestimmten Art liefern kann. Die Grote OHG wird in der Regel gleichzeitig bei mehreren Lieferern anfragen.

Die Grote OHG bittet darum, ihr zur Anbahnung einer Geschäftsbeziehung ein Angebot zuzusenden.

Dabei ist die Anfrage völlig unverbindlich und soll nur einen eventuellen **Geschäftsabschluss** anbahnen. Sie hat **keine rechtliche Wirkung.**

Aufgaben (Seite 164)

1 Unterscheidungsmerkmale sind die Inhalte. Während die erste Anfrage keine konkreten Bezüge zu irgendeiner Ware enthält, zielt der Inhalt der zweiten Anfrage auf eine ganz bestimmte Ware, nämlich Jogginganzüge, ab.

2 siehe im Lehrbuch Seite 164 (Zusammenfassung)

3 wenn er sich zunächst lediglich über das Leistungsprogramm (Angebotssortiment, Beschaffungskonditionen) einen Überblick verschaffen möchte

4 wenn er sich zum Bezug einer bestimmten Ware entschlossen hat und einen potenziellen Lieferer hierfür sucht
Auf der preislichen Ebene dient das eingehende Angebot zur Ermittlung des Einstandspreises (siehe Angebotsvergleich im Lehrbuch Seite 293 ff.).

5 Die Anzahl ist unbeschränkt, da Anfragen stets unverbindlichen Charakter haben.

6 Als unverbindliche Willenserklärung ist sie **rechtlich** zunächst ohne Bedeutung für das Zustandekommen eines Kaufvertrages. Ihre Bedeutung liegt aber unzweifelhaft in der Anbahnung von zukünftigen Geschäftsbeziehungen.

7 Die Anfrage kann schriftlich, mündlich, telefonisch, fernschriftlich oder telegrafisch an den Lieferer gerichtet werden. Sie ist an keine Form gebunden.

Aktionen (Seite 164)

1 Zur Bearbeitung des Textes über die Anfrage sollen die folgenden fünf Schritte nach der SQ3R-Methode (Survey, Question, Read, Recite, Review) durchgegangen werden. Hinweise hierzu finden sich im Lehrbuch, Kap. 1.2.

2 Das Wesen der Anfrage und ihrer Bedeutung ist aufgrund der Sachstruktur vorgegeben. Das **Mindmapping** hat dabei den Vorteil, dass es einfach zu handhaben ist. Es sind nur die aufgeführten Gestaltungsregeln anzuwenden. Mit dem Mindmapping wird das herkömmliche „schön geordnet und untereinander" Aufschreiben überwunden. Dadurch wird sehr viel Zeit gespart. Deshalb geht auch kaum ein Gedanke verloren: Man hat alles auf einen Blick und das einigermaßen übersichtlich.

3 Bei der Veranschaulichung mittels Folie, Wandplakat oder Tafelanschrieb sollte insbesondere beim **Text** auf die folgenden Aspekte geachtet werden:

- auf Wesentliches beschränken
- kurze, präzise Aussagen
- einfache Formulierungen
- gute Lesbarkeit
- deutlich gliedern
- zusätzliche Hervorhebungen (unterstreichen, farblich markieren, rahmen) (siehe auch Kap. 1.2 im Lehrbuch.)

4 unternehmensabhängig

2.4 Wir erstellen Angebote

Einstieg (Seite 165)

Angebotsentwurf:

Spindler KG Goseriede 41 30159 Hannover

Herrenausstatter
Grote OHG
Herrenhäuser Str. 12
30169 Hannover

Ihr Zeichen, Ihre Nachricht vom	Unser Zeichen, unsere Nachricht vom	Telefon	Datum
G/I , 18.05.20..	pr-zm		19.05.20..

Angebot in Herrenfreizeithemden

Sehr geehrter Herr Grote,

wir danken Ihnen für Ihre Anfrage. Folgende Freizeithemden können wir Ihnen zu einem äußerst günstigen Preis anbieten:

Bestell-Nr. 4537 Herrenfreizeithemden blau gestreift, 100 % Baumwolle,
Gr. 39 bis 43, zum Preis von 16,20 € einschließlich Verpackung

Bei Abnahme von mindestens 100 Stück gewähren wir Ihnen einen Mengenrabatt von 10 %.

Der Preis gilt frei Haus.

Ihre Zahlung erbitten wir innerhalb von 14 Tagen abzüglich 3 % Skonto oder innerhalb von 30 Tagen ohne Abzug.

Wir freuen uns auf Ihren Auftrag.

Mit freundlichen Grüßen

Spindler KG
Textilgroßhandlung

Aufgaben (Seite 170)

1 In den Fällen b) und d) liegt ein Angebot vor, da hier genau bestimmte Personen angesprochen werden.

2 Herr Gauß war nicht mehr an sein Angebot gebunden, weil Frau Lorenzen das Angebot zu spät angenommen hat. Ein mündliches Angebot ist nur so lange bindend, wie das Gespräch dauert.

3 a) Herr Lang muss nicht liefern, weil Herr Kaiser in der Bestellung den Angebotspreis abgeändert hat.

b) Herr Lang muss nicht mehr liefern, weil Frau Meyer zu spät bestellt hat.

4 a) Das gesamte Angebot ist unverbindlich.

b) Die Angebotsmenge ist unverbindlich.

c) Der Angebotspreis ist unverbindlich.

5 Der Widerruf muss spätestens mit dem Angebot beim Empfänger eintreffen.

6 Beim Einräumen eines Zahlungsziels muss der Käufer erst später zahlen.

7 Der Käufer trägt die Transportkosten ab Versandbahnhof, wenn im Angebot des Lieferers keine Angabe über die Transportkostenverteilung enthalten ist.

8 Bei der Lieferungsbedingung „frachtfrei" muss der Käufer nur 10,00 € Hausfracht für die Abfuhr bezahlen.

9 Wenn im Angebot keine Klausel über den Zahlungstermin enthalten ist, muss der Käufer unverzüglich bei Lieferung bezahlen.

10 Die Kosten der Versandverpackung bezahlt der Käufer, wenn im Angebot keine Angaben darüber enthalten sind.

11 Die Klausel „netto Kasse" besagt, dass die Zahlung ohne Abzug erfolgen muss.

12 Es handelt sich um eine Draufgabe.

13 Wenn keine Lieferzeit vereinbart wurde, muss der Lieferer unverzüglich liefern.

Aktionen (Seite 171)

1

Spindler KG Textilgroßhandlung

Spindler KG Goseriede 41 30159 Hannover

#Anrede
#Name
#Straße
#PLZ #Ort

Ihr Zeichen, Ihre Nachricht vom   Unser Zeichen, unsere Nachricht vom   Telefon   Datum

Angebot

Sehr geehrte #Anrede #Name,

wir danken Ihnen für Ihre Anfrage. Folgende Artikel können wir Ihnen zu einem äußerst günstigen Preis anbieten:

Bestell-Nr. #Bestellnummer #Artikelbeschreibung

Bei Abnahme von mindestens #Stück gewähren wir Ihnen einen Mengenrabatt von #%.

Der Preis gilt frei Haus.

Ihre Zahlung erbitten wir innerhalb von 14 Tagen abzüglich 3 % Skonto oder innerhalb von 30 Tagen ohne Abzug.

Wir freuen uns auf Ihren Auftrag.

Mit freundlichen Grüßen

Spindler KG
Textilgroßhandlung

2 Die *Spindler KG* sollte das Zahlungsziel verlängern und Mengenrabatte geben. Dies könnte für die kleineren Fachgeschäfte ein Anreiz sein, größere Mengen bei der *Spindler KG* zu kaufen. Durch den Verkauf größerer Mengeneinheiten spart die *Spindler KG* bei ihren Kosten der Auftragsabwicklung. Gleichzeitig erhöhen sich aber ihre Finanzierungskosten, wenn sie ihren Kunden einen Kundenkredit mit längerer Laufzeit gewährt.

2.5 Wir schließen Kaufverträge ab

Einstieg (Seite 173)

Ja, der Kaufvertrag ist durch das Angebot der Textilgroßhandlung *Spindler KG* und die Bestellung des Herrenausstatters Grote OHG zustande gekommen.

Aufgaben (Seite 175)

1 Willenserklärungen können durch ausdrückliche mündliche oder schriftliche Äußerungen, bloße Handlungen oder Schweigen abgegeben werden.

2 a) Der Kaufvertrag kommt durch Bestellung und Bestellungsannahme zustande.

b) Der Kaufvertrag kommt durch die Vorlage des Verkäufers (Antrag) und die Aussage der Kundin „Den nehme ich" (Annahme) zustande.

c) Der Kaufvertrag kommt durch Bestellung und Lieferung zustande.

3 Im Fall a) ist ein Kaufvertrag durch Angebot und Bestellung zustande gekommen.

Im Fall d) ist ein Kaufvertrag durch Bestellung und Lieferung zustande gekommen.

Im Fall b) kommt kein Kaufvertrag zustande, weil nur eine Willenserklärung abgegeben wurde.

Im Fall c) kommt kein Kaufvertrag zustande, weil der Käufer die Angebotsbedingungen abgeändert hat.

4 a) Die Willenserklärung ist anfechtbar. Es liegt ein Irrtum in der Erklärung vor.

b) Die Willenserklärung ist anfechtbar. Der Käufer wurde arglistig getäuscht.

c) Die Willenserklärung ist nichtig, da sie gegen den Willen des gesetzlichen Vertreters des beschränkt geschäftsfähigen Frank Schrader abgegeben wurde.

d) Das Rechtsgeschäft ist nichtig. Es wurde nicht in der vorgeschriebenen schriftlichen Form abgeschlossen.

e) Der falsch kalkulierte Preis ist gültig. Ein Kalkulationsfehler gilt nicht als Irrtum, der zur Anfechtung einer Willenserklärung berechtigt.

f) Das Rechtsgeschäft ist gültig, auch wenn der Kaufpreis nicht dem Wert des Hauses entspricht.

Aktionen (Seite 176)

1 Individuelle Schülerlösungen; zum Rollenspiel siehe die Hinweise im Lehrbuch Seite 24.

2 individuelle Schülerlösungen

2.6 Wir prüfen die Geschäftsfähigkeit der Geschäftspartner

Einstieg (Seite 177)

Anja Kruse darf Rechtsgeschäfte im Rahmen eines Arbeitsvertrags abschließen.

Aufgaben (Seite 178)

1 Rechtsfähigkeit ist die Fähigkeit einer natürlichen oder juristischen Person, Träger von Rechten und Pflichten zu sein.

Unter Geschäftsfähigkeit versteht man die Fähigkeit von Personen, Rechtsgeschäfte rechtsgültig abzuschließen.

2 Der Händler verlangt vom Vater die Einverständniserklärung, weil Hans Vollmer nur beschränkt geschäftsfähig ist.

3 In diesem Fall hat der Händler Recht, weil beschränkt geschäftsfähige Personen Verträge, die sie mit ihrem Taschengeld erfüllen können, ohne Zustimmung ihres gesetzlichen Vertreters abschließen dürfen.

4 Die Eltern dürfen die Annahme des Geschenks nicht verbieten, da beschränkt geschäftsfähige Personen Geschenke ohne Zustimmung der gesetzlichen Vertreter annehmen dürfen, wenn sie für das Geschenk keine Gegenleistung erbringen müssen.

5 Für das Rechtsgeschäft a) benötigt sie keine Zustimmung, wenn sie es im Rahmen eines Arbeitsverhältnisses abschließt.

Das Rechtsgeschäft b) darf sie nur mit Zustimmung der Eltern abschließen.

6 Frank Förster darf Rechtsgeschäfte im Rahmen seiner Geschäftsführertätigkeit (Fall a) und Fall d) ohne Zustimmung seines gesetzlichen Vertreters abschließen. Den Taschenrechner (Fall c) darf er ohne Zustimmung kaufen, da dazu die Mittel des Taschengeldes ausreichen.

Aktionen (Seite 179)

1 siehe Mindmap folgende Seite

2 In dem Telefongespräch mit dem Hersteller der Herrenhemden sollten die Schüler versuchen, den Hersteller dazu zu bewegen, nicht auf der Annahme der 1 000 Hemden zu bestehen. Sie könnten dem Hersteller anbieten, die zu viel bestellten Hemden zu einem späteren Zeitpunkt bei ihm zu bestellen.

In dem Telefongespräch mit der Firma Grote sollten die Schüler die Anfechtung der Bestellung akzeptieren. Sie sollten auf Schadensersatz verzichten, sofern der *Spindler KG* kein Schaden entstanden ist.

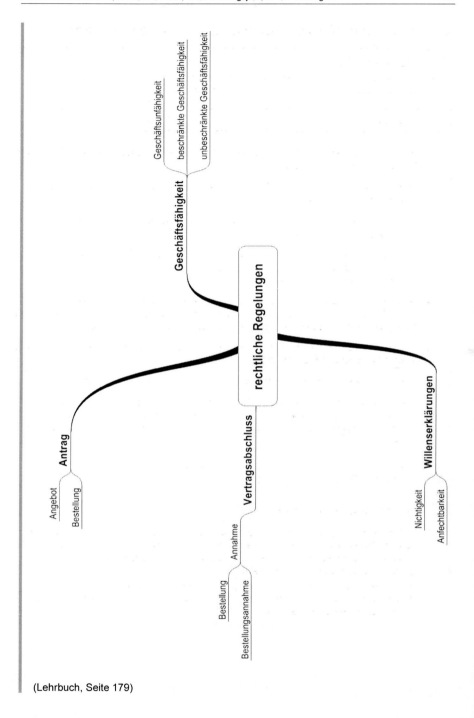

(Lehrbuch, Seite 179)

2.7 Wir erfüllen Kaufverträge

Einstieg (Seite 180)

Pflichten des Käufers:
- Ware abnehmen
- Ware rechtzeitig bezahlen

Pflichten des Verkäufers:
- Ware mangelfrei liefern
- Ware rechtzeitig liefern
- dem Käufer das Eigentum an der Ware beschaffen

Aufgaben (Seite 183)

1 a) Käufer hat   – Ware abgenommen
    Verkäufer hat   – Ware mangelfrei geliefert
                     – Ware rechtzeitig geliefert

  b) Durch die vollständige Bezahlung durch die Käufer und die Eigentumsübertragung durch die Verkäufer.

2

Verkäufer	Käufer
• übergibt die Ware – mangelfrei – rechtzeitig – am vereinbarten Ort • verschafft dem Käufer das Eigentum an der Ware	• nimmt die Ware ab • bezahlt den Kaufpreis rechtzeitig

3 a) Weißenbach: Recht zur Nutzung
    Hurtig: Rechte eines Eigentümers wie verkaufen, vermieten, verleihen, verändern, vernichten, Recht auf staatlichen Schutz
    Peter D.:   Recht auf Benutzung und Schutz vor Wegnahme durch Dritte
    Anke M.:   desgl.

  b) *Fall Anke M.:* Als Besitzerin der Gesichtsmaske war sie nicht berechtigt, die Sache zu verändern. Dieses Recht bleibt dem Eigentümer vorbehalten. Sie hatte im Gegenteil die Pflicht, die Maske ordentlich zu verwahren. Sie ist im vorliegenden Fall vor Schadensersatzansprüchen nicht sicher.

    Fall Sportler Hurtig: Als Eigentümer kann ihm dieses Recht niemand verwehren.

4 a) Einigung und Übergabe
  b) Auflassung und Eintragung des Eigentümerwechsels ins Grundbuch

5 Rechte des Eigentümers siehe Zusammenfassung im Lehrbuch Seite 184

6 weil eine physische Übergabe bei unbeweglichen Sachen i. S. d. Sachenrechts nicht möglich ist

7 a) Eigentümer: Fernseh-Knuth; Besitzer: Herr Mertens
  b) Einigung (Die Übergabe hat bereits beim Besitzerwechsel stattgefunden.)

8 Da der Käufer durch die **Übergabe und die Einigung** zwischen Erwerber und Eigentümer, dass das Eigentum übergehen soll, Eigentümer der Ware wird, erhält Thomas die rechtliche Herrschaft über die Skier „am nächsten Tag".

9 Der rechtmäßige Besitz einer Sache endet entweder durch die freiwillige Aufgabe oder durch den Verlust der Sache.

10 Er besitzt lediglich die tatsächliche Herrschaft über das Fahrrad.

Aktionen (Seite 183)

1 Sehr häufig ist den Schülern der Unterschied zwischen Verpflichtungs- und Erfüllungsgeschäft nicht klar. Mithilfe der Aufgabenstellung a), verstärkt durch die erweiterte Aufgabenstellung b), soll im Rahmen der eigenständigen Auseinandersetzung mit der Sachproblematik der fundamentale Unterschied sichtbar werden.
Verstärkt wird diese Intention durch die Vorgabe, die Erkenntnisse mittels einer **PowerPoint-Präsentation** darzustellen. Dabei sollten die wichtigsten Grundregeln beachtet werden:
- kein Überladen der Präsentation
- wenig Text
- sprechende Überschriften
- klare Gliederung

Wichtig: Die Präsentation soll kein reines Lesemedium sein! Sie soll den Vortrag der Schüler nur visuell ergänzen, nicht verdoppeln.
Als Faustregel kann gelten: *2 bis 3 Minuten pro Folie.*

2 **Präsentationsregeln:**
- optisch strukturieren
- den Stoff nachvollziehbar gliedern
- auf das Wesentliche konzentrieren
- einen „roten Faden" für die Präsentation der Ergebnisse haben
- nicht abgehackt, sondern fließend sprechen
- in kurzen Sätzen sprechen
- Sprechpausen machen
- beim Präsentieren auf die Gestik und Mimik achten
- auf eine natürliche Haltung achten
- einen Spickzettel vorbereiten, um die Ergebnisse überwiegend frei vorzutragen
- darauf achten, dass die Präsentation von allen gut zu sehen ist
- die Teilnehmer bei der Präsentation mit einbeziehen
- auf Fragen der Mitschüler eingehen

3 Zur Bearbeitung des Textes über Besitz und Eigentum sollen die fünf Schritte der SQ3R-Methode (Survey, Question, Read, Recite, Review) durchgegangen werden (siehe Kap. 1.2 im Lehrbuch.)

4 Der Unterschied zwischen Besitz und Eigentum ist aufgrund der Sachstruktur vorgegeben. Das Mindmapping hat dabei den Vorteil, dass es einfach zu handhaben ist. Es sind nur die aufgeführten Gestaltungsregeln anzuwenden. Mit dem Mindmapping wird das herkömmliche „schön geordnet und untereinander" Aufschreiben überwunden. Dadurch wird sehr viel Zeit gespart. Deshalb geht auch kaum ein Gedanke verloren: Man hat alles auf einen Blick und das einigermaßen übersichtlich.

5 Bei der Veranschaulichung mittels Folien, Wandplakat oder Tafelanschrieb sollte insbesondere **beim Text** auf die folgenden Aspekte geachtet werden:
- auf Wesentliches beschränken
- deutlich gliedern
- kurze, präzise Aussagen
- zusätzliche Hervorhebungen (unterstreichen, farblich markieren, rahmen)
- einfache Formulierungen
- gute Lesbarkeit

2.8 Wir berücksichtigen die gesetzlichen Regelungen zur Vertragsfreiheit

Einstieg (Seite 185)

1. Die Geschäftsführung ist durchaus berechtigt so zu handeln. Sie kann ihren verschiedenen Geschäftspartnern unterschiedliche Konditionen anbieten, sei es nun aus persönlichen, absatzpolitischen oder sonstigen Gründen. Es gilt der Grundsatz der **Vertragsfreiheit**.

2. Einzelhändlerin Helen Villanueva hat daher, da die Textilgroßhandlung *Spindler KG* die Vertragsinhalte mit jedem Kunden frei nach den eigenen Vorstellungen festlegen kann, kein einklagbares Recht auf die der polnischen ELEGANT MODE eingeräumten Konditionen (Grundsatz der Gestaltungsfreiheit von Verträgen).
(An dieser Stelle könnte aber durchaus der Aspekt der Kulanz gegenüber der Einzelhändlerin zur Sprache kommen.)

Aufgaben (Seite 189)

1 Vertragsfreiheit beinhaltet die Freiheit
- bei der Gestaltung des Vertragsinhalts,
- bei der Wahl der Vertragsform,
- eine Willenserklärung abzugeben oder nicht.

2 Der Formzwang dient dem Schutz vor leichtfertigem und übereiltem Handeln; er besitzt eine Warnfunktion.

3 totale Überlastung von Notaren bzw. Behörden und völlige Lähmung des Handelsverkehrs

4 Bei der **notariellen Beurkundung** wird der Wahrheitsgehalt der Unterschrift(en) sowie der Inhalt des Textes beurkundet. Die **öffentliche Beglaubigung** bezieht sich lediglich auf die Echtheit der Unterschrift(en).

5 a) Schriftform; öffentliche Beglaubigung
 b) formfrei
 c) Schriftform, notarielle Beurkundung
 d) Schriftform
 e) formfrei

6 a) Er ist dazu berechtigt: Abschlussfreiheit.
 b) Er handelt gesetzwidrig: Abschlusszwang.
 c) Er ist dazu berechtigt: Abschlussfreiheit.

Aktionen (Seite 189)

1 a) Mithilfe der **Kartenabfrage** können Ideen und Vorstellungen zum Thema „Formfreiheit" im Rahmen der Vertragsfreiheit gesammelt werden. Dabei können Lernziele angestrebt werden wie beispielsweise
- eigene Einfälle zur vorliegenden Fragestellung formulieren,
- in Ruhe in der Arbeitsgruppe über eigene Ideen und Vorstellungen nachdenken,

- Ideen auf einen Kurzsatz reduzieren und
- demokratische Regeln erfahren.

Die halbkreisförmige Sitzordnung um die Pinnwand ist sinnvoll.
Zur *Durchführung der Kartenabfrage* siehe Kap. 1.2 im Lehrbuch.

b) individuelle Schülerbeiträge

2 a) An dieser Stelle sollen die Schüler überlegen,
- unter welchen Schlagworten sie etwas zu ihrem Thema finden können,
- wo sie entsprechende Dokumente zu ihrem Auftrag finden können,
- wie sie an die benötigten Texte herankommen können.

Bei der Arbeit in Arbeitsgruppen sollte genau festgelegt werden, wer aus der Gruppe bis wann und wo versucht, die geforderten Arbeitsergebnisse zu beschaffen.

b) individuelle Schülerbeiträge

2.9 Wir informieren uns über unsere Allgemeinen Geschäftsbedingungen

Einstieg (Seite 191)

Die neuzeitliche Entwicklung beim Umsatz von Waren und Leistungen hat zu einer starken Typisierung der dabei verwendeten vertraglichen Bedingungen geführt. An die Stelle des im BGB geregelten Vertragsrechts, das die Interessen beider Vertragsparteien berücksichtigt, sind weitgehend **Allgemeine Geschäftsbedingungen** getreten, die vielfach ausschließlich den Interessen der Großhandelsunternehmen dienen.

Die Allgemeinen Geschäftsbedingungen, i. d. R. kurz **AGB** oder das „Kleingedruckte" genannt, sind ein fester Bestandteil des Wirtschaftslebens. Sie gehören grundsätzlich in den Bereich des Vertragsrechts.

AGB werden entweder vom Großhändler selbst oder von den Verbänden einzelner Wirtschaftszweige ausgearbeitet und durch entsprechende Klauseln auf typische, regelmäßig wiederkehrende Probleme des Geschäftsverkehrs zugeschnitten, wie z. B. Lieferungsbedingungen, Haftungsvoraussetzungen, Zahlungsweise, Eigentumsvorbehalt, Gefahrenübergang und Gerichtsstand.

Damit wird eine Art Modellvertrag geschaffen, der jederzeit neu verwendbar ist, weil er allgemein und umfassend formuliert ist. Diese Vertragsklauseln liegen meist in gedruckter Form vor. In dem jeweiligen individuellen Vertrag wird i. d. R. global auf die AGB verwiesen. AGB sind nur dann Vertragsbestandteil, wenn sie dem Partner bei Vertragsschluss bekannt waren.

Aufgaben (Seite 196)

1 Sie helfen Kosten und Arbeitszeit einzusparen und haben damit eine Rationalisierungsfunktion. Gleichzeitig wird es dem Verkäufer durch diese Vertragsvorformulierungen möglich, seine Vertragspflichten gemäß BGB/HGB einzuschränken und damit seine wirtschaftliche Stellung zu stärken.

2 Sie sind Bestandteil eines zwischen Verkäufer und Käufer individuell ausgehandelten Vertrags, der unter dem Primat der Vertragsfreiheit abgeschlossen wurde.

3 Schutz des Verbrauchers gegenüber AGB

4 Mindestanforderungen:
- ausdrücklicher Hinweis auf die AGB
- AGB müssen leicht erreichbar und gut lesbar sein.
- Käufer muss den AGB zustimmen.

5 a) – überraschende Klausel (§ 305 c BGB) ⎫
  – nachträgliche Preiserhöhungen   ⎬ Verletzung des
  – Einschränkung von Reklamationsrechten   ⎪ Gesetzes
  – persönliche Absprachen haben Vorrang (§ 305 b BGB) ⎭
  – kein Verstoß
  – kein Verstoß
  – überraschende Klausel: Verletzung des Gesetzes
  – Klauselverbot ohne Wertungsmöglichkeit (Vertragsstrafe): Verletzung des Gesetzes (§ 309 Abs. 6 BGB)
  b) Ausschluss der Haftung bei grobem Verschulden: Verletzung des Gesetzes

6 ja, da Mindestvoraussetzungen (vgl. Frage Nr. 4) vorliegen

Aktionen (Seite 196)

1 unternehmensabhängig

2 unternehmensabhängig

3 Es wird in diesem Zusammenhang auf die Ausführungen zum Referat im Kap. 1.2 im Lehrbuch verwiesen.

4 Die Einsatzmöglichkeiten der Aktion 4 sind vielfältig:
- zur Sammlung von Argumenten als Einstieg in das Thema AGB
- zur Lernzielkontrolle
- um Gegenpositionen herauszuarbeiten
- um unreflektierte Standpunkte zum Thema AGB festzustellen

Für die erfolgreiche Durchführung der **Pro-und-Kontra-Diskussion** im Rahmen dieses **Rollenspiels** sollten die folgenden Phasen eingehalten werden:
- Aufstellen und Bekanntmachen der Spielregeln
- Problemstellung
- Verteilung der Rollen
- Vorbereitung des Rollenspiels (siehe Aktionen 1 bis 3)
- Spielphase
- Reflektionsphase: Die Reflektionsphase ist mit die wichtigste Phase beim Rollenspiel. Die Konfliktsituation wird bewusst gemacht und analysiert. Spieler und Beobachter werden nach ihren Eindrücken befragt.

2.10 Wir berücksichtigen bei Vertragsabschlüssen den Erfüllungsort, den Gefahrenübergang und den Gerichtsstand

Einstieg (Seite 198)

Der Ort, an dem die Ware zur Abholung zur Verfügung gestellt werden muss, ist der Ort des Verkäufers (Lieferers) (→ Warenschulden sind Holschulden), in diesem Fall also Hannover.

Aufgaben (Seite 202)

1 a) Erfüllungsort für die Warenlieferung ist der Wohn- oder Geschäftssitz des Verkäufers. Der Käufer muss die Ware dort abholen.

  b) Erfüllungsort für die Zahlung ist der Wohn- oder Geschäftssitz des Käufers. Dabei hat allerdings der Käufer seine Pflicht zur rechtzeitigen Zahlung erst dann erfüllt, wenn er das Geld fristgemäß an seinem Erfüllungsort an den Verkäufer abgeschickt hat.

2 Weil Praktiken gemäß der gesetzlichen Regelung „Warenschulden = Holschulden" den Handelsverkehr unnötig erschweren würden. Der Käufer wäre gezwungen jede bestellte Ware, bei welchem Lieferer auch immer, selbst abzuholen oder abholen zu lassen.

3 Entscheidend ist jeweils die Festlegung des gesetzlichen EO (an dem die Gefahr ja auf den Käufer übergeht).

  a) EO: Wohnung des Käufers, d. h., der Verkäufer hat den Schaden zu tragen.

  b) EO (Handkauf): Gefahr geht mit der Übergabe der Ware an den Käufer über. Da die Übergabe noch nicht stattgefunden hat, hat der Käufer für den entstandenen Schaden nicht einzustehen.

  c) Der Lebensmittelhändler hat nicht fristgerecht seine Zahlungsverpflichtung erfüllt. Er muss für die zeitliche Verzögerung von einem Tag haften, die er am 12. Sept. am Zahlungsort Hildesheim zu erfüllen hatte.

4 a) • für die Warenlieferung: Frankfurt
     • für die Zahlung: Kassel

  b) z. B. „für beide Teile in Kassel"

5 a) Die gesetzliche Regelung findet Anwendung, d. h., EO für die Ware war Lüneburg (= Wohnsitz des Verkäufers). Mit der Übergabe der Ware an den Spediteur in Lüneburg reiste die Ware auf Gefahr des Käufers Örtmanns. Großhändler Örtmanns muss daher das Transportrisiko tragen.

  b) Gemäß den Ausführungen unter a) bedeutet dies, dass das Transportrisiko der Verkäufer Faber zu tragen hat; die Gefahr geht erst in Hamburg auf den Käufer Örtmanns über.

6 Prämissen 5 a) und b) vorausgesetzt, sind auch die Lösungen adäquat.

Aktionen (Seite 202/203)

1 Der Einsatz der **Mindmap** an dieser Stelle dient der Lernstoffwiederholung sowie der Ordnung der Gedanken. Es kann gelernt werden, die Inhalte zum Themengebiet „Nutzen der Berücksichtigung von Erfüllungsort und Gerichtsstand bei Vertragsabschlüssen" strukturiert anzuordnen, die Assoziationsfähigkeit und Kreativität zu steigern sowie

Informationen zum Erfüllungsort und Gerichtsstand zu verdichten und zu verknüpfen – Erleichterung des Wiederfindens.

Im Mindmapping-Prozess werden Gedanken nicht verarbeitet, sondern einfach notiert, so wie sie dem Schüler in den Sinn kommen.

Für die **Erstellung einer Mindmap** sollten sich die Schüler ansonsten an die Ablauffolge halten, wie sie in Kap. 1.2 im Lehrbuch beschrieben ist.

2 **Präsentationsregeln:** siehe Kap. 2.7, Aktion 2 in diesem Lösungsband

3 Sehr häufig ist den Schülern der Unterschied zwischen Erfüllungsort für die Warenlieferung und Erfüllungsort für die Geldzahlung nicht klar. Mithilfe der Aufgabenstellung soll im Rahmen der eigenständigen Auseinandersetzung mit der Sachproblematik der fundamentale Unterschied sichtbar werden.

Verstärkt wird diese Intention durch die Vorgabe, die Erkenntnisse mittels einer **PowerPoint-Präsentation** darzustellen. Dabei sollten erneut die wichtigsten Grundregeln beachtet werden:
- kein Überladen der Präsentation
- wenig Text
- sprechende Überschriften
- klare Gliederung

Wichtig: Die Präsentation soll kein reines Lesemedium sein! Sie soll den Vortrag der Schüler nur visuell ergänzen, nicht verdoppeln.

Als Faustregel kann gelten: *2 bis 3 Minuten pro Folie.*

4 Die **Kopfstandmethode,** auch *Umkehrmethode* genannt, geht von einem bewusst herbeigeführten Rollentausch aus: Die Problemfrage wird auf den Kopf gestellt, in ihr Gegenteil verkehrt

→ „Warum sollte es im Geschäftsleben nicht üblich sein, den Erfüllungsort und den Gerichtsstand vertraglich festzuhalten?"

Die sich daran anschließende Ideensuche erfolgt im **Brainstorming** (siehe Kap. 1.2 im Lehrbuch).

5 Die Bearbeitung dieser Aktion ist maßgeblich abhängig von der individuellen Unternehmenssituation.

6 individuelle Schülerbeiträge

Hinsichtlich der Ausführung/Präsentation wird auf Aktion 2 verwiesen.

2.11 Wir verwenden den Eigentumsvorbehalt zur Sicherung unserer Forderungen

Einstieg (Seite 204)

Bis zur vollständigen Bezahlung der Haushaltswäsche bleibt der Verkäufer, die *Spindler KG* in Hannover, Eigentümer des gelieferten Gegenstandes. Die M. Heuser GmbH & Co. KG in Krumbach wird lediglich Besitzer der Haushaltswäsche.

Aufgaben (Seite 205/206)

1 Im Kaufvertrag wird ein Eigentumsvorbehalt vereinbart, um zu gewährleisten, dass der Käufer zunächst lediglich Besitzer wird.

2 *Vorteile für den Verkäufer* siehe Ausführungen im Lehrbuch Seite 204

3 Es gehört zum üblichen Handelsgeschäft z. B. eines Lebensmittel-Großhändlers, Lebensmittel ein- und unverzüglich wieder zu verkaufen. Da es im Handel zwischen Kaufleuten gebräuchlich ist, Zahlungsziele von 30 Tagen und mehr zu gewähren, wäre durch eine derartige Regelung u. U. die Existenzgrundlage des Großhändlers gefährdet.

4 Eigentumsvorbehalt endet, wenn die bewegliche Sache vom Käufer verarbeitet bzw. verbraucht, vernichtet, mit einer anderen Sache fest verbunden oder weiterverkauft wird.

5 durch die Vereinbarung eines verlängerten Eigentumsvorbehaltes im Kaufvertrag

6 a) **Grund:** Durch den Weiterverkauf der Artikel durch die Einzelhändler würde ein vereinbarter Eigentumsvorbehalt zwangsläufig ohnehin unwirksam (wertlos). Von einer Sicherheitsmaßnahme kann daher nicht gesprochen werden.

b) Sicherung ist möglich durch den verlängerten Eigentumsvorbehalt, d. h., dass die Abtretung der Kaufpreisforderung verlangt wird.

7 Der Großhändler Münchmeyer hat die Möglichkeit, die Herausgabe der 10 Kittel zu verlangen.

Aktionen (Seite 206)

1 Im Zusammenhang mit der Kartenabfrage wird auf die Ausführung im Kap. 1.2 im Lehrbuch verwiesen.

2/3 **Internetrecherche:** Das Hauptproblem in der weltweiten Riesendatenbank WWW ist, dass man oft keine genauen Adressen hat, um die Dokumente anzusteuern, die die benötigten Informationen enthalten. Die Lösung dieses Problems sind Suchmaschinen.
An dieser Stelle sollen sich die Schüler überlegen,
- unter welchen Schlagworten sie etwas zu ihrem Thema finden können,
- wo sie entsprechende Dokumente zu ihrem Auftrag finden können,
- wie sie an die benötigten Texte herankommen können.

Bei der Arbeit in **Arbeitsgruppen** sollte genau festgelegt werden, wer aus der Gruppe bis wann und wo versucht, die geforderten Arbeitsergebnisse zu beschaffen.
Sind von den Schülern Informationen zum Stichwort „Eigentumsvorbehalt" zusammengetragen worden, sind die gefundenen Texte zu sichten und auf Verwertbarkeit vor dem Hintergrund des Arbeitsauftrages (der an dieser Stelle von der Lehrkraft in Form eines Referatsthemas ergänzt/ausgeweitet werden kann) zu überprüfen. Die folgenden Hinweise machen die Informationsbeschaffung leichter:

a) Überfliegen des Textes: Dabei ist besonders zu achten auf Überschriften, Hervorhebungen, Einleitungen und den Schlussteil.

b) unbekannte Fremdwörter und Begriffe klären

c) verwertbare Informationen stichwortartig festhalten

d) Texte ggf. kopieren

4 individuelle Schülerbeiträge

2.12 Wir können besondere Arten von Kaufverträgen abschließen

Einstieg (Seite 207)

Merkmale, die bei den „üblichen" Kaufverträgen nicht zu finden sind, bestehen in der Vereinbarung über das Optionsrecht des Käufers, bei Gefallen bis zu einem näher bestimmten Zeitpunkt eine größere Menge der Bluse nachbestellen zu können. Diese Regelung macht Sinn, da die Damenmoden Kramer OHG zunächst nur zwei Blusen zu Testzwecken bestellt (→ *Kauf zur Probe*).

Darüber hinaus wird der OHG von der *Spindler KG* das Recht eingeräumt, bei einer ggf. folgenden Bestellung über die größere Stückzahl bis zu einer festgelegten Frist die Blusen bezüglich Farbe und Größen noch genauer bestimmen zu können (→ *Bestimmungskauf; Spezifikationskauf*).

Aufgaben (Seite 212/213)

1 a) Kauf auf Probe; Gattungskauf
   b) Kauf zur Probe; Gattungskauf
   c) Kauf nach Probe; Gattungskauf
   d) Gattungskauf
   e) Kauf auf Abruf
   f) Bestimmungs- oder Spezifikationskauf
   g) Ramschkauf
   h) Sofort- oder Tageskauf
   i) Zielkauf
   j) Fixkauf
   k) Kauf nach Probe
   l) Kauf auf Probe
   m) Terminkauf
   n) Kommissionskauf

2 Er spart Lagerkosten und kann gleichzeitig aufgrund größerer Bestellmengen vom Mengenrabatt des Lieferers profitieren.

3 Rückgaberecht während der Probezeit

4 Vorteile für den Großhändler:
- Er muss die bezogene Ware erst nach der Veräußerung an den Einzelhändler bezahlen (= geringerer Kapitalbedarf).
- Nicht verkaufte Ware kann er an seinen Lieferanten ohne Nachteile zurückgeben (= geringes Absatzrisiko).

Vorteile für den Auftraggeber:
- Er bleibt beim Verkauf seiner Ware durch den Großhändler anonym.
- Bis zum Verkauf bleibt er Eigentümer der Ware.

5 a) zweiseitiger Handelskauf
   b) einseitiger Handelskauf (Verbrauchsgüterkauf)
   c) dto.
   d) dto.
   e) zweiseitiger Handelskauf
   f) einseitiger Handelskauf (Verbrauchsgüterkauf)
   g) bürgerlicher Kauf

6 Beim **Fixhandelskauf** oder **Fixgeschäft** steht und fällt der Vertrag mit dem Einhalten des vereinbarten Lieferzeitpunkts oder -zeitraums. Mögliche vertragliche Bestimmungen, die ein echtes Fixgeschäft ausmachen, können sein: *"zu liefern am 6. Juni 20.. genau"* oder *"zu liefern bis spätestens 28. Oktober 20.., 17:00 Uhr"*. Bezüglich der Kaufvertragsart ist der Fixkauf dem Unterscheidungskriterium „Lieferzeit" zuzuordnen.

Der **Versendungskauf** ist eine Kaufvertragsart, die im Zusammenhang mit dem Einteilungskriterium „Leistungsort (Erfüllungsort)" genannt wird. Beim Versendungskauf sendet der Verkäufer die Ware auf Verlangen des Käufers an einen Ort, der nicht der Erfüllungsort ist.

Beide genannten Kaufvertragsarten können wegen ihrer Zugehörigkeit zu unterschiedlichen Gruppen von Kaufvertragsarten zwar unterschieden, aber nicht miteinander ver-glichen werden.

7 Gründe für die Vereinbarung von Streckengeschäften sind:

- **Einsparung von Kosten:** Verlade-(Umschlags-), Fracht- und Lagerkosten können beim Zwischenhändler (Großhändler, Wiederverkäufer) eingespart werden.
- **Zeitersparnis:** Wichtige Liefertermine (z. B. Fixtermine) können u. U. besser eingehalten und/oder zu lange Lieferfristen hin und wieder um mehrere Tage verkürzt werden; vor allen Dingen, wenn der Produktionsbetrieb zum Kunden näher liegt als der Geschäftssitz des Großhändlers, kann die Zeitersparnis entsprechend größer ausfallen.
- **Verringerung von Transportschäden** durch mehrfachen Warenumschlag (z. B. Bruch), insbesondere wenn es sich um teure oder empfindliche Waren handelt.

Aktionen (Seite 213)

a)/b) Hinweise zur Abfassung und zum Vortragen eines Referates einschl. der SQ3R-Methode sind im Lehrbuch, Kap. 1.2 wiederzufinden.

c) Siehe die Kap.1.2 und 1.3 im Lehrbuch, wo entsprechende Hinweise zur Visualisierung nachzulesen sind. Andererseits haben die Schüler bis zu diesem Zeitpunkt genügend Möglichkeiten gehabt, unterschiedliche Visualisierungstechniken kennengelernt zu haben, sodass ihnen die Auswahl und Umsetzung vor dem Hintergrund der vorliegenden Aktion nicht schwer fallen dürfte.

d) Die Schüler sollten an dieser Stelle aufgefordert werden, ihr Ergebnis in **freier Rede** vorzutragen. Es sollte vorbereitend auf die Vortragsphase auf folgende Punkte hingewiesen werden:

- sich kurz fassen
- laut und deutlich reden, in kurzen und verständlichen Sätzen
- kurze Pausen einlegen, wenn ein Gedanke abgeschlossen ist
- Zuhörer anschauen

2.13 Wir führen ein Verkaufsgespräch direkt oder per Telefon

Einstieg (Seite 214)
1. siehe im Lehrbuch Seite 215
2. bis 5. schülerabhängig

Aufgaben (Seite 221/222)

1 Verkaufsgespräche sind persönliche Begegnungen zwischen Käufer und Verkäufer.

2 In der Verkaufsform Bedienung sind alle acht typischen Phasen eines Verkaufsgespräches enthalten. Bei Vorwahl und Selbstbedienung (Cash & Carry) enthält das Verkaufsgespräch einige – aber i. d. R. nicht alle – Phasen.

3 • freundlich begrüßen
  • Kundensignale beachten
  • nicht aufdringlich wirken und dem Kunden offen gegenübertreten
  • Es muss eine Vertrauensbasis zwischen Verkäufer und Käufer entstehen.

4 Der Verkäufer muss mithilfe von Fragen den gewünschten Artikel ermitteln. Von Vorteil ist gleichzeitiges Verkäuferhandeln: Durch sofortiges Vorlegen von Ware wird der Kunde dazu gebracht, seinen Bedarf aufzuzeigen.

5 • Der Verkäufer sollte dem Kunden maximal drei Artikel vorlegen, damit er nicht die Übersicht verliert.
  • Bei der Präsentation der Ware sollten die Sinne des Käufers angesprochen werden.

6 den Kunden im „Sie-Stil" ansprechen, aus den Warenmerkmalen des Artikels Produktvorteile ableiten und dann eine direkte Verbindung zwischen Artikel und Kunden herstellen

7 Der Preis darf dem Kunden nicht vor Ende der Verkaufsargumentation und nur in Verbindung mit den Warenmerkmalen genannt werden, damit der Kunde den Preis in Bezug zur Leistung setzen kann. Die Wörter „teuer" und „billig" sind nicht zu verwenden.

8 Kundeneinwände dürfen nicht übergangen werden, sondern sollten sachkundig und höflich entkräftet werden. Die Verkäufer sollten argumentativ vorgehen.

9 Der Verkäufer muss Kaufentscheidungen ermöglichen oder erleichtern und den Kunden zur Entscheidung hinführen. (Verkaufsgespräche dürfen nicht zu lange dauern, weil andere Kunden auch bedient werden möchten.)

10 Der Verkäufer muss Kaufentscheidungen bekräftigen, kassieren, evtl. Ware einpacken und den Kunden verabschieden.

11 Bei einem Fehler in einer bestimmten Phase des Verkaufsgesprächs wird diese Phase nicht ordnungsgemäß durchlaufen und auch nicht abgeschlossen. Dadurch werden alle folgenden Phasen gestört. Die Wahrscheinlichkeit für ein erfolgreiches Verkaufsgespräch sinkt.

12 Dadurch lernt man schon in der Ausbildung, Fehler zu vermeiden. Man gewinnt Routine, erfolgreich und gut zu verkaufen.

13 siehe im Lehrbuch Seite 219/220

14 siehe im Lehrbuch Seite 219/220

15 Das richtige Verhalten in vielen Phasen des Verkaufsgesprächs kann in Rollenspielen optimal geübt werden. Man hat einerseits als Spieler die Möglichkeit der Selbstkontrolle und andererseits als Beobachter mit einem großen Repertoire an Verhaltensmustern konfrontiert.

16 Inbound: Der Kunde ruft an; Outbound: Der Kunde wird angerufen.

17 siehe im Lehrbuch Seite 220/221

18 Im Geschäftsverkehr sind Anrufe erlaubt, wenn das Einverständnis vorliegt, eine Geschäftsbeziehung vorliegt bzw. der Anruf den Geschäftsbereich des Angerufenen betrifft (und konkrete Anhaltspunkte für ein Interesse vorliegen). Enger sind die Grenzen gegenüber Privatpersonen. Hier darf bei Erstkontakten nur angerufen werden, wenn ein Einverständnis vorliegt.

Aktionen (Seite 222)

1 schülerabhängig

Zu diesem Zeitpunkt fasst die Mindmap das Überblickswissen über die acht Phasen des Verkaufsgesprächs zusammen.

2 Über alle Phasen des Verkaufsgesprächs sollen die Schüler sowohl als Spieler als auch als Beobachter typische Fehler in Verkaufsgesprächen erkennen und daraus grundlegende Verkaufsregeln ableiten. Der Weg über die Kopfstandmethode **(möglichst viele Fehler machen)** baut bei vielen Schülern Hemmungen ab.

3 schülerabhängig

2.14 Wir kassieren den Verkaufspreis bar und zahlen Bareinnahmen auf unser Geschäftskonto ein

Einstieg (Seite 223)

Offensichtlich liegt hier ein Kassenfehlbetrag vor: Die Ist-Barverkäufe (ermittelt durch die Tageslosung unter Berücksichtigung der sonstigen Aus- und Einzahlungen) sind niedriger als die im automatischen Kassenbericht ausgewiesenen Soll-Barverkäufe. Höchstwahrscheinlich hat Nina Kröger einem Kunden zu viel Wechselgeld zurückgegeben. Minusdifferenzen können aber auch durch versehentliche Falschregistrierungen und manchmal durch Unterschlagungen des Kassierpersonals entstehen.

Zur Aufklärung der Kassendifferenz und zur Kontrolle der Kassiertätigkeit kann unangemeldet ein Kassensturz durchgeführt werden.

Aufgaben (Seite 228)

1 Barzahlung ist die persönliche (oder durch Boten erbrachte) Geldübermittlung vom Schuldner an den Gläubiger, wobei keine eigenen Bankkonten verwendet werden.

2 Formen der Barzahlung:
- Zahlung von Hand zu Hand (persönlich oder durch einen Boten)
- Minutenservice der Post
- Wertbrief

3 siehe im Lehrbuch Seite 225

4 Sie beweist die Übergabe von Bargeld.

5 Mit Western Union kann Bargeld innerhalb Deutschlands und weltweit innerhalb kürzester Zeit versandt werden. Das Geld wird bar an einem Vertriebsstandort eingezahlt, z. B. bei der Postbank (sog. Minutenservice), und kann vom Empfänger bei Erfüllung der Auszahlungskriterien in einer Western Union Agentur bar abgeholt werden.

6 Die Zahlung mit Bargeld kann teuer, zeitraubend und unbequem sein. Zudem ist sie aufgrund der verschiedenen Risiken unsicher.

7 a) individuelle Schülerantworten
b) Gemäß § 368 BGB hat der Zahlende ein verbrieftes Recht, die Zahlung seiner Schulden schriftlich bestätigt zu bekommen.
c) Da Herr Krüger keinerlei Beweis für die Übergabe des Bargelds in den Händen hat, ist er durchaus berechtigt, die Zahlung zu verweigern.

8 Halbbare Zahlung liegt vor, wenn nur einer der beiden Zahlungsteilnehmer ein Konto besitzt.

9 der Zahlungsempfänger

10 siehe im Lehrbuch Seite 227, Schaubild

11 individuelle Schülerantwort

12 Im Vergleich mit der Barzahlung hat die halbbare Zahlung Vorteile, denn sie ist
- weniger zeitraubend und bequemer,
- sicherer (geringe Diebstahlgefahr, kein Transportrisiko),
- billiger als Zahlung von Hand zu Hand (keine Fahrtkosten) oder durch Wertbrief

Aktionen (Seite 228)

1 Zur 5-Schritt-Methode siehe die Ausführungen im Lehrbuch, Kap. 1.2.
Im vorliegenden Aktionsteil soll – bewusst abweichend von der Zusammenfassung auf Seite 229 – die Baumstruktur gewählt werden. Die hier zum Zuge kommende hierarchische Strukturierung leitet aus Oberbegriffen logisch-systematisch Unterbegriffe ab und umgekehrt.

2 Die **Pro-Kontra-Analyse** ist u. a. zur Sammlung von Argumenten als Einstieg in das Thema Barzahlung (bzw. Zahlungsverkehr) gut geeignet. Dabei können die verschiedenen Aspekte des Themas erschlossen werden, wobei gleichzeitig bekanntes Wissen von den Schülern eingebracht werden kann.
Spielregeln:
1. Der erste Schüler der Pro-Partei trägt sein Argument vor.
2. Der erste Schüler der Kontra-Partei nimmt dieses Argument auf, um es mit einem Argument zu widerlegen, ggf. auch weiterzuführen.
3. Der zweite Schüler der Pro-Partei nimmt das neue Argument auf und versucht es zu entkräften, indem er ein weiterführendes Pro-Argument in die Diskussion einbringt.
4. Die Pro- und Kontra-Parteien tauschen nach Ablauf der ersten Runde ihre Plätze: Aus der Kontra-Partei wird die Pro-Partei und umgekehrt.
5. Am Ende des argumentativen Austausches werden die einzelnen Beiträge inhaltlich bewertet und auf ihre Stichhaltigkeit hin überprüft.

Zur Vorbereitung der Pro-Kontra-Analyse könnten z. B. die Stühle der beiden Parteien unterschiedlich gekennzeichnet werden. Darüber hinaus sollte eine Moderationswand für die Auswertung zur Verfügung stehen.

2.15 Wir wickeln Kundenzahlungen mit Scheck und Scheckkarte (Girocard) ab

Einstieg (Seite 230)

1. Thomas Zimmermann kann den Scheck nicht bedenkenlos annehmen, weil er nicht weiß, ob Herr Wendenburg die Voraussetzungen für das Ausstellen eines Schecks erfüllt: Das Konto von Herrn Wendenburg muss ein Guthaben über den Scheckbetrag oder einen entsprechenden Dispositionskredit aufweisen.
2. Er könnte ihm die Zahlung mit einer Girocard oder Kreditkarte anbieten.

Aufgaben (Seite 233)

1 Die kaufmännischen Bestandteile erleichtern den Geldinstituten die Scheckbearbeitung.

2 Der Inhaberscheck enthält eine Überbringerklausel. Der Namensscheck enthält den Namen des Zahlungsempfängers. Beim Inhaberscheck zahlt das bezogene Geldinstitut an jeden Überbringer des Schecks. Beim Namensscheck zahlt das bezogene Geldinstitut nur an den im Scheck genannten Zahlungsempfänger oder an einen Dritten, auf den der Scheck durch schriftlichen Übertragungsvermerk auf dem Scheck oder schriftliche Abtretung übertragen wurde.

3 Der Verrechnungsscheck gehört zur bargeldlosen Zahlung.

4 Man erkennt einen Verrechnungsscheck an dem Vermerk „Nur zur Verrechnung" auf dem Scheck.

5 Der Scheckempfänger kann einen Barscheck
- an einem Schalter des bezogenen Geldinstitutes bar auszahlen lassen,
- seiner Bank zum Einzug einreichen,
- zur Bezahlung einer Schuld an einen Gläubiger weitergeben.

6 a) Der vordatierte Scheck darf schon am 3. Aug. 20.. zur Einlösung vorgelegt werden, da Schecks bei Sicht zahlbar sind.
b) Der Scheck muss binnen 8 Tagen nach dem Ausstellungsdatum vorgelegt werden.

7 Die Bank haftet für die Einlösung gesperrter Schecks.

8 Vorteile des Electronic Cash sind
- geringeres Beraubungsrisiko,
- Ausschluss von Kassenfehlbeträgen,
- schnellere Zahlungsabwicklung.

Aktionen (Seite 234)

1 a) Bei dem Lastschriftverfahren benötigt der Kunde nur seine Girocard, mithilfe derer über einen Magnetstreifenleser Kontonummer und Bankleitzahl ermittelt sowie ein Lastschriftbeleg erstellt werden. Mit seiner Unterschrift auf dieser Einzugsermächtigung bevollmächtigt der Kunde den Händler, den Zahlungsbetrag von seinem Konto einzuziehen. Es findet dabei keine Prüfung der persönlichen Identifikationsnummer (PIN) statt. Bei diesem Verfahren spart der Einzelhändler Kosten, da keine Gebühren für eine Verbindung zu einer Autorisierungszentrale anfallen. Der Großhändler trägt jedoch das volle Risiko für den Zahlungseingang.

b) Hier sind die Schülerbeiträge abhängig von deren Erfahrungen im Ausbildungsbetrieb.

c) Alternativen wären die Zahlung mit Girocard im Electronic-Cash-System und die Kreditkartenzahlung.

2 individuelle Schülerlösungen

2.16 Wir bieten Kunden Möglichkeiten der bargeldlosen Zahlung an

Einstieg (Seite 235)

Vorteile für das Einzelhandelsunternehmen Grote OHG (Zahler) sind:
- geringere Kosten für Geldtransport
- Zahlung in beliebiger Höhe möglich
- geringer Arbeitsaufwand
- Sicherheit.

Vorteile für die Textilgroßhandlung *Spindler KG* (Zahlungsempfänger) sind:
- Sicherheit: z. B. keine Falschgeldannahme
- Bequemlichkeit: Abwicklung durch die Bank

Aufgaben (Seite 237)

1 Der Zahler behält die Durchschrift für den Auftraggeber: Damit kann er nachweisen, dass er den Überweisungsauftrag erteilt hat.

2 a) Lastschriftverfahren
b) Dauerauftrag
c) Dauerauftrag
d) Sammelüberweisungsauftrag
e) Dauerauftrag
f) Lastschriftverfahren
g) Sammelüberweisungsauftrag

Aktionen (Seite 237)

Spindler KG — Textilgroßhandlung

Spindler KG Goseriede 41 30159 Hannover

Leistner Wäsche GmbH
Ritterstraße 37
28865 Lilienthal

Goseriede 41 – 30159 Hannover
Telefon: 0511 4155-0
Telefax: 0511 4155-10
Internet: www.tg-spindler-wvd.de
E-Mail: info@tg-spindler-wvd.de

Kunden-Nr.: 11 089
Lieferdatum: 06.11.20..
Bestelldatum: 01.11.20..
Sachbearbeiter/-in: Frau Staudt

Rechnung-Nr.: 1110/06
Rechnungsdatum: 06.11.20..

Rechnung

Pos.	Einheit	Artikel	Menge	Preis je Einheit/EUR	Betrag/EUR
1	St.	Geschirrtücher Artikel-Nr. 122/2	500	1,50	750,00
2	St.	Walkfrottiertücher Artikel-Nr. 156/3	500	4,50	2.250,00
					3.000,00
				19 % MWSt	570,00
					3.570,00

2 Vorteile für die *Spindler KG* sind:
- schneller Zahlungseingang
- sicherer Zahlungseingang beim Abbuchungsverfahren
- geringer Arbeits- und Zeitaufwand für den Zahlungseinzug

Vorteile für die Stammkunden sind:
- geringer Arbeits- und Zeitaufwand für den Zahlungsverkehr mit der *Spindler KG*
- keine Überwachung der Zahlungstermine
- keine Gefahr des Zahlungsverzugs

2.17 Wir informieren uns über die gesetzlichen Verkäuferrechte beim Annahmeverzug

Einstieg (Seite 238)

1. a) Die Annahmeverweigerung war unberechtigt, da kein Termin- oder Fixgeschäft vorlag. (Liefertermin war kalendermäßig nicht genau bestimmt bzw. bestimmbar.)
   b) Da die Bedingungen des Annahmeverzuges (Fälligkeit der Lieferung, Anbieten der Ware, Nichtannahme durch den Käufer) vorliegen, haftet der Käufer nun auch für Schäden, die vom Zeitpunkt der Annahmeverweigerung an eintreten. Für den Schaden (drei Kartons Blusen) ist der Einzelhändler Körbel & Hansen OHG daher haftbar zu machen.

2. individuelle Schülerantworten

Aufgaben (Seite 241)

1 Entweder tritt er vom Kaufvertrag zurück oder er besteht auf die Erfüllung und lagert sodann die Ware auf Kosten und Gefahr des Käufers ein, um anschließend weitere Maßnahmen einleiten zu können.

2 Beim Annahmeverzug kann der Verkäufer neben dem Rücktritt vom Kaufvertrag auf Erfüllung des Vertrags bestehen und entweder
   - auf Abnahme klagen oder
   - den Selbsthilfeverkauf veranlassen.

3 Er haftet lediglich für Vorsatz und grobe Fahrlässigkeit.

4 Den Mehrerlös bekommt der Käufer ausbezahlt.

5 Fälligkeit der Lieferung und Anbieten der Ware (Verschulden des Käufers ist keine Voraussetzung!)

6 *Vorschriften* siehe im Lehrbuch Seite 240, rechte Spalte, und Musterbrief linke Spalte

7 beim Selbsthilfeverkauf durch Notverkauf leicht verderblicher Ware, z. B. Gemüse und Obst

8 Im freihändigen Verkauf können nur Waren verkauft werden, die einen Börsen- oder Marktpreis haben. Zudem ist – im Gegensatz zum Notverkauf – dieser Verkauf (Versteigerung) zuvor mit einer Fristsetzung dem Käufer anzudrohen.

9

freihändiger Verkauf	Notverkauf
• Kupfer • Tee • Getreide	• Schnittblumen • Obst • Gemüse

10 Von seinem Rücktrittsrecht könnte der Verkäufer Gebrauch machen, wenn
   - er die Ware anderweitig verkaufen kann,
   - die Verkaufspreise in der Zwischenzeit gestiegen sind,
   - er den Kunden nicht verlieren möchte (Kulanzregelung),
   - der Rechnungsbetrag in seiner Höhe wirtschaftlich unbedeutend ist.

Aktionen (Seite 241)

1 Die *Kopfstandmethode* wird ausführlich erklärt im Lehrbuch, Kap. 1.2.

2 a) Zum **aktiven Lesen** gehört das Unterstreichen und Markieren wichtiger Textstellen, das Anbringen von Merk- und Arbeitszeichen sowie das systematische und schrittweise Herangehen an den Text mit der **5-Schritt-Methode,** die zuvor in Kap.1.8, Aktion 1 in diesem Lösungsband ausführlich beschrieben wurde.

b) Der Einsatz z. B. der **Mindmap** an dieser Stelle dient der Lernstoffwiederholung sowie der Ordnung der Gedanken. Es kann gelernt werden, die Inhalte zum Themengebiet „Verkäuferrechte beim Annahmeverzug", strukturiert anzuordnen, die Assoziationsfähigkeit und Kreativität zu steigern sowie Informationen zu den Werbearten zu verdichten und zu verknüpfen – Erleichterung des Wiederfindens.

Im Mindmapping-Prozess werden Gedanken nicht verarbeitet, sondern einfach notiert, so wie sie aus dem Kopf kommen.

3 unternehmens (branchen-)abhängig

Darüber hinaus sollten die Schüler erneut auf die verschiedenen Aspekte bei der Durchführung von Sachverständigenbefragungen hingewiesen werden. **Befragungen im Ausbildungsunternehmen** sollten gezielt vorbereitet werden:

- Das Gesprächsziel muss klar formuliert sein.
- Das Thema sollte – wie im vorliegenden Fall – auf wenige überschaubare Aspekte beschränkt sein.
- Einzelfragen sollten vorbereitet werden.
- Es ist sinnvoll, mit dem Experten im Unternehmen den Interviewtermin zuvor abzusprechen.

Es wird darüber hinaus auf die Ausführungen zum **Referat** im Kap. 1.2 im Lehrbuch verwiesen.

2.18 Wir überwachen den Zahlungseingang zur Sicherung unserer Liquidität

Einstieg (Seite 243)

1. Die *Spindler KG* könnte aufgrund fehlender Forderungseingänge in finanzielle Schwierigkeiten geraten bzw. müsste eventuell nachteilige wirtschaftliche Folgen tragen, beispielsweise, weil Skonto nicht mehr bei eigenen Lieferanten in Anspruch genommen werden kann oder weil teure Bankkredite aufgenommen werden müssen.

2. Frau Jonas sollte daher freundlich aber bestimmend den fälligen Rechnungsbetrag anfordern (die Intensität sollte vor dem Hintergrund der individuellen Schülerantworten diskutiert werden).

Aufgaben (Seite 247–249)

1 Ein Kaufmann muss auf den pünktlichen Zahlungseingang seiner Forderungen achten, weil Zahlungsverzug u. U. für ihn bedeutet:
   - Verringerung der eigenen finanziellen Mittel
   - Aufnahme teurer Bankkredite
   - Erschwerung der Skontoausnutzung
   - Erhöhung der Verlustgefahr, da sich die finanzielle Lage des Käufers verschlechtern kann und die Verjährung der Forderung droht

   Kein Kaufmann will sich solchen Gefahren und deren möglichen wirtschaftlichen Folgen aussetzen.

2 a) + b): Eine Mahnung ist nicht erforderlich, da aufgrund des vereinbarten Zahlungstermins der Zahlungsverzug nach Ablauf des 15. Juli eintritt.

3 Bei der vorliegenden Zahlungsbedingung gilt der Zeitpunkt der Zahlung als **kalendermäßig genau vereinbart**. Insofern ist die Mahnung als Voraussetzung für den Zahlungsverzug grundsätzlich nicht notwendig. Das Zusenden einer „Zweitrechnung" hätte darüber hinaus die Mahnung nicht ersetzen können. Wegen des *nach dem Kalender genau zu bestimmenden Zahlungstermins* greift der Automatismus der 30-Tage-Regelung ebenfalls nicht.

4 Die Kundin befindet sich in Zahlungsverzug, da für den kalendermäßig genau festgelegten Zahlungstermin (hier ein kalendermäßig zu bestimmender Zeitraum = Termingeschäft) das Datum des Rechnungserhalts nicht ausschlaggebend ist. Der Zahlungsverzug tritt nach Ablauf der zwei Wochen – ab 29.05. gerechnet – ein (hier: mit Ablauf des 12.06.).

5 a) nach Ablauf des Fälligkeitstermins
   b) durch die Mahnung, spätestens 30 Tage nach Fälligkeit und Erhalt der Rechnung

6 **Voraussetzungen** für den Zahlungsverzug:
   - Die Zahlung muss fällig sein (§ 271 BGB).
   - Mahnung → Der Verkäufer muss den Käufer nicht mahnen, wenn der Zeitpunkt der Zahlung im Kaufvertrag kalendermäßig genau vereinbart ist oder sich kalendermäßig berechnen lässt. Ferner ist die Mahnung nicht erforderlich, wenn 30 Tage nach Rechnungszugang vergangen sind, der Schuldner die Zahlung verweigert und/oder besondere Gründe vorliegen (§ 286 II 4 BGB)
   - Verschulden (Vertretenmüssen) des Zahlungsverzugs durch den Käufer (Schuldner)
   - Zur Wahrung seiner ihm zustehenden Rechte muss der Verkäufer dem Käufer (Geldschuldner) **eine angemessene Nachfrist setzen.**

   Die **Fristsetzung kann entfallen** (§ 281 II BGB), wenn
   - der Schuldner die Zahlung ernsthaft und endgültig verweigert hat **(Selbstinverzugsetzung)** oder – wie erwähnt –
   - der Zahlungstermin kalendermäßig genau bestimmt bzw. bestimmbar ist oder
   - besondere Umstände die sofortige Geltendmachung des Schadensersatzanspruches auch ohne vorherige Fristsetzung rechtfertigen.

   Befindet sich der Käufer in Zahlungsverzug, stehen dem Verkäufer **nach Ablauf der Nachfrist** – soweit sie nicht entbehrlich ist – folgende **Rechte** zu:
   - Zahlung verlangen (Erfüllung) und Ersatz des Verzugsschadens
     Der Verzugsschaden kann demnach **neben** der Erfüllung des Zahlungsanspruchs verlangt werden. Voraussetzung ist allerdings das **Verschulden** (Vertretenmüssen) des Käufers (§ 280 I Satz 2 und § 286 IV BGB).

Für verspätete Zahlungen kann der Verkäufer **Verzugszinsen fordern** (§ 288 BGB). Der Verzugszinssatz beträgt beim Privatkauf und einseitigen Handelskauf **5 %** pro Jahr über dem **Basiszinssatz**.
- Schadensersatz statt der Zahlung
- Ersatz vergeblicher Aufwendungen **anstelle** von Schadensersatz statt der Zahlung
- Rücktritt vom Vertrag (in Kombination mit Schadensersatz statt der Zahlung möglich)

Der Rücktritt setzt
– Fälligkeit und
– den erfolglosen Ablauf einer angemessenen Frist oder die Entbehrlichkeit der Fristsetzung voraus,
– aber **kein Verschulden** des Käufers.

7 a / c / d / e / f / g

8 $Z = \dfrac{K \cdot p \cdot t}{100 \cdot 360} = \dfrac{12.000 \cdot 12 \cdot 133^1}{100 \cdot 360} = 532{,}00 \text{ €} + 4{,}50 \text{ €} + 23{,}70 \text{ €} = \underline{\underline{560{,}20 \text{ €}}}$

9 Der Vertrag wird geschlossen zwischen H. Maurer als Privatperson und dem Computerhändler. Demzufolge liegt ein **Verbrauchsgüterkauf** vor.
Von einem Verbrauchsgüterkauf spricht man, wenn
- ein Verbraucher von
- einem **Unternehmer**
- eine **bewegliche Sache** kauft.

Durch eine Mahnung gerät der Käufer in Zahlungsverzug (ab Zugang; § 286 I BGB).
Ohne Mahnung tritt der Zahlungsverzug u. a. spätestens 30 Tage nach Fälligkeit und Zugang einer Rechnung oder einer gleichwertigen Zahlungsaufstellung (§ 286 III Satz 1) ein.
Die o. g. Regelung gilt bei einem Kaufvertrag mit einem **Verbraucher** als Zahlungsschuldner allerdings nur dann, wenn er hierauf schriftlich (in der Rechnung oder Zahlungsaufstellung) besonders hingewiesen wurde.
Das hat das Computerfachgeschäft offenbar versäumt. Insofern befindet sich Herr Maurer noch nicht in Zahlungsverzug. Der Händler muss zunächst mahnen und eine angemessene Nachfrist setzen, damit der Zahlungsverzug eintritt.

10 a) Der Einzelhändler befindet sich im Zahlungsverzug ab 1. Mai. Der Zahlungsverzug tritt in diesem Fall ohne Mahnung ein (§ 286 II Nr. 1 bis 4 BGB), da **ein nach dem Kalender genau bestimmter** bzw. **bestimmbarer Zahlungstermin** vereinbart wurde. Der Einzelhändler gerät in Verzug, sobald der Zahlungstermin „Ende April" (= 30. April) abgelaufen ist (§ 286 II Satz 1 BGB).

b) Der **Großhändler muss den Einzelhändler zunächst mahnen,** wenn der Zeitpunkt der Zahlung im Kaufvertrag kalendermäßig nicht genau vereinbart ist oder sich kalendermäßig nicht berechnen lässt.
Erfolgte keine Mahnung, dann gerät der Einzelhändler **spätestens 30 Tage nach Fälligkeit und Zugang einer Rechnung** oder gleichwertigen Zahlungsaufstellung (§ 286 III Satz 1 BGB) in Verzug, d. h. im vorliegenden Fall also ab 19. Mai.

c) Der Einzelhändler befindet sich ab Zugang der Mahnung, also ab 4. Mai, in Zahlungsverzug (§ 286 I BGB).

11 • **Yson OHG:** Die Zahlung muss am 17. Juni erfolgen: 20. Mai (Rechnungsdatum) + 28 Tage

---

1 Tageberechnung nach der Euro-Methode 133 Tage, nach der deutschen Methode 131 Tage

(Lehrbuch, Seite 247–249)

- **Karl Jens KG:** Die Zahlung ist sofort fällig, d. h. mit Erhalt der Rechnung am 22. Mai (Zug um Zug).

12 In beiden Fällen sind die Voraussetzungen für den Eintritt des Zahlungsverzugs gegeben:
- nicht rechtzeitige Zahlung
- Fälligkeit
- Mahnung, wobei im Falle
  - der Yson OHG die Mahnung nicht nötig gewesen wäre, da der **Zahlungstermin kalendermäßig bestimmbar** war: 4 Wochen nach Rechnungserhalt = 17. Juni; Zahlungsverzug liegt vor mit Ablauf des 17. Juni.
  - der Karl Jens KG sich die Mahnung erübrigt hätte, da am 21. Aug. bereits mehr als 30 Tage nach Fälligkeit und Rechnungserhalt verstrichen sind; Zahlungsverzug liegt vor seit dem 21. Juni (22. Mai + 30 Tage).

13 **Durch die Mahnung** gerät der Käufer in Zahlungsverzug (ab Zugang; § 286 I).

Ohne Mahnung tritt der Zahlungsverzug ein (§ 286 II Nr. 1 bis 4 BGB) spätestens 30 Tage nach Fälligkeit und Zugang einer Rechnung oder gleichwertigen Zahlungsaufstellung (§ 286 III Satz 1). Im Geschäftsverkehr (also bei Unternehmen, wenn der Schuldner kein Verbraucher ist) beginnt die 30-Tage-Frist mit Erhalt der Ware (= Gegenleistung), wenn der Erhalt der Rechnung nicht sicher bestimmbar (beweisbar) ist bzw. bestritten wird (§ 286 III Satz 2 BGB). Da im vorliegenden Fall über die Fälligkeit der Zahlung keine Vereinbarung getroffen wurde, ist sie mit Lieferung sofort fällig (§ 271 BGB). Zahlungsverzug liegt demnach vor mit Ablauf von 30 Tagen ab Lieferung = 19. Juni (20. Mai trifft die Ware ein + 30 Tage).

14 Unter der Voraussetzung, dass die *Spindler KG* der Karl Jens KG eine angemessene Nachfrist gesetzt hat und diese erfolglos abgelaufen ist, kann sie

a) **vom Vertrag zurücktreten:**
Der Rücktritt setzt weiterhin voraus
- Fälligkeit,
- erhebliche Pflichtverletzung,
- aber kein Verschulden des Käufers.

Denkbar wäre der Rücktritt dann, wenn die *Spindler KG* die Zweiteiler an einen anderen Kunden zu einem höheren Preis verkaufen kann.

b) **Schadensersatz statt der Zahlung verlangen** (Kombination mit Rücktritt möglich): Denkbar wäre die Inanspruchnahme dieses Rechts, wenn die *Spindler KG* die Zweiteiler anderweitig (z. B. an einen langjährigen Kunden, der die Ware dringend benötigt) – aber nur mit einem Preisnachlass – verkaufen kann.

15 a) 226   c) 92   e) 32   g) 427
    b) 68   d) 99   f) 60   h) 217

16 $Z = \dfrac{K \cdot p \cdot t}{100 \cdot 360} \rightarrow$

a) bei 110 Tagen = <u>2,75 €</u>
b) bei 78 Tagen = <u>95,14 €</u> (Ist die Laufzeit in Tagen angegeben, bleiben die Cent bei der Zinsberechnung unberücksichtigt.)
c) bei 9 Monaten = <u>146,25 €</u>
    (270 Tagen)

17 2.940,00 € Zinsen sind für die gesamte Laufzeit von 3 Jahren zu zahlen.

(Lehrbuch, Seite 247–249)

Aktionen (Seite 249)

1. Zum *Mindmapping* siehe Ausführungen im Kap. 1.2 im Lehrbuch.

2. **Präsentationsregeln** siehe Kap. 2.7, Aktion 2 in diesem Lösungsband.

3. Sehr häufig ist den Schülern die *Notwendigkeit eines Forderungsmanagements* nicht bewusst. Mithilfe dieser Aktion soll im Rahmen der eigenständigen Auseinandersetzung mit der Sachproblematik die wirtschaftliche Bedeutung sichtbar werden.

   Verstärkt wird diese Intention durch die Vorgabe, die Erkenntnisse mittels einer **PowerPoint-Präsentation** darzustellen. Dabei sollten erneut die wichtigsten Grundregeln beachtet werden:
   - kein Überladen der Präsentation
   - wenig Text
   - sprechende Überschriften
   - klare Gliederung

   Wichtig: Die Präsentation soll kein reines Lesemedium sein! Sie soll den Vortrag der Schüler nur visuell ergänzen, nicht verdoppeln.

   Als Faustregel kann gelten: **2 bis 3 Minuten pro Folie**

   Zum Thema **Suchmaschinen** sind ausführliche und hilfreiche Hinweise im Kap. 1.4 des Lehrbuches zu finden.

4. **aktives Lesen:** siehe Ausführungen im Kap. 1.2 im Lehrbuch.
   Internetrecherche: siehe Ausführungen zur Aktion 2 im Kap. 2.11 in diesem Lösungsband
   Weitere Informationsbeschaffung, u. a. in **Bibliotheken:**
   Der Suche nach Literatur in Stichwortkatalogen von Bibliotheken oder in Datenbanken sollten drei **Orientierungsschritte** vorausgehen:
   - Fragestellung umreißen
   - Umfeld erkunden/erste Vertiefung
   - Welche Sorte von Literatur?

   Die eigentliche Suche:
   - Stichwortkataloge
   - Bibliographien und Datenbanken

5. a) Hinweise für die **Gruppenarbeit:**
   - Jedes Mitglied ist mitverantwortlich für die Ergebnisse.
   - Keiner der Mitglieder darf sich „ausklinken".
   - Jeder kann seine Meinung frei äußern, alle Meinungen werden akzeptiert.
   - Die Meinungen der Mitglieder werden in der Gruppe diskutiert.
   - Niemand wird beim Sprechen unterbrochen.
   - Bei einer komplexeren Aufgabe wie im vorliegenden Fall übernimmt jedes Mitglied einen Teilbereich, für den er selbst verantwortlich ist.

   Weitere Informationen zur *Gruppenarbeit* sind im Kap.1.2 im Lehrbuch nachzulesen.

   b) Ausführungen zur *Kartenabfrage* sind im Lehrbuch, Kap. 1.2, ausführlich dargestellt.

   d) Auswertung sämtlicher Antworten: Dabei ist das **Clustern** eine gute Möglichkeit, um bei der Suche nach Gedankenverbindungen zu einer bereits grob vorgegebenen Thematik weitere gedankliche Verknüpfungen und Einfälle grafisch festzuhalten.

2.19 Wir verwenden das außergerichtliche (kaufmännische) Mahnverfahren bei Zahlungsverzug

Einstieg (Seite 252)

Ein Grund dafür, warum das Fachgeschäft für Herrenwäsche, Netzel GmbH, die Rechnung noch nicht beglichen hat, mag Vergesslichkeit bzw. Unaufmerksamkeit gewesen sein. Würde die *Spindler KG* – insbesondere bei einem langjährigen und guten Kunden – einen derart scharfen Ton wählen, könnte der Kunde sich sehr verletzt fühlen und in Zukunft eventuell einen anderen Lieferanten wählen.

Aufgaben (Seite 255)

1 Form und Häufigkeit können u. a. von den Gründen des in Verzug geratenen Kunden, von der Qualität der bestehenden Geschäftsbeziehung und der eigenen wirtschaftlichen Situation abhängen.

2 Es soll nicht gleich das Gericht bemüht werden. Den Vertragspartnern wird die Möglichkeit gegeben, die Situation untereinander – ohne die Einschaltung Dritter – gütlich zu bereinigen, um dabei ganz individuell auf die möglichen Argumente und Belange des anderen Rücksicht nehmen zu können.
Rein formal wird mit der 1. Mahnung der säumige Käufer in Zahlungsverzug gesetzt (sollte der Zahlungstermin kalendermäßig nicht genau bestimmt oder bestimmbar sein). Damit sichert sich der Verkäufer spätere Rechte.

3 individuelle Schülerantworten

4 Einleitung des kaufmännischen Mahnverfahrens mit einem (netten bzw. originellen) Erinnerungsschreiben an die noch ausstehende Rechnungssumme.

5 Eine Mahnung setzt den Käufer in Zahlungsverzug. Der Hinweis „1. Mahnung" sollte daher im Mahnschreiben erwähnt werden.

Aktionen (Seite 255)

1 Fachberichte dienen dazu, Empfänger sachlich über Ereignisse zu informieren. Da diese Vorgänge bzw. Ereignisse bereits geschehen sind, wird darüber in der Vergangenheitsform berichtet.
Merkmale des Fachberichts:
- Funktion: genaue Information über ein Ereignis, abgeschlossene Handlungen und Vorgänge
- Aufbau/Inhalt:
  – Darstellung von Ereignissen entweder nach sachlichen oder chronologischen (zeitlicher Ablauf) Gesichtspunkten geordnet
  – Antwort auf die Fragen: wer, wann, wo, was, wie, warum?
  – vom Wichtigen zum weniger Wichtigem, nur wesentliche und nachprüfbare Angaben machen
- Sprache:
  – sachlich, genau, erklärend, ohne Überflüssiges
  – Fachsprache möglich, aber: Fachausdrücke erläutern
  – Vergleiche zur Verdeutlichung
  – Aussagen (meistens) in indirekter Rede wiedergeben

- Die Schreibhaltung beim Erstellen eines Berichts sollte ohne eigene Meinung bzw. persönliche Stellungnahme bleiben.
- Zeit:
  - als Rückblick auf Vergangenes meist in der Vergangenheit (Präteritum)
  - gelegentlich Gegenwart (Präsens), wenn über Vorgänge während des Geschehens berichtet wird oder eine Vorausschau stattfindet
- Besonderheiten: Zweck des Fachberichts beachten (nicht wie bei der Beschreibung sich in Einzelheiten verlieren)

2 **Befragungen im Ausbildungsunternehmen** sollten gezielt vorbereitet werden:
- Das Gesprächsziel muss klar formuliert sein.
- Das Thema sollte – wie im vorliegenden Fall – auf wenige überschaubare Aspekte beschränkt sein.
- Einzelfragen sollten vorbereitet werden.
- Es ist sinnvoll, mit dem Experten im Unternehmen den Interviewtermin zuvor abzusprechen.

Verwiesen wird zudem auf Kap. 1.2 im Lehrbuch (Methoden).

3 unternehmensabhängig

Sowohl die *Netzplantechnik,* als auch Hinweise zur Erstellung von *Diagrammen* sowie *Folien, Plakaten* und allgemeinen *Präsentationsregeln* sind den Schülern zum gegenwärtigen Stand ihrer schulischen Ausbildung bekannt. Entsprechende Übungen sind bereits zuvor in den vielen differenzierten Aktionen dieses Lehrbuches durchgeführt worden.

Das **Tabellenkalkulationsprogramm Excel** eignet sich an dieser Stelle besonders zur Visualisierung der gewonnenen Daten. Es bietet für die grafische Gestaltung verschiedene Diagrammtypen zur Auswahl an, so auch das geforderte Säulen- bzw. Kreisdiagramm. Derartige Diagramme sind wichtig für Präsentationen, da die Schüler die Tabellendaten grafisch wirkungsvoller und übersichtlicher darstellen können als die von ihnen aufgestellten reinen Zahlenkolonnen.

Hinweise zum Programm sind im Kap. 3.3 des Lehrbuches zu finden.

4 Zum Thema Internetrecherche sind hilfreiche Hinweise im vorliegenden Lösungsband im Kap. 2.11 Aktion 2/3 zu finden.

2.20 Wir informieren uns über das gerichtliche Mahnverfahren bei nicht rechtzeitiger Zahlung

Einstieg (Seite 256)

1. siehe Formular Seite 257 im Lehrbuch

2. Eine mögliche Folge wäre, dass die *Spindler KG* im weiteren Verlauf gegen das Fachgeschäft Netzel einen **Vollstreckungsbescheid** erwirkt, aus dem schließlich die Zwangsvollstreckung betrieben werden kann (siehe auch Übersicht im Lehrbuch auf Seite 261).

Aufgaben (Seite 260)

1 a) für Antragstellung Amtsgericht des Gläubigers

   b) Weiterleitung des Rechtsstreits an das Prozessgericht (= Landgericht), in dessen Bezirk der Schuldner seinen Geschäfts- bzw. Wohnsitz hat

c) Die Simpex GmbH muss beim Gericht den Antrag auf vorläufige Einstellung der Vollstreckung stellen.

2 um einer Flut von möglichen Gerichtsverfahren vorzubeugen

3 *Phasen* siehe Übersicht im Lehrbuch Seite 261

4
- Er bezahlt.
- Er legt Widerspruch ein.
- Er schweigt.

5
- Er legt Einspruch ein.
- Er schweigt.
- Er bezahlt.

6 Ein Vollstreckungsbescheid ist ein vollstreckbarer Titel mit dem Recht, gegen den Schuldner die Zwangsvollstreckung betreiben zu können.

7 Vorgeschrieben ist ein Formular, das ausgefüllt beim Amtsgericht des Gläubigers einzureichen ist.

8 nachdem der Käufer mit der Zahlung in Verzug geraten ist

9 Amtsgericht des Gläubigers = München

Aktionen (Seite 260/261)

1 a)–d) zum Halten des *Referats* siehe die Ausführungen im Kap. 1.2 im Lehrbuch.

Weitere Tipps zur Vorgehensweise:
- langsam sprechen
- Sätze bilden während des Sprechens; keinen vorgeschriebenen Text ablesen (Manuskript mit Stichworten und Teilsätzen)
- bewusst Pausen einlegen und Blickkontakt mit wechselnden Personen

Bei der Schaubilderstellung mithilfe von Diagrammen, Symbolen und Bildern sollte explizit auf die Visualisierungsregeln hingewiesen werden:
- auf Lesbarkeit achten
- angemessen groß und für alle sichtbar schreiben
- nicht zu viel schreiben oder zeichnen
- übersichtlich gliedern
- verschiedene Farben einsetzen
- bei Texten nur Kernaussagen aufnehmen
- verständlich und präzise formulieren

Die Schüler sollten zudem aufgefordert werden, ihr Ergebnis in **freier Rede** zu erklären. Es sollte vorbereitend auf die Vortragsphase auf folgende Punkte hingewiesen werden:
- sich kurz fassen
- laut und deutlich reden, in kurzen und verständlichen Sätzen
- kurze Pausen einlegen, wenn ein Gedanke abgeschlossen ist
- Zuhörer anschauen

2 *Mindmapping* siehe u. a. im Kap. 1.2 des Lehrbuches.

3 schülerindividuelle Antworten

2.21 Wir informieren uns über Voraussetzungen und Durchführung der Zwangsvollstreckung

Einstieg (Seite 262)

Der Schuldner (Antragsgegner) kann innerhalb einer Frist von 2 Wochen – ab Zustellung des Vollstreckungsbescheides – noch Einspruch einlegen. Im vorliegenden Fall sind erst 13 Tage verstrichen (28.06. bis 11.07.). Bleibt auch diese Frist vom Textilfachgeschäft Netzel GmbH ungenutzt, wird der Vollstreckungsbescheid rechtskräftig. Er kann dann nicht mehr mit Rechtsmitteln angefochten werden.

Mit dem Titel kann bis zum Ablauf der 30-jährigen Verjährungsfrist die Zwangsvollstreckung durch die *Spindler KG* betrieben werden (§ 195 BGB).

Aufgaben (Seite 264/265)

1
- Farbenvorrat: unpfändbar, da für die Berufstätigkeit notwendig
- Aktien: pfändbar (evtl. durch Faustpfand)
- Pelzmantel: pfändbar (Austauschpfändung)
- Schreibtisch: unpfändbar
- Gemälde: pfändbar (durch Faustpfand)
- größere Geldsumme: pfändbar (evtl. durch Faustpfand)
- Pkw: unpfändbar bzw. Austauschpfändung
- Wochenendhaus: pfändbar (Zwangsversteigerung)
- Stereoanlage: pfändbar
- Radiogerät: unpfändbar
- Waschmaschine: unpfändbar
- Bauernschrank: pfändbar (Pfandsiegel)

2 Pfändungen von Geldbeträgen erfolgen durch Beschluss des Gerichts auf Antrag des Gläubigers.

3
- Zustellung des Vollstreckungsbescheids
- Vollstreckungstitel
- Vollstreckungsklausel

4
- Zwangsvollstreckung in das bewegliche Vermögen
- Zwangsvollstreckung in das unbewegliche Vermögen

5 a) Sie erfolgt durch Pfändung und Versteigerung. Vom Gerichtsvollzieher können dabei sämtliche Sachen gepfändet werden, die sich im Besitz des Schuldners befinden.

b)
- Zwangsversteigerung
- Zwangsverwaltung

} siehe im Lehrbuch Seite 263/264

6 Die eidesstattliche Versicherung muss vom Schuldner abgegeben werden, wenn die Zwangsvollstreckungsmaßnahmen nicht zum Erfolg führen. Er bestätigt damit die Richtigkeit und Vollständigkeit seiner Vermögensverhältnisse.

7 Der Gerichtsvollzieher kann vorher nicht tätig werden. Der Gläubiger besitzt erst nach Ablauf der Einspruchsfrist einen „vollstreckbaren Titel", der für ihn die Wirkung eines gerichtlichen Urteils hat.

8 a) Die Zwangsvollstreckung in das bewegliche Vermögen führt der Gerichtsvollzieher durch.

b) Körperliche Gegenstände nimmt der Gerichtsvollzieher in seinen Besitz (Faustpfand bzw. Pfandsiegel).
Geldvermögen werden aufgrund eines Pfändungsbeschlusses des Gerichts eingezogen.

9 Pfandsachen werden nach einer bestimmten Frist öffentlich versteigert. Wertpapiere mit einem Börsen- oder Marktpreis werden durch den Gerichtsvollzieher freihändig zum Tageskurs verkauft.

10 Wertvolle, aber unpfändbare Sachen werden durch die gleiche, aber weniger wertvolle Sache ausgetauscht.

11 Ein „vollstreckbarer Titel" beinhaltet das Recht, gegen den Schuldner die Zwangsvollstreckung einleiten zu können. Zu den wichtigsten Vollstreckungstiteln zählen Urteile und Vollstreckungsbescheide. Werden Letztere rechtskräftig (z. B. nach Ablauf der Einspruchsfrist), so haben sie die Wirkung eines Urteils.

12 Die Lebensversicherung zählt zu den Geldforderungen, also dem beweglichen Vermögen, in das die Zwangsvollstreckung durchaus betrieben werden kann.

13 Unter Faustpfand ist die Tatsache zu verstehen, wenn der Gerichtsvollzieher gepfändete Gegenstände in seinen Besitz, d. h. in diesem Fall, an sich nimmt.

14 im Schuldnerverzeichnis beim Vollstreckungsgericht

15 Er kann beim zuständigen Amtsgericht beantragen, dass der Schuldner zur Abgabe einer eidesstattlichen Versicherung über seine Vermögensverhältnisse gezwungen wird.

Aktionen (Seite 265)

1 zum Vorbereiten, Halten und Nachbereiten eines **Referates** siehe Ausführungen im Lehrbuch, Kap. 1.2.

2 Die Schüler sollen bei dieser Aktion selbstständig aus der Anzahl der bis dato erlernten *Methoden zur Informationsgewinnung* wählen. Zu nennen sind: aktives Lesen, kritisches Lesen, Exzerpieren, Notizen und Mitschriften machen, Informationsbeschaffung in Bibliotheken, Umgang mit Nachschlagewerken, Nutzung des Internets, Interview und/oder Sachverständigenbefragung. Informationen zur *Gruppenarbeit* sind im Lehrbuch, Kap. 1.2 zu finden.

2.22 Wir beachten bei noch ausstehenden Forderungen das Verjährungsrecht

Einstieg (Seite 267)

Die regelmäßige Verjährungsfrist bei Pflichtverletzungen aus einem Schuldverhältnis (also auch bei Zahlungsverzug) beträgt drei Jahre. Die Verjährungsfrist beginnt mit Ablauf des Jahres 2010 (dem Jahr, in der Anspruch entstanden ist), sodass diese Frist erst am 31. Dezember 2013 abgelaufen ist.
Die Forderung in Höhe von 1.300,00 € gegen das Fachgeschäft für Herrenwäsche, die Netzel GmbH, ist daher noch einklagbar, d. h. noch nicht verjährt.

Aufgaben (Seite 273/274)

1. 3 Jahre (§ 195 BGB); mit Kenntnis oder Kennenmüssen der Anspruchsvoraussetzungen und des Anspruchsgegners (§ 199 I BGB)

2. Nach Eintritt der Verjährung (= Ablauf der Verjährungsfrist) hat der Schuldner das Recht, seine Leistung zu verweigern.

3. Er hat nun nicht mehr die Möglichkeit, die geleistete Zahlung zurückverlangen zu können.

4. Sie können den Eintritt der Verjährung unterschiedlich verhindern.

5. Die Forderung ist erst nach Ablauf der 3-jährigen Verjährungsfrist verjährt, d. h. am 31. Dez. 2013.

6. ursprüngliche Verjährung: 31. Dez. 2010 + 3 Jahre = 31. Dez. 2013
   a) Neubeginn; Tag der Verjährung: 15. Jan. 2011 + 3 Jahre = 15. Jan. 2014
   b) Hemmung; Tag der Verjährung: 15. Jan. 2011 + 3 Jahre + 6 Monate = 15. Juli 2014
   c) Hemmung; Tag der Verjährung: 15. Juli 2014 + 6 Monate = 15. Jan. 2015

7. a) Die Forderung verjährt in 3 Jahren, vom Schluss des Jahres an gerechnet, in dem sie fällig geworden ist. Die Verjährung ist somit eingetreten (vollendet) mit Ablauf des 31. Dez. 2013 (= 31. Dez. 2010 + 3 Jahre).
   b) Nach Eintritt (Vollendung) der Verjährung hat der Einzelhändler Mayer (= Schuldner) das Recht zur sog. **Einrede der Verjährung (Leistungsverweigerungsrecht).** Die *Spindler KG* kann die Kaufpreisforderung nicht mehr erfolgreich gerichtlich, z. B. durch einen gerichtlichen Mahnbescheid oder eine Leistungsklage, eintreiben.
   c) Maßnahmen der *Spindler KG,* die zu einem Neubeginn der Verjährungsfrist führen, könnten bestehen in der:
   - **Vornahme** gerichtlicher oder behördlicher Vollstreckungshandlungen (§ 212 I Nr. 2 BGB).
   - **Beantragung** gerichtlicher oder behördlicher Vollstreckungshandlungen (§ 212 I Nr. 2 BGB).

8. nach 10 Jahren (§ 199 IV BGB)

9. Schadensersatzansprüche wegen Verletzung hochrangiger Rechtsgüter (§ 199 II BGB); Verjährung 30 Jahre

10. grundsätzlich in 2 Jahren (§ 438 I Nr. 3 BGB)

11. Hemmung

12. - Anerkenntnis des Schuldners
    - Einleitung von Vollstreckungsmaßnahmen durch den Gläubiger

13. Verjährungsfrist bei Ansprüchen aus Urteilen: 30 Jahre
    - Beginn der Verjährung: ab Urteil
    - Verjährung: 14. Jan. 2012 + 30 Jahre = <u>14. Jan. 2042</u>

Aktionen (Seite 274)

1. Hinsichtlich der Kartenabfrage und der Erstellung von *Clustern* wird auf die Ausführungen im Lehrbuch, Kap. 1.2 verwiesen.

2 a) Zum **aktiven Lesen** gehört
- das Unterstreichen und Markieren wichtiger Textstellen,
- das Anbringen von Merk- und Arbeitszeichen,
- das systematische und schrittweise Herangehen an den Text mit der 5-Schritt-Methode:
  - Schritt 1: grobes Überfliegen des Textes
  - Schritt 2: Fragen an den Text stellen; Grundlage sind die Informationen, die im ersten Schritt gesammelt wurden.
  - Schritt 3: Gründliches und konzentriertes Lesen des Textes; insofern waren Schritt 1 und 2 lediglich die Vorbereitungen für das eigentliche Lesen, das dadurch jedoch aktiver, konzentrierter und mit Blick auf das Wesentliche erfolgen wird. Darüber hinaus sollte nach jedem Schritt überlegt werden, ob die an den Text gestellten Fragen hinreichend beantwortet sind.
  - Schritt 4: Verkürzen des Textes auf das Wesentliche
  - Schritt 5: Wiederholung des Gesamttextes

Die Schüler sollen hier – wie bei der Aktion 2 des Kap. 2.21 in diesem Lösungsband – selbstständig aus der Anzahl der bis dato erlernten Methoden zur Informationsgewinnung wählen. Zu nennen sind: aktives Lesen, kritisches Lesen, Exzerpieren, Notizen und Mitschriften machen, Informationsbeschaffung in Bibliotheken, Umgang mit Nachschlagewerken, Nutzung des Internets, Interview und/oder Sachverständigenbefragung.

Weitere Informationsbeschaffung, u. a. in Bibliotheken:

Der Suche nach Literatur in Stichwortkatalogen von Bibliotheken oder in Datenbanken sollten drei *Orientierungsschritte* vorausgehen:
- Fragestellung umreißen
- Umfeld erkunden/erste Vertiefung
- Welche Sorte von Literatur?

Die eigentliche Suche:
- Stichwortkataloge
- Bibliografien und Datenbanken

3 a) und b) Die Schüler sollten an dieser Stelle erneut auf die verschiedenen Aspekte bei der Durchführung von Sachverständigenbefragungen hingewiesen werden (siehe auch Kap. 2.17, Aktion 3 in diesem Lösungsband).

Zur *Netzwerktechnik* sowie zur *Gestaltung von Folien und Plakaten* wurde in den bisher behandelten Kap.n ausführlich Stellung bezogen; ggf. ist in den vorherigen Lösungs-Kap.n nochmals nachzuschlagen.

c) zu den Präsentationsregeln siehe Kap. 2.7, Aktion 2 in diesem Lösungsband; weitere Informationen zum Halten eines Referates siehe Kap. 1.2 im Lehrbuch.

4 schülerabhängige Antwort

Lösungen zu Lernfeld 3: Beschaffungsprozesse planen, steuern und kontrollieren

Lernsituation (Seite 277/278)

1. Aus den auf Seite 277 des Lehrbuches abgedruckten Informationen aus dem Warenwirtschaftssystem der *Spindler KG* lässt sich ablesen, dass bei keinem Artikel der Meldebestand erreicht oder unterschritten ist. Somit ist zu diesem Zeitpunkt bei keinem Artikel eine Bestellung zwingend notwendig. Bei dem Artikel Jerseykleid liegt der verfügbare Bestand mit 150 Stück aber nur knapp über dem Meldebestand von 145 Stück. Hier könnte gegebenenfalls nachbestellt werden. Bei den anderen Artikeln liegen die verfügbaren Bestände weit über den jeweiligen Meldebeständen, sodass hier Nachbestellungen nicht erforderlich sind.

2. Notwendige Schritte bei der Nachbestellung eines Artikels:
   - Festlegen der Bestellmenge
   - Auswahl des Lieferers aus der Liefererdatei des Warenwirtschaftssystems
   - Überprüfen der in der Liefererdatei aufgeführten Liefer- und Zahlungsbedingungen des Lieferers, ggf. Einholen weiterer Angebote
   - Bestellung bei dem bisherigen Lieferer

3. Die günstigste Bezugsquelle für den Damenpullover Elle ist der Lieferer Nr. 20 111. Sein Bareinkaufspreis ist ohne und mit Rabattabzug günstiger als der Bareinkaufspreis des zweiten Lieferers Nr. 20 102.

4. Brief der *Spindler KG* – **Anfrage**, siehe nächste Seite

5.

Artikel	Damenpullover Elle		
Stück	200		
Lieferer	20 111	20 102	Gebhard & Co. KG
Listenpreis	3.000,00 €	3.600,00 €	3.200,00 €
– Liefererrabatt	–	–	480,00 €
= Zieleinkaufspreis	3.000,00 €	3.600,00 €	2.720,00 €
– Liefererskonto	60,00 €	72,00 €	81,60 €
= Bareinkaufspreis	2.940,00 €	3.528,00 €	2.638,40 €

Bei einer Bestellmenge von 200 Stück ist das Angebot der Gebhard & Co. KG das günstigste.

4.

Spindler KG Goseriede 41 30159 Hannover

Gebhard & Co. KG
Am Waldhof 34
33602 Bielefeld

Goseriede 41 – 30159 Hannover
Telefon: 0511 4155-0
Telefax: 0511 4155-10

Internet: www.tg-spindler-wvd.de
E-Mail: info@tg-spindler-wvd.de

Ihr Zeichen, Ihre Nachricht vom	Unser Zeichen, unsere Nachricht vom	Telefon	Datum
	pr-at	0511 4155-12 Herr Prinzke	14.08.20..

Anfrage

Sehr geehrte Damen und Herren,

wir benötigen dringend Damenpullover der Marke „Elle" in den Größen 36 bis 42.

Bitte senden Sie uns deshalb ein ausführliches Angebot über diese Damenpullover bis zum 20. August 20.. .

Mit freundlichen Grüßen

Spindler KG
Textilgroßhandlung

Prinzke

Prinzke, Abt. Einkauf

(Lehrbuch, Seite 277/278)

6.

Spindler KG
Textilgroßhandlung

Spindler KG Goseriede 41 30159 Hannover

Gebhard & Co. KG
Am Waldhof 34
33602 Bielefeld

Goseriede 41 – 30159 Hannover
Telefon: 0511 4155-0
Telefax: 0511 4155-10
Internet: www.tg-spindler-wvd.de
E-Mail: info@tg-spindler-wvd.de

Ihr Zeichen, Ihre Nachricht vom	Unser Zeichen, unsere Nachricht vom pr-at	Telefon 0511 4155-12 Herr Prinzke	Datum 14.08.20..

Bestellung

Sehr geehrte Damen und Herren,

wir danken Ihnen für Ihr Angebot. Wir bestellen „Damenpullover Elle"
Bestell-Nr. 4225

    40 Stück Größe 36
    40 Stück Größe 38
    80 Stück Größe 40
    40 Stück Größe 42

zum Stückpreis von 16,00 € einschließlich Verpackung, abzüglich 15 % Rabatt.

Die Lieferung soll innerhalb von 2 Wochen ab Lager Bielefeld erfolgen. Für den Transport stellen Sie uns 0,10 € je Stück in Rechnung. Die Zahlung erfolgt innerhalb von 14 Tagen abzüglich 3 % Skonto oder innerhalb von 30 Tagen netto Kasse.

Mit freundlichen Grüßen

Spindler KG
Textilgroßhandlung

Prinzke

Prinzke, Abt. Einkauf

(Lehrbuch, Seite 277/278)

3.1 Wir führen eine Beschaffungsplanung durch

Einstieg (Seite 279)

1. a) • Bedarfsermittlung
   • Sortimentsplanung
   • Mengenplanung
   • Zeitplanung
   • Bezugsquellenermittlung

   b) Es geht darum, die richtige Ware zum richtigen Zeitpunkt in der richtigen Menge zum günstigsten Preis beim richtigen Lieferer einzukaufen.

2. Bei einem gleichbleibenden Umsatz kann der Gewinn durch eine Senkung der Kosten nur gesteigert werden. Um unnötige Einkaufskosten zu vermeiden, müssen sich Gedanken gemacht werden über
   • die richtige Ware,
   • die Preise und Konditionen,
   • den richtigen Lieferanten.
   • die geforderte Menge und Qualität,
   • den richtigen Zeitpunkt der Beschaffung,

3. Die optimale Bestellmenge beträgt 500 Stück (3 Bestellungen).

4. Das Restlimit beträgt 221.000,00 €.

Aufgaben (Seite 284)

1 Eine der Hauptgrundlagen für den Erfolg eines Unternehmens ist der richtige Wareneinkauf. Günstige Einkaufspreise z. B. fördern die Wettbewerbsfähigkeit und erhöhen den Gewinn des Unternehmens. Deshalb kommt es darauf an, die richtige Ware in ausreichender Menge, in der richtigen Qualität, zum günstigsten Preis, beim richtigen Lieferer zu beschaffen.

2 Nach der Bedarfsermittlung sollten die folgenden Maßnahmen durchgeführt werden:
• Sortimentsplanung: → Welche Warengruppen bzw. Artikel sollen beschafft werden?
• Mengenplanung: → Welche Mengen sollen eingekauft werden?
• Zeitplanung: → Zu welchem Zeitpunkt sollte die Ware bestellt bzw. geliefert werden?
• Bezugsquellenermittlung: → Wo kann die Ware am günstigsten bezogen werden?

3 Durch die Erhöhung der Bestellmenge
• nehmen die Lagerkosten zu: Es wird mehr Kapital gebunden (Zinskosten), mehr Raum und Personal benötigt.
• nehmen die Beschaffungskosten ab: Dazu führen u. a. der geringere Arbeitsaufwand für eine einmalige Bestellung und die Inanspruchnahme von Mengenrabatten.

4

Anzahl der Bestellungen	Bestellmenge (Stück)	Lagerhaltungskosten (€)	Bestellkosten (€)	Gesamtkosten (€)
1	400	300,00	40,00	340,00
2	200	150,00	80,00	230,00
3	133	99,75	120,00	219,75
4	100	75,00	160,00	235,00
5	80	60,00	200,00	260,00

Die optimale Bestellmenge liegt bei 133 Stück. Dort entstehen Gesamtkosten von 219,75 €.

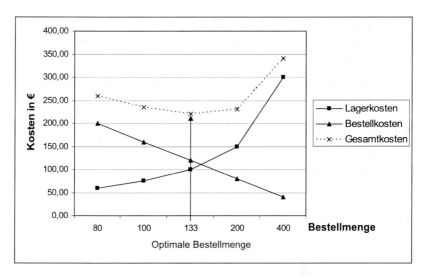

Bei einer Bestellmenge von 133 Stück sind die Gesamtkosten am geringsten.

5

Bestell- anzahl	Bestell- menge (Stück)	Bestell- kosten (€)	Wert der Waren (€)	Lager- kosten (€)	Gesamt- kosten (€)
1	12 000	135,00	36.000,00	9.000,00	9.135,00
2	6 000	270,00	18.000,00	4.500,00	4.770,00
3	4 000	405,00	12.000,00	3.000,00	3.405,00
4	3 000	540,00	9.000,00	2.250,00	2.790,00
5	2 400	675,00	7.200,00	1.800,00	2.475,00
6	2 000	810,00	6.000,00	1.500,00	2.310,00
7	1 714	945,00	5.142,00	1.285,50	2.230,50
8	1 500	1.080,00	4.500,00	1.125,00	2.205,00
9	1 333	1.215,00	3.999,00	1.000,00	2.215,00
10	1 200	1.350,00	3.600,00	900,00	2.250,00

Die optimale Bestellmenge liegt zwischen 1 333 und 1 500 Stück.

6 Limits sind Einkaufsgrenzen, die nicht überschritten werden sollten. Sie sollen angeben, für wie viel Euro in einem bestimmten Zeitraum Waren einer Warengruppe eingekauft werden dürfen.

(Lehrbuch, Seite 284)

7

Umsatz	400.000,00 €
– erzielte Kalkulation	160.000,00 €
Plan-Umsatz EK	240.000,00 €
Saisonlimit	240.000,00 €
– Limitreserve	48.000,00 €
Freies Limit	192.000,00 €
– Ist-Bestellung	45.000,00 €
Restlimit	147.000,00 €

8 Beim **Bestellrhythmusverfahren** wird an vorher festgelegten Terminen überprüft, ob sich noch ausreichend Artikel auf Lager befinden.

Beim **Bestellpunktverfahren** wird jedes Mal eine Bestellung ausgelöst, wenn der Lagerbestand des Artikels nicht mehr ausreicht, um den während der Beschaffungszeit zu erwartenden Bedarf zu decken. Es werden also die Meldebestände im Lager überwacht.

9 a) Die Sortierung der Artikel in absteigender Folge nach der Höhe ihres Umsatzes ergibt:

Artikel	Umsatz in € pro Jahr	% des Umsatzes	kumulierter prozentualer Anteil am Gesamtumsatz	Einteilung in A-, B- und C-Teile
10	150.007,00	75,32	75,32	A
7	20.025,00	10,05	85,38	B
9	19.125,00	9,60	94,98	B
1	3.150,00	1,58	96,56	C
6	2.130,00	1,07	97,63	C
5	1.335,00	0,67	98,30	C
3	1.210,00	0,60	98,91	C
4	1.000,00	0,50	99,41	C
2	650,00	0,33	99,74	C
8	525,00	0,26	100,00	C
Gesamt	199.157,00	100,00		

Mit 10 % der Artikel (Artikel 10) werden ca. 75 % des Umsatzes gemacht, 70 % der Artikel bringen ca. 3 % des Umsatzes.

b) Folgen für die Beschaffungsplanung:
- Konzentration auf den Artikel Nr. 10 (A-Artikel), z. B. durch:
  - strenge Terminkontrolle
  - sorgfältige Festlegung der wirtschaftlichen Bestellmengen
- bei den Artikeln Nr. 1, 2, 3, 4, 5, 6 und 8 (C-Artikel):
  - Vermeidung eines hohen Arbeitsaufwands
  - Vereinfachung der Lagerhaltung, Abläufe und Kontrollen

(Lehrbuch, Seite 284)

10 a) Kühltruhen: 62 %; Lampen: 28 %; Schalter: 10 %

b) Mit nur 5 % Anteil an der Stückzahl werden mit den Kühltruhen 62 % des Umsatzes erzielt, die Schalter dagegen schaffen mit 75 % Anteil an den Stückzahlen nur 10 % des Umsatzes. Reaktionen:
- Konzentration auf den A-Artikel Kühltruhen
- strenge Terminkontrollen und sorgfältige Festlegung der wirtschaftlichen Bestellmengen
- Vermeidung eines hohen Arbeitsaufwandes bei C-Artikeln (Schalter)
- starke Vereinfachung der Kontrollen und Lagerhaltung bei C-Artikeln

Aktionen (Seite 284/285)

1 Für die Aktionen 1 und 2 ist eine Einführung in Excel (siehe im Lehrbuch Kap. 3.3, Seite 297 ff.) unerlässlich.

2 a) und b)

b_menge	anz_bestel	b_kosten	l_kosten	g_kosten
20	10	500,00	16,00	516,00
22	9	450,00	17,60	467,60
25	8	400,00	20,00	420,00
29	7	350,00	23,20	373,20
33	6	300,00	26,40	326,40
40	5	250,00	32,00	282,00
50	4	200,00	40,00	240,00
67	3	150,00	53,60	203,60
100	2	100,00	80,00	180,00
200	1	50,00	160,00	210,00

Die optimale Bestellmenge beträgt 100 Stück (zwei Bestellungen).

c)

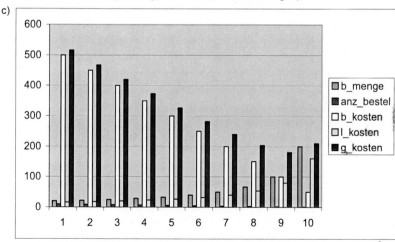

Statt mit Excel kann diese Aktion alternativ auch mit dem Warenwirtschaftssystem *Groß im Handel* bearbeitet werden.

3 WWS: *Hilfsmittel – Limitrechnung*
Das Restlimit beträgt 62.500,00 €.

4 WWS: *Hilfsmittel – optimale Bestellmenge*
Bei einem Jahresbedarf von 4 000 Stück beträgt die optimale Bestellmenge 667 Stück bei sechs Bestellungen:

b_menge	anz_bestel	b_kosten	l_kosten	g_kosten
400	10	500,00	200,00	700,00
444	9	450,00	222,00	672,00
500	8	400,00	250,00	650,00
571	7	350,00	285,50	635,50
667	6	300,00	333,50	633,50
800	5	250,00	400,00	650,00
1 000	4	200,00	500,00	700,00
1 333	3	150,00	666,50	816,50
2 000	2	100,00	1.000,00	1.100,00
4 000	1	50,00	2.000,00	2.050,00

5 Der Verkauf führt dazu, dass der Meldebestand deutlich unterschritten wird: Der Bestellpunkt ist erreicht, das WWS macht einen Bestellvorschlag.

3.2 Wir finden Bezugsquellen

Einstieg (Seite 286)

1. Die *Spindler KG* muss einerseits im eigenen Unternehmen direkt und gezielt alle Beschaffungsinformationen auswerten, andererseits auch außerhalb des Unternehmens alle notwendigen Informationen systematisch und regelmäßig analysieren.
2. Die Schüler sollen mit möglichst vielen Bezugsquellen mögliche Lieferanten finden.

Aufgaben (Seite 291)

1.
   - Adressenverzeichnisse („GelbeSeiten®" der Deutschen Telekom; „ABC der deutschen Wirtschaft"; „Wer liefert was?")
   - Fachzeitschriften
   - Kataloge, Prospekte, Preislisten
   - Messen, Ausstellungen
   - Besuche von Reisenden und Handelsvertretern
   - Geschäftsfreunde
   - Datenbankrecherchen

2 In einer Bezugsquellenkartei werden Angaben über früher schon einmal ermittelte Bezugsquellen festgehalten. Ist sie als Lieferkartei nach Lieferanten geordnet, informiert sie über deren lieferbare Waren. Als nach Artikeln geordnete Warenkartei enthält sie Angaben über die betreffenden Lieferfirmen.

3 Abhängig von der jeweiligen Situation sind die folgenden Beurteilungspunkte mehr oder weniger zu beachten:
- Einhaltung von Qualität, Liefertermin und Menge
- Preise und Konditionen
- geografische Lage
- Umwelt- und Gesundheitsverträglichkeit der Waren

4
- Schnelligkeit
- Kombinationsmöglichkeiten verschiedener Suchmerkmale

5 schülerabhängige Antwort

Aktionen (Seite 291/292)

1 Soll der erste Teil der Aktion ganz bewusst mit der Metaplantechnik bearbeitet werden, sollte die Vorgehensweise vom Lehrer (Moderator) parallel genauestens erläutert werden:
- Formulieren der Fragestellung
- Aufnehmen der Beiträge
- Anheften und Ordnen der Karten sowie Diskussion

2 Liegen branchenreine Klassen vor, können auch andere Seiten verwendet werden.

3 schülerabhängig

4 WWS: *Stammdaten – Artikelverwaltung – Bezugsquellen – Auswahl Bezugsquellen*

3.3 Wir führen einen Angebotsvergleich durch

Einstieg (Seite 293)

Der Bezugspreis ist bei dem Angebot von Spengler & Sohn am günstigsten (siehe Angebotsvergleich im Lehrbuch auf Seite 289). Bei der Auswahl des Angebotes sind aber auch die Unterschiede bei Qualität, Umwelt- und Gesundheitsverträglichkeit der Ware, Lieferzeit und Zahlungsziel zu beachten.

Aufgaben (Seite 300–302)

1 **Mengenrechnung:**

	Bruttogewicht	36 280 kg	
–	Tara	420 kg	
	Nettogewicht	35 860 kg	· 2,95 €
=	Listeneinkaufspreis	105.787,00 €	

Wertrechnung:

	Listeneinkaufspreis	105.787,00 €
	− Rabatt (20 %)	21.157,40 €
	Zieleinkaufspreis	84.629,60 €
	− Skonto (3 %)	2.538,89 €
	Bareinkaufspreis	82.090,71 €
Bezugs- kosten	+ Bahnfracht	2.575,88 €[1]
	+ Rollgeld II	450,00 €[2]
	+ Transportversicherung	600,00 €
	Bezugspreis/Einstandspreis	85.716,59 €

$$\text{pro kg: } \frac{85.716,59}{35\,860} = \underline{\underline{2,39\ €}}$$

$$^1 36\,280\text{ kg} \cdot \frac{7,10\ €}{100\text{ kg}} \qquad ^2 \frac{535,50 \cdot 100}{119}$$

2

Listeneinkaufspreis (1 780 · 4,60 €)	8.188,00 €
− Rabatt (15 %)	1.228,20 €
Zieleinkaufspreis	6.959,80 €
− Skonto (1,5 %)	104,40 €
Bareinkaufspreis	6.855,40 €
+ Bezugskosten	300,00 €
Bezugspreis/Einstandspreis	7.155,40 €

$$\text{pro Flasche: } \frac{7.155,40}{1\,780} = \underline{\underline{4,02\ €}}$$

3

	a)	b)	c)
Bruttogewicht	6 892 kg	14 780,0 l	648 Stück
− Gutgewicht	130 kg	295,6 l	−
Nettogewicht	6 762 kg		· 82,00 €
		14 484,4 l	· 16,00 €
			648 Stück · 349,00 €

		a)	b)	c)
		€	€	€
	Listeneinkaufspreis	554.484,00	231.750,40	226.152,00
	− Rabatt	83.172,60	46.350,08	22.615,20
	Zieleinkaufspreis	471.311,40	185.400,32	203.536,80
	− Skonto	4.713,11	3.708,01	5.088,42
	Bareinkaufspreis	466.598,29	181.692,31	198.448,38
Bezugs- kosten	+ Fracht	325,00	642,00	595,00
	+ Rollgeld	180,00	336,00	226,00
	+ Transportversicherung	970,00	720,00	390,00
	Bezugspr./Einstandspr.	468.073,29	183.390,31	199.659,38
	pro Einheit:	<u><u>69,22</u></u>	<u><u>12,66</u></u>	<u><u>308,12</u></u>

(Lehrbuch, Seite 300−302)

4	Bruttogewicht	2 280,0 kg		Listeneinkaufspreis	13.047,68 €
	– Tara	19,0 kg		– Rabatt (12,5 %)	1.630,96 €
	vorl. Nettogew.	2 261,0 kg		Zieleinkaufspreis	11.416,72 €
	– Gutgewicht	11,4 kg		– Skonto	228,33 €
	Nettogewicht	2 249,6 kg · 5,80		Bareinkaufspreis	11.188,39 €
		= 13.047,68 €		+ Einkaufsprovision[1]	399,59 €
				Bezugspreis	11.587,98 €

$$\text{pro kg:} \frac{11.587,98}{2\,249,6} = \underline{\underline{5,15\,€}}$$

5		a)	b)	c)
	Bruttogewicht	20 500 kg	12 800 l	8 900 kg
	– Tara	400 kg	–	178 kg
	vorl. Nettogewicht	20 100 kg	12 800 l	8 722 kg
	– Gutgewicht	603 kg	–	–
	– Leckage	–	256 l	–
	Nettogewicht	19 497 kg		· 4,90 €
			12 544 l	· 7,20 €
			8 462 kg	· 8,30 €
	Listeneinkaufspreis	95.535,30 €	90.316,80 €	70.234,60 €
	– Rabatt	11.941,91 €	9.031,68 €	10.535,19 €
	Zieleinkaufspreis	83.593,39 €	81.285,12 €	59.699,41 €
	– Skonto	1.671,87 €	1.219,28 €	1.492,49 €
	Bareinkaufspreis	81.921,52 €	80.065,84 €	58.206,92 €
	+ Fracht	1.080,00 €	950,00 €	890,00 €
	+ Rollgeld	400,00 €	540,00 €	650,00 €
	+ E'prov./Maklergebühren[1]	4.179,67 €	3.251,40 €	2.686,47 €
	Bezugspreis	87.581,19 €	84.807,24 €	62.433,39 €
	pro Einheit:	4,49	6,76	7,38

6		Angebot 1	Angebot 2	
	Bruttogewicht	88 000 kg	88 000 kg	
	– Tara	2 000 kg	2 000 kg	
	Nettogewicht	86 000 kg		· 0,135 €
			86 000 kg	· 0,115 €
	Listeneinkaufspreis	11.610,00 €	9.890,00 €	
	– Rabatt	1.161,00 €	–	
	Zieleinkaufspreis	10.449,00 €	9.890,00 €	
	– Skonto	313,47 €	98,90 €	
	Bareinkaufspreis	10.135,53 €	9.791,10 €	
	+ Fracht	–	420,00 €	
	+ Rollgeld	80,00 €	80,00 €	
	Bezugspreis	10.215,53 €	10.291,10 €	

---

[1] in Prozent vom Zieleinkaufspreis

(Lehrbuch, Seite 300–302)

7 Aktenvermerk

	Heinken KG, Hannover	Kassensysteme GmbH, München
Listeneinkaufspreis	11.000,00 €	10.000,00 €
− Rabatt	1.375,00 €	400,00 €
Zieleinkaufspreis	9.625,00 €	9.600,00 €
− Skonto	288,75 €	144,00 €
Bareinkaufspreis	9.336,25 €	9.456,00 €
+ Bezugskosten	0,00 €	200,00 €
Bezugspreis/Einstandspreis	9.336,25 €	9.656,00 €
Lieferzeit	sofort nach Auftragserteilung	4 Wochen nach Auftragserteilung
Sitz der Niederlassung	Hannover	München

Der Auftrag wird der Firma Heinken KG erteilt, weil
1. der Bezugspreis günstiger ist,
2. sofort nach Auftragserteilung geliefert wird und
3. ein Standortvorteil (Hannover) besteht.

8 Artikel: Pfirsichkonserven 400-g-Dose
Menge: 100 Dosen

Lieferer	Angebot 1	Angebot 2	Angebot 3
Listenpreis	60,00 €	55,00 €	50,00 €
− Rabatt	6,00 €	8,25 €	7,50 €
Ziel-EK	54,00 €	46,75 €	42,50 €
− Skonto	−	−	1,28 €
Bar-EK	54,00 €	46,75 €	41,22 €
+ Bezugskosten	−	7,60 €	−
Bezugspreis	54,00 €	54,35 €	41,22 €
Lieferzeit	sofort	innerhalb 14 Tagen	drei Wochen
Zahlungsziel	30 Tage	30 Tage	30 Tage

9 a) Errechnung der Gesamtrechnungspreise

	Ware A	Ware B
Bruttogewicht	75,000 t	125,000 t
− Tara	1,500 t	3,750 t
vorl. Nettogewicht	73,500 t	121,250 t
− Gutgewicht	0,500 t	0,250 t
Nettogewicht	73,000 t	121,000 t
Gesamtrechnungspreis	73 · 1.200,00 = __87.600,00 €__	121 · 1.400,00 = __169.400,00 €__

(Lehrbuch, Seite 300−302)

9 b) Verteilung der Gewichtsspesen

Gewichtsspesen: 1.100,00 € + 340,00 € = 1.440,00 €

	Verteilungsbasis	Teile	
Ware A	75 t	3	540,00 €
Ware B	125 t	5	900,00 €
		8 ≙	1.440,00 € 1 Teil: 1.440,00 : 8 = __180__

c) Verteilung der Wertspesen

Wertspesen: 2.570,00 € + 12.850,00 € = 15.420,00 €

	Verteilungsbasis	Teile	
Ware A	87.600,00 €	438	5.256,00 €
Ware B	169.400,00 €	847	10.164,00 €
		1 285 ≙	15.420,00 € 1 Teil: 15.420,00 : 1 285 = __12__

d) Berechnung der Bezugspreise pro kg (netto)

		Ware A	Ware B
	Gesamtrechnungspreis	87.600,00 €	169.400,00 €
+	Gewichtsspesen	540,00 €	900,00 €
+	Wertspesen	5.256,00 €	10.164,00 €
	Bezugspreis	93.396,00 €	180.464,00 €
		: 73 000 kg	: 121 000 kg
	pro kg	= __1,28 €__	= __1,49 €__

10 Errechnung der Gesamtrechnungspreise:
Sorte I 12 000 kg · 3,05 € = 36.600,00 €
Sorte II 16 000 kg · 2,60 € = 41.600,00 €

Verteilung der Gewichtsspesen:

Sorte I:	12 000 kg	3	480,00 €
Sorte II:	26 000 kg	4	640,00 €
		7 ≙	1.120,00 €

1 Teil: 1.120,00 : 7 = 160

Verteilung der Wertspesen:

Sorte I:	36.600,00 €	183	732,00 €
Sorte II:	41.600,00 €	208	832,00 €
		391 ≙	1.564,00 €

1 Teil: 1.564,00 : 391 = 4

Errechnung der Bezugspreise:

		Sorte I	Sorte II
	Gesamtrechnungspreis	36.600,00 €	41.600,00 €
+	Gewichtsspesen	480,00 €	640,00 €
+	Wertspesen	732,00 €	832,00 €
	Bezugspreis	37.812,00 €	43.072,00 €
		: 12 000 kg	: 16 000 kg
	pro kg	= __3,15 €__	= __2,69 €__

(Lehrbuch, Seite 300–302)

11 Errechnung der Gesamtrechnungspreise:

	Sorte I	Sorte II
Bruttogewicht	8 472 kg	9 664 kg
– Tara	72 kg	64 kg
Nettogewicht	8 400 kg	9 600 kg
	· 3,60	· 3,40
Gesamtrechnungspreis	= 30.240,00 €	= 32.640,00 €

Verteilung der Gewichtsspesen: **Verteilung der Transportversicherungsprämie:**

Sorte I	8 472 kg	747,42 €
Sorte II	9 664 kg	852,58 €
	18 136 kg △	1.600,00 €

1 kg: 1.600,00 : 18 136 = 0,0882223

Sorte I	30.240,00 €	302,40 €
Sorte II	32.640,00 €	326,40 €
	62.880,00 € △	628,80 €

628,80 : 62.880,00 = 0,01

Errechnung der Bezugspreise:

	Sorte I	Sorte II
Gesamtrechnungspreis	30.240,00 €	32.640,00 €
+ Gewichtsspesen	747,42 €	852,58 €
+ Transportversicherung	302,40 €	326,40 €
+ Einkaufsprovision (2,5 %)	756,00 €	816,00 €
Bezugspreis	32.045,82 €	34.634,98 €
	: 8 400	: 9 600
pro kg	= 3,81 €	= 3,61 €

12 a) Errechnung der Gesamtrechnungspreise:

	Menge 1	Menge 2
Bruttogewicht	8 960,0 kg	6 420,0 kg
– Tara	179,2 kg	96,3 kg
vorl. Nettogewicht	8 780,8 kg	6 323,7 kg
– Gutgewicht	150,0 kg	130,0 kg
Nettogewicht	8 630,8 kg	6 193,7 kg
	· 8,00 €	· 7,00 €
Gesamtrechnungspreis	= 69.046,40 €	= 43.355,90 €

Verteilung der Gewichtsspesen: Menge 1   8 960 kg   1.747,72 €
                                           Menge 2   6 420 kg   1.252,28 €
                                                                15 380 kg   △   3.000,00 €

1 kg: 3.000,00 : 15 380 = 0,1950585

(Lehrbuch, Seite 300–302)

Errechnung der Bezugspreise:

	Menge 1	Menge 2
Gesamtrechnungspreis	69.046,40 €	43.355,90 €
+ Gewichtsspesen	1.747,72 €	1.252,28 €
+ Wertspesen (3 %)	2.071,39 €	1.300,68 €
Bezugspreis	72.865,51 €	45.908,86 €
	: 8 630,8	: 6 193,7
pro kg	= 8,44 €	= 7,41 €

a) **Errechnung der Gesamtrechnungspreise:**

	Menge 1	Menge 2
Bruttogewicht	4 720,0 kg	5 790,0 kg
– Tara	47,2 kg	115,8 kg
vorl. Nettogewicht	4 672,8 kg	5 674,2 kg
– Gutgewicht	80,0 kg	110,0 kg
Nettogewicht	4 592,8 kg	5 564,2 kg
	· 6,00 €	· 6,80 €
Gesamtrechnungspreis	= 27.556,80 €	= 37.836,56 €

Verteilung der Gewichtsspesen: Menge 1　4 720 kg　　898,19 €
　　　　　　　　　　　　　　　Menge 2　5 790 kg　　1.101,81 €
　　　　　　　　　　　　　　　　　　　　10 510 kg　≙　2.000,00 €

1 kg: 2.000,00 : 10 510 = 0,1902949

b) **Errechnung der Bezugspreise:**

	Menge 1	Menge 2
Gesamtrechnungspreis	27.556,80 €	37.836,56 €
+ Gewichtsspesen	898,19 €	1.101,81 €
+ Wertspesen (2,5 %)	688,92 €	945,91 €
Bezugspreis	29.143,91 €	39.884,28 €
	: 4 592,8 kg	: 5 564,2 kg
pro kg	= 6,35 €	= 7,17 €

c) **Errechnung der Gesamtrechnungspreise:**

	Menge 1	Menge 2
Bruttogewicht	7 950 l	4 890 l
– Leckage	80 l	40 l
Nettogewicht	7 870 l	4 850 l
	· 5,80 €	· 8,80 €
Gesamtrechnungspreis	= 45.646,00 €	= 42.680,00 €

(Lehrbuch, Seite 300–302)

Verteilung der Gewichtsspesen: Menge 1   7 950 l   1.114,49 €
                                Menge 2   4 890 l   685,51 €
                                         12 840 l ≙ 1.800,00 €

1 l: 1.800,00 : 12 840 = 0,1401869

Errechnung der Bezugspreise:

	Menge 1	Menge 2
Gesamtrechnungspreis	45.646,00 €	42.680,00 €
+ Gewichtsspesen	1.114,49 €	685,51 €
+ Wertspesen (3,5 %)	1.597,61 €	1.493,80 €
Bezugspreis	48.358,10 €	44.859,31 €
	: 7 870 l	: 4 850 l
pro l	= 6,14 €	= 9,25 €

d) **Errechnung der Gesamtrechnungspreise:**

	Menge 1	Menge 2
Bruttogewicht	4 000 kg	2 800 kg
− Tara	30 kg	20 kg
vorl. Nettogewicht	3 970 kg	2 780 kg
− Gutgewicht	40 kg	28 kg
Nettogewicht	3 930 kg	2 752 kg
	· 3,80 €	· 6,80 €
Gesamtrechnungspreis	= 14.934,00 €	= 18.713,60 €

Verteilung der Gewichtsspesen: Menge 1   4 000 kg   20   705,88 €
                               Menge 2   2 800 kg   14   494,12 €
                                                    34 ≙ 1.200,00 €

1 kg: 1.200,00 : 34 = 35,294117

Errechnung der Bezugspreise:

	Menge 1	Menge 2
Gesamtrechnungspreis	14.934,00 €	18.713,60 €
+ Gewichtsspesen	705,88 €	494,12 €
+ Wertspesen (4 %)	597,36 €	748,54 €
Bezugspreis	16.237,24 €	19.956,26 €
	: 3 930 kg	: 2 752 kg
pro kg	= 4,13 €	= 7,25 €

(Lehrbuch, Seite 300−302)

13 Errechnung der Zieleinkaufspreise:

Lack (schwarz): $\dfrac{90 \cdot 14 \cdot 0{,}9}{0{,}75} = 1.512{,}00 \,€$

Lack (moosgrün): $\dfrac{60 \cdot 15 \cdot 0{,}9}{0{,}75} = 1.080{,}00 \,€$

Verteilung der Gewichtsspesen:

Lack (schwarz)	90 l	3	63,00 €
Lack (moosgrün)	60 l	2	42,00 €
		5	≙ 105,00 €

1 Teil: 105,00 : 5 = 21

Verteilung der Wertspesen:

1.512,00 €	16,33 €
1.080,00 €	11,67 €
2.592,00 € ≙	28,00 €

1,00 €: 28 : 2.592,00 = 0,0108024

Errechnung der Bezugspreise:

	Lack (schwarz)	Lack (moosgrün)
Listeneinkaufspreis	1.680,00 €	1.200,00 €
− Rabatt (10 %)	168,00 €	120,00 €
Zieleinkaufspreis	1.512,00 €	1.080,00 €
− Skonto (2 %)	30,24 €	21,60 €
Bareinkaufspreis	1.481,76 €	1.058,40 €
+ Gewichtsspesen	63,00 €	42,00 €
+ Wertspesen	16,33 €	11,67 €
Bezugspreis	1.561,09 €	1.112,07 €
pro Dose	$\cdot \dfrac{0{,}75}{90}$ = __13,01 €__	$\cdot \dfrac{0{,}75}{60}$ = __13,90 €__

(Lehrbuch, Seite 300−302)

Aktionen (Seite 302)

1/2 Angebotsvergleich

	A	B	C	D	E	F	G	H	I	J
1	Angebotsvergleich									
2										
3										
4	Artikel									
5	Menge									
6	Lieferer	Angebot 1			Angebot 2			Angebot 3		
7		Prozent	Stückpreis	Gesamtpreis	Prozent	Stückpreis	Gesamtpreis	Prozent	Stückpreis	Gesamtpreis
8	Listenpreis			=B5*C9			=B5*F9			=B5*I9
9	Rabatt			=D9*B10			=G9*E10			=J9*H10
10	Zieleinkaufspreis			=D9-D10			=G9-G10			=J9-J10
11	Skonto			=D11*B12			=G11*E12			=J11*H12
12	Bareinkaufspreis			=D11-D12			=G11-G12			=J11-J12
13	Bezugskosten									
14	Bezugspreis			=D13+D14			=G13+G14			=J13+J14
15										
16										

	A	B	C	D	E	F	G	H	I	J
2										
3										
4	Artikel	Geschirrtücher								
5	Menge	1000								
6	Lieferer	Angebot 1			Angebot 2			Angebot 3		
7		Prozent	Stückpreis	Gesamtpreis	Prozent	Stückpreis	Gesamtpreis	Prozent	Stückpreis	Gesamtpreis
8	Listenpreis		1,20 €	1.200,00 €		1,05 €	1.050,00 €		1,35 €	1.350,00 €
9	Rabatt	15 %		180,00 €	10 %		105,00 €	20 %		270,00 €
10	Zieleinkaufspreis			1.020,00 €			945,00 €			1.080,00 €
11	Skonto	0 %		- €	0 %		- €	3 %		32,40 €
12	Bareinkaufspreis			1.020,00 €			945,00 €			1.047,60 €
13	Bezugskosten			2,80 €			8,75 €			- €
14	Bezugspreis			1.022,80 €			953,75 €			1.047,60 €

3 a) Arbeitsgruppenbildung schülerabhängig

b) Qualitative Kriterien sind z. B. Lieferzeit, Zahlungsziel, Qualität und Umweltverträglichkeit der angebotenen Ware.

c) bis e) Ein gutes Instrument für den qualitativen Angebotsvergleich ist die Nutzwertanalyse.

Die Nutzwertanalyse wird in folgenden Schritten durchgeführt:
1. Festlegung der Kriterien, z. B. Lieferzeit, Zahlungsziel, Qualität, Umweltverträglichkeit, Preis
2. Gewichtung der Kriterien, z. B. Lieferzeit = 20 %, Zahlungsziel = 10 %, Qualität = 25 %, Umweltverträglichkeit = 20 %, Preis = 25 %.
Die Summe der Gewichte muss immer 100 % betragen.
3. Teilnutzenbestimmung: Für jedes Angebot wird durch Bewertung ermittelt, in welchem Maße die jeweiligen Kriterien erfüllt sind, z. B. 4 Punkte = sehr gut, 3 Punkte = gut, 2 Punkte = ausreichend, 1 Punkt = gar nicht. Der Teilnutzen jedes Kriteriums ergibt sich aus der Multiplikation der Gewichtung mit der Bewertung.
4. Durch die Addition der Teilnutzen wird der Nutzwert für jedes Angebot ermittelt.
5. Es wird das Angebot mit dem höchsten Nutzwert ausgewählt.

Kriterium	Gewichtung	Spengler & Sohn Bewertung	Teilnutzen	Leinenmeister Bewertung	Teilnutzen
Lieferzeit	20	2	40	4	80
Zahlungsziel	10	3	30	4	40
Qualität	25	2	50	3	75
Umweltverträglichkeit	20	2	40	3	60
Preis	25	4	100	2	50
Summen	**100**		**260**		**305**

In diesem Beispiel würde das Angebot von Leinenmeister gewählt, da für dieses Angebot der höchste Nutzwert ermittelt wurde; allerdings hängt das von der Bewertung und vor allem von der Gewichtung ab.

f) Präsentationsregeln siehe Kap. 2.7, Aktion 2 in diesem Lösungsband.

3.4 Wir bestellen Waren

Einstieg (Seite 303)

Die *Spindler KG* hat in ihrer Bestellung die Lieferbedingungen abgeändert. Im Angebot wurde die Lieferung ab Lager Wetzlar angeboten. Die *Spindler KG* bestellt frachtfrei.

Aufgaben (Seite 304/305)

1 In den Fällen a) und d) kommt ein Kaufvertrag zustande. Im Fall b) kommt kein Kaufvertrag zustande, weil die Lieferbedingungen abgeändert wurden. Im Fall c) kommt kein Kaufvertrag zustande, weil das Angebot unverbindlich ist.

2 Ein ausführliches schriftliches Angebot sollte Art, Beschaffenheit der Ware, Bestellmenge, Preis, Preisabzüge, Lieferbedingungen und Zahlungsbedingungen enthalten.

3 Im Fall a) ist eine Bestellungsannahme erforderlich, da die Bestellung aufgrund eines freibleibenden Angebotes erfolgte.
Im Fall c) ist eine Bestellungsannahme erforderlich, weil der Kunde mit abgeänderten Bedingungen bestellte.
Im Fall d) ist eine Bestellungsannahme erforderlich, weil das telefonische Angebot nur bis zum Ende des Telefongespräches verbindlich war.

Aktionen (Seite 304)

1 Entwurf des Bestellschreibens

Spindler KG Goseriede 41 30159 Hannover

Leistner Wäsche GmbH
Ritterstraße 37
28865 Lilienthal

Ihr Zeichen, Ihre Nachricht vom	Unser Zeichen, unsere Nachricht vom	Telefon	Datum
	a-k	442560	17.06.20..

Bestellung

Sehr geehrte Damen und Herren,

wir bestellen

    500 Geschirrtücher Artikelnummer 112/2 zum Stückpreis
    von 1,50 €, netto einschließlich Verpackung

    500 Walkfrottiertücher Artikelnummer 156/3 zum Stückpreis
    von 4,50 €, netto einschließlich Verpackung

Die Lieferung soll innerhalb von vierzehn Tagen frei Haus erfolgen.

Die Zahlung erfolgt innerhalb von 10 Tagen nach Rechnungserhalt abzüglich 3 % Skonto, innerhalb von 30 Tagen nach Rechnungseingang ohne Abzug.

Mit freundlichen Grüßen

Spindler KG
Textilgroßhandlung

i. A. Kruse

2 individuelle Schülerlösungen

3.5 Wir bahnen Einfuhrgeschäfte an und schließen sie ab

Einstieg (Seite 306)

1.

Spindler KG — Textilgroßhandlung

Spindler KG Goseriede 41 30159 Hannover

Textil-Internation Ltd.
25 Pat Tat St., Sanpohong, Kowlon
Hong Kong (China)

Goseriede 41 – 30159 Hannover
Telefon: 0511 4155-0
Telefax: 0511 4155-10
Internet: www.tg-spindler-wvd.de
E-Mail: info@tg-spindler-wvd.de

Ihr Zeichen, Ihre Nachricht vom	Unser Zeichen, unsere Nachricht vom	Telefon	Datum
	a-k	442560	17.06.20..

Auftrag

Sehr geehrte Damen und Herren,

wir danken Ihnen für Ihr Angebot. Wir bestellen Herrenhemden aus 100 % Baumwolle zum Stückpreis von 40,00 HK-$ netto, FOB Hong Kong, unversichert, unverzollt:

    100 Stück, Farbe Natur, Größe 39/40
    100 Stück, Farbe Natur, Größe 41/42
    100 Stück, Farbe Natur, Größe 43/44
    100 Stück, Farbe Blau, Größe 39/40
    100 Stück, Farbe Blau, Größe 41/42
    100 Stück, Farbe Blau, Größe 43/44

Lieferzeit: vier Wochen nach Auftragseingang
Zahlung: Dokumente gegen Kasse (D/P)

Mit freundlichen Grüßen

Spindler KG
Textilgroßhandlung

i. A. Kruse

2. Notwendige Einfuhrpapiere sind:
- Einfuhrgenehmigung
- Handelsrechnung (Faktura)
- Ursprungszeugnis (auch bei genehmigungsbedürftiger Einfuhr erforderlich, weil es sich bei Baumwollhemden um Waren des Abschnitts XI der Einfuhrliste handelt)
- Exemplare 6, 7 und 8 des Einheitspapiers der EU

Aufgaben (Seite 314)

1 Genehmigungspflichtig sind die Einfuhr von:
a) Seidenblusen aus China
c) Baumwollblusen aus Südkorea
e) Baumwollhemden aus der Türkei
g) Chemiefaserblusen aus Taiwan

2 a) Einfuhrgenehmigung, Handelsrechnung, Ursprungszeugnis, Exemplare 6, 7 und 8 des Einheitspapiers der EU
b) Handelsrechnung, Ursprungserklärung, Exemplare 6, 7 und 8 des Einheitspapiers der EU
c) Einfuhrgenehmigung, Handelsrechnung, Ursprungszeugnis, Exemplare 6, 7 und 8 des Einheitspapiers der EU
d) Handelsrechnung, Ursprungszeugnis, Exemplare 6, 7 und 8 des Einheitspapiers der EU
e) Einfuhrgenehmigung, Handelsrechnung, Ursprungszeugnis, Exemplare 6, 7 und 8 des Einheitspapiers der EU
f) Handelsrechnung, Ursprungserklärung, Exemplare 6, 7 und 8 des Einheitspapiers der EU
g) Einfuhrgenehmigung, Handelsrechnung, Ursprungszeugnis, Exemplare 6, 7 und 8 des Einheitspapiers der EU

3 a) bis c) Schutz der Landwirtschaft in der EU vor der Konkurrenz des Weltmarktes
d) Schutz der heimischen Textilindustrie vor der indischen Konkurrenz

4 Bei einem Briefkurs von 10,705 HK-$ für 1,00 € (Stand März 2011) ergeben sich folgende Angebotspreise:

a) 10,705 HK-$ = 1,00 €
   40,00 HK-$ = x € $\quad x = \dfrac{1{,}00\ € \cdot 40{,}00\ \text{HK-\$}}{10{,}705\ \text{HK-\$}} = \underline{\underline{3{,}74\ €}}$

b) 750 Stück · 3,74 € = $\underline{2.805{,}00\ €}$

5

	Bareinstandspreis ab Werk	15.000,00 sfr.
+	Verladekosten	40,00 sfr.
a) =	Bareinstandspreis frei Frachtführer (FCA)	15.040,00 sfr.
+	Transportkosten bis Grenzübergang Lörrach	50,00 sfr.
b) =	Bareinstandspreis geliefert Grenze Lörrach (DAF)	15.090,00 sfr.

1,4356 sfr. = 1,00 €
15.090,00 sfr. = x € $\quad x = \dfrac{1{,}00\ € \cdot 15.090{,}00\ \text{sfr.}}{1{,}4356\ \text{sfr.}} = 10.511{,}28\ €$

	Bareinstandspreis geliefert Grenze Lörrach (DAF)	10.511,28 €
+	Transportkosten bis Hannover	1.000,00 €
+	Transportversicherung	400,00 €
c) =	Bareinstandspreis frachtfrei versichert (CIP)	11.911,28 €
+	Entladekosten	50,00 €
d) =	Bareinstandspreis geliefert unverzollt Hannover (DAP)	11.961,28 €

6		Bareinstandspreis ab Werk	25.000,00 US-$
	+	Transportkosten bis zum Verschiffungshafen (New York)	900,00 US-$
a)	=	Bareinstandspreis frei Längsseite Schiff (FAS)	25.900,00 US-$
	+	Kai-Umschlagskosten	500,00 US-$
b)	=	Bareinstandspreis frei an Bord (FOB)	26.400,00 US-$
	+	Seefracht bis zum Bestimmungshafen Hamburg	9.000,00 US-$
c)	=	Bareinstandspreis Kosten und Fracht (CFR)	35.400,00 US-$
	+	Seetransportversicherung	900,00 US-$
d)	=	Bareinstandspreis Kosten, Versicherung, Fracht (CIF)	36.300,00 US-$

$$\frac{1{,}3272 \text{ US-\$} = 1{,}00 \text{ €}}{36.300{,}00 \text{ US-\$} = x \text{ €}} \quad x = \frac{1{,}00 \text{ €} \cdot 36.300{,}00 \text{ US-\$}}{1{,}3272 \text{ US-\$}} = 27.350{,}81 \text{ €}$$

		Bareinstandspreis Kosten, Versicherung, Fracht (CIF)	27.350,81 €
	+	Entladekosten in Hamburg	800,00 €
	+	Transportkosten bis Göttingen	2.100,00 €
e)	=	Bareinstandspreis geliefert Göttingen	30.250,81 €

Aktionen (Seite 314)

a) Gemäß Einfuhrliste ist die Einfuhr von Damenkostümen aus China genehmigungspflichtig.

b) Für die Einfuhr der Damenkostüme aus China in die Bundesrepublik Deutschland sind die folgenden Dokumente erforderlich:
- Einfuhrgenehmigung
- Handelsrechnung (Faktura)
- Ursprungszeugnis
- Exemplare 6, 7 und 8 des Einheitspapiers

Die **Einfuhrgenehmigung** beweist, dass das zuständige Bundesamt die Einfuhr der Ware genehmigt hat.

Die **Handelsrechnung** dient nicht nur der Rechnungsstellung, sondern auch als Unter-lage für die zollamtliche Behandlung im Einfuhrland. Die Handelsrechnung soll alle Einzelheiten der Warensendung enthalten: Namen und Anschriften der Vertragspartner, Warenbezeichnung, Menge und Preis der Ware, vereinbarte Lieferungs- und Zahlungsbedingungen.

Das **Ursprungszeugnis** bescheinigt die Herkunft der Ware. Die Notwendigkeit eines Ursprungszeugnisses ergibt sich aus den Einfuhrbestimmungen des Einfuhrlandes: Ist im Einfuhrland die Wareneinfuhr aus bestimmten Ländern gesperrt oder kontingentiert (beschränkt), so wird zur Überwachung dieser Einfuhrsperre oder Einfuhrkontingente ein Ursprungszeugnis verlangt.

Mit den **Exemplaren 6, 7 und 8 des Einheitspapiers** gibt der Importeur den Zollantrag, die Zollanmeldung und die Einfuhranmeldung ab.

3.6 Wir nehmen Waren an

Einstieg (Seite 316)

1. Häufig wird mangelhafte Ware angeliefert. Wenn der Unternehmer in diesem Fall nicht reagiert, würde er Artikel in sein Sortiment aufnehmen, die er nur mit Verlust wieder verkaufen könnte.
   Deshalb muss er im Wareneingang sehr sorgfältig zwei Kontrollen durchführen:
   - Kontrolle gegenüber dem Frachtführer (äußerer Zustand der Lieferung)
   - Kontrolle gegenüber dem Lieferanten (Inhalt der Sendung)

2. Auf dem Lieferschein wird z. B. der folgende Vermerk untergebracht: „Paket weist umfangreiche äußere Beschädigungen auf", der vom Frachtführer bestätigt wird.

Aufgaben (Seite 318/319)

1 Will der Unternehmer nicht das Recht zur Reklamation mangelhafter Ware verlieren, muss er beweisen können, dass der Schaden nicht in seinem Betrieb entstanden ist. Daher sind verschiedene Kontrollen vorzunehmen.

2 sofortige Prüfung: beim Eintreffen der Sendung und in Anwesenheit des Überbringers

unverzügliche Prüfung: zum nächstmöglichen Zeitpunkt ohne schuldhafte Verzögerung

3 Der äußere Zustand der Lieferung ist zu überprüfen, also
- die Korrektheit der Anschrift,
- die Zahl der gelieferten Stücke,
- die äußere Verpackung.

4 Der Inhalt der Sendung ist unverzüglich zu prüfen. Die Ware wird nach Art, Menge, Güte und Beschaffenheit kontrolliert.

5 Ist der äußere Zustand der Ware mangelhaft, so ist dies vom Transporteur in einer Tatbestandsaufnahme zu bescheinigen. Die Abnahme der Ware kann dann verweigert werden oder nur unter Vorbehalt erfolgen.

6
- Bereithaltung freier Abladestellen
- Reservieren von Platz für die Ware
- Bereithaltung innerbetrieblicher Transportmittel
- Vorhalten von Personalkapazität

7 Warenwirtschaftssysteme unterstützen den Wareneingangsbereich durch:
- Bereitstellung von Informationen
- Datenerfassung nur noch bei Abweichungen von den Bestellungen
- Auswertungen

Der Großhändler muss bei jedem Arbeitsschritt auf eine sorgfältige Prüfung der Belege achten.

8 Aussage e) ist richtig.

9 die äußere Verpackung = a)

Aktionen (Seite 319)

1 schülerabhängig

2 a) *1. Beschaffung – Bestellung – Artikel markieren – bestellen – speichern – beenden*
 2. Beschaffung – Auftragsbearbeitung – Auftrag erstellen – Übernehmen
 3. Beschaffung – Auftragsbearbeitung – Auftrag bearbeiten – bearbeiten – Häkchen Auftrag – speichern – beenden
 b) *Lager – Wareneingang – Artikel markieren – Eingang bearbeiten – Häkchen – Wareneingang*

3 a) *1. Beschaffung – Bestellung – Artikel markieren – bestellen – speichern – beenden*
 2. Beschaffung – Auftragsbearbeitung – Auftrag erstellen – Übernehmen
 3. Beschaffung – Auftragsbearbeitung – Auftrag bearbeiten – bearbeiten – Häkchen Auftrag – speichern – beenden
 b) *1. Lager – Wareneingang – Artikel markieren – Eingang bearbeiten – Häkchen Wareneingang*
 2. Mangelhafte Lieferung – hinzufügen – Anzahl und Grund eintragen

4 • Öffnen Sie das Formular „Wareneingang" im Menü „Lager".
 • Wählen Sie im *Register „Auftrag selektieren"* aus der Liste den entsprechenden Auftrag aus.
 • Wechseln Sie in das *Register „Eingang bearbeiten"*.
 • Betätigen Sie die *Schaltfläche „Bearbeiten"* im Bereich Bestelldaten. Geben Sie in die *Tabelle* das Lieferungsdatum ein.
 • Markieren Sie das *Markierungskästchen „geliefert"*.
 • Betätigen Sie die *Schaltfläche „Speichern"*.

5 In den Aktionen der meisten Kap. dieses Lernfeldes findet ein kleiner Lehrgang über Lernstrategien statt.

3.7 Wir informieren uns über die verschiedenen Arten von Mängeln im Geschäftsverkehr (Schlechtleistung)

Einstieg (Seite 320/321)

Es liegen vor:

• **Mangel in der Menge** (Minderlieferung; Qualitätsmangel), da anstatt der 100 Jogginganzüge lediglich 99 geliefert wurden.
• **Mangel in der Beschaffenheit** (Qualitätsmangel), da ein Anzug unsaubere Nähte aufweist. Er hat nicht die **üblich erwartete Beschaffenheit**.
• Wie im vorherigen Fall bei „Mangel in der Beschaffenheit", wobei in diesem Fall die Ware sich **nicht für die nach dem Vertrag vorausgesetzte Verwendung** eignet, da zwei Anzüge mit Rissen im Oberstoff geliefert wurden (Qualitätsmangel).
• **Mangel in der Art** (Falschlieferung; Artmangel), die anstatt der 50 Stück Preinel Prestige 50 Stück Preinel Sierra geliefert wurden.

Aufgaben (Seite 326)

1. Es liegt ein **zweiseitiger Handelskauf** vor. Demzufolge muss die *Spindler KG* diesen **offenen Mangel** unverzüglich nach der Entdeckung beim Schreiner Fehring rügen.

2. unverzüglich nach Entdecken des Schadens

3. „Aufbewahrungspflicht" siehe Lehrbuch Seite 326

4. individuelle Schülerantworten

5. bei der Abweichung der vereinbarten von der tatsächlichen Beschaffenheit der Kaufsache

6. Sachmängel und Rechtsmängel werden insofern gar nicht mehr unterschieden. Die Rechtsfolgen sind die gleichen.

7. Ein Sachmangel ist auch eine fehlerhafte Montageanleitung (§ 434 II, 2 BGB).

Aktionen (Seite 327)

1. Um die Informationen des vorliegenden Kap.s von den Schülern sinnvoll nutzen zu können, bedarf es des **aktiven Lesens**. Dazu gehören das Unterstreichen und Markieren wichtiger Textstellen, das Anbringen von Merk- und Arbeitszeichen sowie das systematische und schrittweise Herangehen an den Text mit der **5-Schritt-Methode:**

   a) – d)
   1. Der Text wird vom Schüler überflogen.
   2. Der Schüler stellt Fragen an den Text, z. B. wie:
      - Welche Kap., Absätze, Begriffe sind unbekannt, unverständlich?
      - Wo kann auf gründliches Lesen verzichtet werden?
      - Wo kann auf Vorkenntnisse zurückgegriffen werden?
      - Welche Informationsquellen müssen bereitgelegt werden?
      - Können bereits vorhandene Aufzeichnungen verwendet werden?
   3. Der Schüler liest den Text gründlich und konzentriert:
      - Absatz für Absatz wird intensiv durchgelesen.
      - Die Lesephasen werden in kleine Schritte unterteilt.
      - Zeichnungen, Abbildungen, Tabellen usw. werden dabei besonders aufmerksam betrachtet.
      - Andere Informationsquellen werden ausgewertet, um unbekannte Fachausdrücke und Definitionen kennen zu lernen.
   4. Der Schüler verkürzt den Textinhalt auf das Wesentliche, wie Rechtsmängel, Sachmängel und Mängelrüge, und differenziert bei den Sachmängeln.
   5. Mit dem Arbeitsbezug auf das **Internet** sollen sich die Schüler an dieser Stelle überlegen,
      - unter welchen Schlagworten sie etwas zu ihrem Thema finden können,
      - wo sie entsprechende Dokumente zu ihrem Auftrag finden können,
      - wie sie an die benötigten Texte herankommen können.

   Sollte die **Arbeit in Arbeitsgruppen** erfolgen, ist genau festzulegen, wer aus der Gruppe bis wann und wo versucht, die geforderten Arbeitsergebnisse zu beschaffen.

Internetrecherche: Das Hauptproblem in der weltweiten Riesendatenbank www. ist, dass man oft keine genauen Adressen hat, um die Dokumente anzusteuern, die die benötigten Informationen enthalten. Die Lösung dieses Problems sind **Suchmaschinen**.

Sind von den Schülern Informationen zum Stichwort „Mängel" zusammengetragen worden, sind die gefundenen Texte zu sichten und auf Verwertbarkeit vor dem Hintergrund des möglicherweise zuvor vom Lehrer vorgegebenen Referatsthemas zu überprüfen. Die folgenden Hinweise machen die Informationsbeschaffung leichter:

- Überfliegen des Textes: Dabei ist besonders zu achten auf Überschriften, Hervorhebungen, Einleitungen und den Schlussteil.
- unbekannte Fremdwörter und Begriffe klären
- verwertbare Informationen stichwortartig festhalten
- Texte ggf. kopieren

- Die ausgewählten Inhalte/Informationen werden in eine schlüssige Reihenfolge gebracht. Die Gliederung des *Referats* wird aufgeschrieben.
- Es wird eine Langfassung des Referats erstellt und ein Stichwortzettel für den Vortrag.
- Schriftliche Zusammenfassung der wesentlichen Aussagen für die Mitschüler.
- Im Rahmen der **Vortragsphase** sollten sich die Schüler kurz fassen (Redezeit max. 15–20 Minuten).
- Laut und deutlich reden; möglichst frei unter Benutzung des Stichwortzettels; in kurzen und verständlichen Sätzen.
- Nicht vergessen: kurze Pausen einlegen, wenn ein Gedanke abgeschlossen ist, und die Zuhörer während des Sprechens ansehen.
- Die Veranschaulichung der Ausführungen sollte erfolgen mithilfe der verfügbaren Medien, wie z. B. Bilder, OHP/Folie, Tafel usw. Darüber hinaus wird verwiesen auf die Anregungen im Lehrbuch in der Aktion 1 d).

2 Methodische Hinweise zur Mindmap finden sich in Kap. 1.2 im Lehrbuch und in Kap. 2.3, Aktion 2 in diesem Lösungsband.

3 individuelle Schülerbeiträge

3.8 Wir prüfen unsere Rechte als Käufer bei mangelhaft gelieferter Ware (Schlechtleistung) und leiten entsprechende Maßnahmen ein

Einstieg (Seite 328)

Bei den im Einstiegsfall zu Kap. 3.7 festgestellten Mängeln sieht die Rechtslage wie folgt aus:

a) Mangel in der Menge (Minderlieferung; Quantitätsmangel), da anstatt der 100 Jogginganzüge lediglich 99 geliefert wurden.

b) Mangel in der Beschaffenheit (Qualitätsmangel), da ein Anzug unsaubere Nähte aufweist. Er hat nicht die übliche erwartete Beschaffenheit.

Mögliches (vorrangiges) Recht des Käufers:
Nacherfüllung, d. h. **Beseitigung des Mangels oder Lieferung eines neuen Anzugs.**

c) Wie Mangel b), wobei in diesem Fall die Ware sich nicht für die nach dem Vertrag vorausgesetzte Verwendung eignet, da zwei Anzüge mit Rissen im Oberstoff geliefert wurden (Qualitätsmangel).

d) Mangel in der Art (Falschlieferung; Artmangel), da anstatt der 50 Stück Preinel *Prestige* 50 Stück Preinel *Sierra* geliefert wurden.

Mögliches Recht des Käufers:
Lieferung von 50 neuen Preinel Prestige Jogginganzügen (Lieferung einer mangelfreien Sache)

Aufgaben (Seite 336–338)

1 **Vorrangig** hat Herr Vogel ein **Recht auf Nacherfüllung**, da ein Sachmangel vorliegt. Er kann als Nacherfüllung **wahlweise** verlangen (§ 439 I BGB):
- **Nachbesserung** (Beseitigung des Mangels z. B. durch Reparatur) oder
- **Ersatz (Neu-)lieferung** (Lieferung eines neuen Lkw).

Ist die Nacherfüllung zwar noch möglich, aber nur mit **unverhältnismäßig hohen Kosten** durchzuführen, so kann der Händler die von Vogel gewählte Form der **Nacherfüllung verweigern** (§ 439 III BGB). In diesem Fall muss Vogel auf die andere Art der Nacherfüllung ausweichen, vorausgesetzt sie ist nicht ebenfalls unmöglich oder unverhältnismäßig. Im vorliegenden Fall wird daher die Reparatur infrage kommen.

- Die im Zusammenhang mit der Nacherfüllung anfallenden Aufwendungen, insbesondere Transport-, Wege-, Arbeits- und Materialkosten sind vom Autohändler zu tragen (§ 439 II BGB) = **Schadensersatz neben der Leistung** (Voraussetzungen: Pflichtverletzung gem. § 280 I BGB und Verschulden des Verkäufers).

Nachrangig stehen dem Großhändler Vogel die folgenden Rechte zu:
- **Rücktritt vom Vertrag**

Für den **Rücktritt vom Vertrag** müssen die folgenden **Voraussetzungen** vorliegen:
- Die Sache muss mangelhaft sein (§§ 437 Ziff. 2, 434, 435 BGB).
- Der Käufer muss dem Verkäufer eine angemessene Frist zur Leistung oder Nacherfüllung eingeräumt haben.
- Die Nachfrist muss erfolglos abgelaufen sein (§ 323 I BGB) bzw. bei Entbehrlichkeit.
- Der Mangel muss **erheblich** sein; der Rücktritt ist daher *nicht bei einem geringfügigen* Mangel möglich (§ 323 V 2 BGB).

Das **Rücktrittsrecht** besteht immer und ist **unabhängig vom Verschulden** (Ver-tretenmüssens) des Lieferers (§ 323 BGB). Der Rücktritt erfolgt **durch Erklärung** gegenüber dem Verkäufer (§ 349 BGB).

- **Minderung**

Voraussetzungen:
- Eine angemessene Frist zur Nacherfüllung muss erfolglos abgelaufen sein;
- ist auch bei unerheblichen Mängeln möglich.

- **Schadensersatz statt der Lieferung**

Der Käufer hat bei mangelhafter Lieferung **Anspruch auf Schadensersatz**, der entweder neben Rücktritt oder Minderung **parallel** geltend gemacht werden kann

(§ 325 BGB). Hat er statt der Leistung Schadensersatz verlangt, so ist allerdings der Anspruch auf die Lieferung der Ware ausgeschlossen (§ 281 IV BGB).

Voraussetzungen für den Anspruch auf Schadensersatz nach § 280 I BGB:
- Bestehen eines Kaufvertrages
- Pflichtverletzung des Verkäufers aus dem Kaufvertrag (§ 280 I 1 BGB)
- Durch die Pflichtverletzung muss ein Schaden entstanden sein.
- subjektives Verschulden: Warenschuldner hat den Mangel zu vertreten.
- Der Schadensersatz statt der ganzen Lieferung ist **ausgeschlossen bei unerheblichen Mängeln!**

- Ersatz vergeblicher Aufwendungen

Anstelle des Schadensersatzes kann der Käufer den Ersatz der Aufwendungen verlangen, die ihm im Zusammenhang mit der erwarteten mangelfreien Warenlieferung entstanden sind. Hierunter fallen auch die Vertragskosten.

Voraussetzungen: wie bei Schadensersatz statt der Lieferung

2 Die *Spindler KG* hat, auch im Falle dieses behebbaren und geringfügigen Mangels, ein Recht auf Beseitigung des Mangels (Nachbesserung) oder Lieferung eines neuen Scanners. Die Frage des Verschuldens stellt sich nicht.

3 Grundsätzlich muss sich die *Spindler KG* zunächst im Rahmen der Nacherfüllung für Nachbesserung oder Neulieferung entscheiden.
Im Falle der Schrankwand wird sie Neulieferung verlangen.
Im Falle der Schubladen wäre Minderung, eventuell Nachbesserung denkbar.
Ist die **Nacherfüllung gescheitert,** weil
- die dem Verkäufer zur Nacherfüllung gesetzte Frist erfolglos abgelaufen ist oder
- sie unmöglich oder unverhältnismäßig ist, hat die Großhandlung ein Recht auf
  - Schadensersatz und/oder
  - Minderung oder
  - Rücktritt.

4 Anspruch auf Schadensersatz hat der Käufer unter den folgenden Voraussetzungen:
- Bestehen eines Kaufvertrags
- Pflichtverletzung des Verkäufers
- Durch die Pflichtverletzung muss ein Schaden entstanden sein.
- subjektives Verschulden: Der Warenschuldner hat den Mangel zu vertreten
  - bei Kenntnis des Mangels,
  - bei Übernehme einer Garantie für die Mangelfreiheit,
  - bei Vorsatz sowie grober und leichter Fahrlässigkeit.

5 Die regelmäßige Gewährleistungsfrist (für neue bewegliche Sachen) im Kaufrecht beträgt zwei Jahre. Bei gebrauchten Sachen kann die Gewährleistungsfrist auf ein Jahr verkürzt werden.
Bei einem „normalen" Kauf zwischen Unternehmen (zweiseitiger Handelskauf) darf der Verkäufer seine Haftung beliebig verkürzen oder sogar ganz ausschließen.

6 Beanstandungen von Falschlieferungen sind nicht mehr nur bei zweiseitigen Handelsgeschäften möglich, sondern auch auf alle anderen Kaufvertragsarten anwendbar (zum Wesen von „Falschlieferungen" siehe Übersicht im Lehrbuch Seite 323).

(Lehrbuch, Seite 336–338)

7 neuer Preis = $\dfrac{\text{Wert der mangelhaften Ware} \cdot \text{Kaufpreis}}{\text{Wert der mangelfreien Ware}} = \dfrac{25 \cdot 100}{50} = \underline{50{,}00\ €}$

Der neue Preis beträgt 50,00 €. Der Großhändler zahlt also nicht die ursprünglich vereinbarten 100,00 €, sondern nur 50,00 €. Er kann um 50,00 € mindern. Hätte er es – als „schlechter" Verkäufer – für weniger Geld verkauft, wäre die Minderung deutlicher ausgefallen. So aber liegt der neue, geminderte Preis immer noch über dem objektiven Wert eines mangelfreien Gerätes. Im neuen Preis spiegelt sich also wider, dass der Hersteller das Gerät so gut verkauft hat.

8 Ersatz für vergebliche Aufwendungen kann man immer verlangen, wenn Schadensersatz statt der Leistung gefordert werden könnte (§ 284 BGB).

9 Rechtsfolgen des Rücktritts: Rückgewähr der empfangenen Leistungen und Ersatz der Nutzungen

10 Dann muss Wertersatz geleistet werden (§ 346 II BGB).

11 Das Rücktrittsrecht ist ausgeschlossen, wenn der Gläubiger für den Rücktrittsumstand überwiegend oder allein verantwortlich ist oder wenn der vom Schuldner nicht zu vertretende Umstand zu einer Zeit eintritt, zu welcher der Gläubiger im Annahmeverzug ist (§ 323 VI BGB).

12 Rechte des Käufers bei Schlechtleistung: Nacherfüllung, Rücktritt, Minderung, Schadens-ersatz, Aufwendungsersatz

13 Nacherfüllung; alle anderen Rechte setzen grundsätzlich eine Fristsetzung voraus.

14 Für **unerhebliche** Mängel gilt: Minderung – ja; Rücktritt – nein. Darüber hinaus gilt: Rücktritt und Minderung schließen sich aus, d. h., sie können im Falle eines **erheblichen** Mangels nur alternativ geltend gemacht werden.

15 1. Der Küchengroßhändler Nietschke könnte einen Anspruch auf Schadensersatz statt der Leistung gem. §§ 437 Nr. 3, 440, 281 I 2 Alt. BGB haben.
- Dazu müsste ein Schuldverhältnis bestehen. Indem Nietschke und der Hersteller einen Kaufvertrag geschlossen haben, liegt ein Schuldverhältnis vor.
- Ferner müsste ein Sachmangel im Zeitpunkt des Gefahrübergangs vorgelegen haben. Ein Sachmangel liegt vor, wenn die tatsächliche Beschaffenheit von der vereinbarten Beschaffenheit abweicht (§ 434 I 1 BGB). Nietschke hat beim Hersteller eine funktionsfähige Maschine zum Einsatz in seinem Küchenstudio gekauft. Die gelieferte, defekte Maschine ist nicht einsatzfähig. Folglich **liegt ein Sachmangel vor.**
- Gemäß § 281 I 1 BGB müsste Nietschke eine Frist zur Nacherfüllung gesetzt haben und diese fruchtlos verstrichen sein. Nacherfüllung bedeutet Mangelbeseitigung oder Neulieferung. Nietschke hat den Hersteller aufgefordert eine neue Maschine zu liefern. Er hat also Nacherfüllung in Form der Neulieferung verlangt (§ 439 I BGB). Der Hersteller könnte das Recht gehabt haben, die Neulieferung zu verweigern. Dies ist gem. § 439 III 1 BGB der Fall, wenn die Nacherfüllung einen unverhältnismäßigen Aufwand bedeutet. Der Mangel an der Maschine ist leicht zu beheben und daher war das Verlangen nach einer neuen Maschine unverhältnismäßig. Folglich kann der Hersteller die Neulieferung verweigern. Gem. § 439 III 3 BGB beschränkt sich der Anspruch des Käufers dann auf die Mangelbeseitigung als die andere Art der Nacherfüllung. *Die Frist zur Mangelbeseitigung ist gem. § 281 I 1 BGB verstrichen.*

(Lehrbuch, Seite 336–338)

- Der Hersteller müsste weiterhin die Mangelhaftigkeit der Waschmaschine zu vertreten haben gem. §§ 280 I 2 i. V. m. 276 BGB. Indem der Hersteller die Maschine fahrlässig falsch montierte, hat er die Mangelhaftigkeit vertreten. Die Voraussetzungen eines Anspruchs liegen also vor.
- **Rechtsfolge ist Schadensersatz.** Nietschke verlangt Rückzahlung des Kaufpreises, den Gewinnausfall sowie die Kosten für einen Teppichboden. Er verlangt also den „großen Schadensersatz" (Schadensersatz statt der ganzen Leistung). Dieser umfasst die Rückgewähr des Kaufpreises und den Mangelschaden, hier also den Gewinnausfall, der kausal auf der Lieferung der mangelhaften Sache basiert. Der Hersteller muss Nietschke diesen Schaden ersetzen.
- Fraglich ist, ob auch die Kosten für den Teppich im Rahmen von §§ 437 Nr. 3, 440 und 281 I 1 BGB ersatzfähig sind. Es handelt sich nämlich um einen Schaden, der an anderen Rechtsgütern als der gelieferten Sache eingetreten ist, also um einen **Mangelfolgeschaden.** Dieser ist jedoch nicht im Rahmen von § 281 I 1 BGB ersatzfähig, da das Erfordernis der Fristsetzung bei Mangelfolgeschäden unsinnig wäre.
- Folglich kann Nietschke vom Hersteller aus §§ 437 Nr. 3, 281 I 1 BGB nur die Rückgewähr des Kaufpreises und den entgangenen Gewinn verlangen.

2. Großhändler Nietschke könnte gegen den Hersteller einen Anspruch auf Ersatz der Kosten für einen Teppich aus §§ 437 Nr. 3, 280 I 1 BGB haben.
- Dazu müsste der Hersteller eine zu vertretende Pflichtverletzung begangen haben, die zu einem Schaden geführt hat.
- Indem der Hersteller fahrlässig (§§ 280 I 2 i. V. m. 276 BGB) eine mangelhafte Sache geliefert hat, hat er eine Pflicht aus dem Vertrag verletzt. Dieser Mangel hat kausal zu einem Schaden an Rechtsgütern des Nietschke geführt.
- Folglich kann Nietschke Ersatz für den zerstörten Teppich vom Hersteller aus §§ 437 Nr. 3, 280 I 1 BGB verlangen.

16
- Die Maltex GmbH (M) könnte einen Anspruch gegen Großhändler Aust (A) auf Zahlung des Kaufpreises aus § 433 II BGB haben. Indem M und A einen *wirksamen Kaufvertrag geschlossen* haben, ist der **Anspruch entstanden.**

Die Anspruchshöhe könnte jedoch gem. §§ 441 III 1, 437 Nr. 2 Alt.-2, 441 I 1 BGB gemindert worden sein. Dazu müssen die Voraussetzungen der Minderung vorliegen.
- Ein Kaufvertrag liegt vor (s. o.). M müsste eine Pflicht aus einem Kaufvertrag verletzt haben. Diese Pflichtverletzung könnte in der Lieferung einer mangelhaften Sache liegen. Eine Sache ist gem. § 434 I 1 BGB mangelhaft, wenn sie nicht die vereinbarte Beschaffenheit aufweist. M und A hatten vereinbart, dass eine Maschine verkauft wird, die „jede Art von Kleinpaketen" verpacken kann. *Indem die Maschine Pakete mit Sondermaßen nicht verpacken kann, weicht sie von der vereinbarten Beschaffenheit ab.* Mithin **liegt ein Sachmangel vor.**
- Diesen müsste M gem. § 280 I 2 BGB zu vertreten haben. Zu vertreten hat der Schuldner Vorsatz und Fahrlässigkeit (§ 276 I 1 BGB). Indem M hätte wissen können, dass die Maschine keine Pakete mit abweichenden Maßen von den Standardformen verpackt, handelte er fahrlässig in Bezug auf die Mangelhaftigkeit. Daher **hat er den Mangel zu vertreten.**
- Die weiteren Voraussetzungen der Minderung entsprechen denen des Rücktritts. Dies ergib sich aus § 441 I 1 BGB: „statt zurückzutreten". Grundsätzlich ist daher eine *Fristsetzung* gem. § 323 I BGB erforderlich. Sie könnte jedoch gem. § 326 V BGB entbehrlich sein.

(Lehrbuch, Seite 336–338)

Dazu müsste der Schuldner von seiner Leistungspflicht frei geworden sein gem. § 275 BGB. Vorliegend handelt es sich um einen *unbehebbaren Mangel*. Folglich ist eine Erfüllung unmöglich. Also ist M *von seiner Pflicht zur Erfüllung frei geworden*. **Eine Fristsetzung ist daher überflüssig.** Folglich ist sie gem. § 326 V BGB entbehrlich.
- Die Minderung muss gegenüber dem Vertragspartner erklärt werden, §§ 441 I 1, 349 BGB. Indem A „Nachlass" verlangt, macht er deutlich, dass er weniger zahlen will. *Dies ist als Minderungserklärung auszulegen.*
- Der Minderung könnte § 323 V 2 BGB entgegenstehen. Die *Gebrauchstauglichkeit der Maschine ist stark beeinträchtigt*, indem sie keine Sondermaße „verarbeiten" kann. Damit ist die **Pflichtverletzung erheblich** im Sinne des § 323 V 2 BGB. Ferner dürfte kein Ausschluss gem. § 323 VI BGB bestehen. Die Voraussetzungen des § 323 VI BGB liegen nicht vor. Folglich **mindert sich der Anspruch des M gegen A auf Zahlung.**
- Gem. § 441 III 1, 2 BGB ist bei der Minderung der Kaufpreis in dem Verhältnis herabzusetzen, in welchem zur Zeit des Vertragsschlusses der Wert der Sache in mangelfreiem Zustand zu dem wirklichen Wert gestanden haben würde. Der Betrag ist, soweit erforderlich, durch Schätzung zu ermitteln.
- Ergebnis: **M kann nicht den vollen, sondern nur einen geminderten Kaufpreis verlangen.**

17 Ein Sachmangel liegt auch bei **unsachgemäßer Montage** durch den Verkäufer oder einen von ihm beauftragten Dritten vor, auch wenn die Kaufsache ursprünglich mangelfrei war **(Montagefehler = Sachmangel).** Erfasst werden auch alle Fälle einer **fehlerhaften bzw. fehlenden Montageanleitung,** wie im Falle des Zusammenbaus des Computertisches. Es liegt demzufolge ein Sachmangel vor, vorausgesetzt der Kunde besitzt keine eigenen Sachkenntnisse (§ 434 II 2 BGB; sog. *IKEA-Klausel*).

Dem Großhandelsunternehmen stehen daher ganz offensichtlich die **Rechte wegen eines Sachmangels** zu:

Vorrangig: Nacherfüllung
- Nachbesserung: Richtige Montageanleitung muss zur Verfügung gestellt werden; u. U. muss der Verkäufer den falsch montierten Tisch abbauen.
- Neulieferung mit brauchbarer Montageanleitung; in diesem Fall muss das Computerfachgeschäft den montierten Tisch abbauen und abholen (lassen).

Nachrangig (nach bereits abgelaufener Nacherfüllungsfrist):
- Rücktritt vom Kaufvertrag und/oder Schadensersatz statt der Leistung oder
- Minderung und/oder Schadensersatz statt der Leistung
- *Anstelle* des Schadensersatzes kann der Käufer den Ersatz der Aufwendungen verlangen, die ihm im Zusammenhang mit der erwarteten mangelfreien Warenlieferung entstanden sind.

18 I. *Anspruch auf Schadensersatz statt der Leistung wegen anfänglich unbehebbar mangelhafter Kaufsache gemäß §§ 437 Nr. 3, 311 a II 1 BGB*
Die *Spindler KG* (K) könnte gegen das Fotohaus (V) einen Anspruch auf Schadensersatz von 250,00 € aus §§ 437 Nr. 3, 311 a II 1 BGB haben.
- V und K haben den erforderlichen Kaufvertrag nach § 433 I BGB geschlossen.
- Die Kaufsache müsste einen Mangel im Zeitpunkt des Gefahrübergangs (§ 446 S. 1 BGB) aufweisen. Es kommt ein Sachmangel gemäß § 434 I BGB in Betracht. Ein Sachmangel ist die für den Käufer nachteilige Abweichung der

(Lehrbuch, Seite 336–338)

Ist-Beschaffenheit von der vereinbarten Soll-Beschaffenheit. V und K haben sich darüber geeinigt, dass eine neue digitale Kamera verkauft wird. Es war also eine Beschaffenheit besonders vereinbart im Sinne des § 434 I 1 BGB. Die Kamera war aber entgegen der Beteuerung des V nicht neu. Folglich **lag aufgrund der Abweichung von der vereinbarten Beschaffenheit ein Mangel vor.** Dieser Mangel bestand auch im Zeitpunkt des Gefahrübergangs, der Übergabe (§ 446 S. 1).

- Die Voraussetzungen des Schadensersatzes richten sich nach § 437 Nr. 3 BGB. Dabei ist nun für das Auffinden der einschlägigen Norm (§§ 280 oder 281 oder 283 oder 311 a BGB) danach zu differenzieren, ob der Mangel behebbar, anfänglich unbehebbar oder nachträglich unbehebbar war.

  Die Tatsache, dass es sich bei der *„Cyber-Shot"* um eine gebrauchte Kamera handelt, ist nicht mehr rückgängig zu machen. Es handelt sich daher um einen unbehebbaren Mangel. Indem dieser Mangel schon bei Vertragsschluss nicht behoben werden konnte, liegt ein **anfänglich unbehebbarer Mangel** vor.

  Die weiteren Voraussetzungen für einen Schadensersatzanspruch richten sich daher nach § 311 a II BGB.

- Es ist gemäß § 311 a II 2 BGB erforderlich, dass **der Verkäufer Kenntnis von dem anfänglichen Mangel hatte** (Alt. 1) oder dass er den Mangel zumindest hätte kennen müssen (Alt. 2). Im vorliegenden Fall wusste V vom Mangel der Kamera. Er kannte damit den Mangel nach § 311 a II 2 Alt.-1 BGB.

- Der Gläubiger K müsste durch den Mangel einen Schaden gehabt haben. Der Schaden ist nach der Differenzhypothese zu ermitteln. Es ist also zu überlegen, ob K bei ordnungsgemäßer Erfüllung vermögensmäßig besser stünde, als er jetzt steht. Hätte V das Vereinbarte geleistet, so wäre K jetzt Eigentümer einer neuen Kamera. Eine vergleichbare neue Kamera kostet ihn nun 250,00 € mehr als zu der Zeit, als er die gebrauchte *„Cyber-Shot"* bei V erwarb. Folglich hat er einen Schaden von 250,00 €.

- **Ergebnis:** K hat gegen V einen Anspruch auf Schadensersatz von 250,00 € aus §§ 437 Nr. 3, 311 a II 2 BGB.

II. *Anspruch auf Schadensersatz aus §§ 280 I, 311 II, 241 II BGB*

K könnte gegen V einen Anspruch auf Schadensersatz von 250,00 € aus §§ 280 1, 311 II, 241 II BGB haben.

- Dazu müsste ein Schuldverhältnis bestehen. Ein Schuldverhältnis kommt gemäß § 311 II BGB auch dann zustande, wenn Vertragsverhandlungen aufgenommen wurden (§ 311 I Nr. 1 BGB). V und K haben über die Kamera *„Cyber-Shot MFN-CD 215"* verhandelt. Folglich **wurde ein Schuldverhältnis bereits vor Vertragsschluss begründet.**

- V müsste eine Pflicht aus diesem Schuldverhältnis verletzt haben. Diese **Pflichtverletzung liegt in der Täuschung** des V über das Alter der Kamera.

- Indem V den K vorsätzlich täuschte, hat er die Pflichtverletzung gemäß § 280 I 2 i. V. m. § 276 I 1 BGB zu vertreten.

- K hat einen Schaden von 250,00 €.

- **Ergebnis:** K hat gegen V einen Anspruch auf Schadensersatz von 250,00 € aus §§ 280 I, 311 II, 241 II BGB.

Dieser Anspruch tritt hinter dem Gewährleistungsanspruch zurück, da andernfalls die gewährleistungsrechtliche Sonderverjährung unterlaufen würde. Diese beträgt nach § 438 I Nr. 3 BGB regelmäßig 2 Jahre. Sie ist kürzer als die Regelverjährung von

(Lehrbuch, Seite 336–338)

3 Jahren (§ 195 BGB), die für die §§ 280 I, 311 II, 241 BGB gilt. Vorliegend ist eine längere Verjährungsfrist jedoch gerechtfertigt, da der Verkäufer arglistig handelte (a. A. vertretbar).

III. *Anspruch auf Schadensersatz aus § 823 I BGB*

K könnte gegen V einen Anspruch auf Schadensersatz von 250,00 € aus § 823 I haben.

- Dazu müsste V ein absolutes Rechtsgut des K verletzt haben. Betroffen ist aber nur das Vermögen des K, das kein absolutes Rechtsgut darstellt.
- **Ergebnis:** Mangels Verletzung eines absoluten Rechtsguts hat K gegen V keinen Anspruch auf Schadensersatz von 250,00 € aus § 823 I BGB.

IV. *Anspruch auf Schadensersatz aus § 823 II BGB i. V. m. § 263 I StGB*

K könnte gegen V einen Anspruch auf Schadensersatz von 250,00 € aus § 823 II BGB i. V. m. § 263 I StGB haben.

- § 263 StGB müsste ein Schutzgesetz im Sinne des § 823 II BGB darstellen. Schutzgesetze sind Normen, die den Schutz von Individualrechtsgütern bezwecken, ohne dass dieser Schutz lediglich reflexartig aufgrund eines Schutzes der Allgemeinheit entsteht. § 263 I StGB schützt das Vermögen des Individuums und ist somit ein Schutzgesetz.
- Die Voraussetzungen von § 263 I StGB müssen vorliegen. V hat den **Tatbestand des Betruges verwirklicht.** Die Tat des V war auch rechtswidrig und schuldhaft. Ein vollendeter Betrug liegt vor.
- **Ergebnis:** K hat gegen V einen Anspruch auf Schadensersatz von 250,00 € aus § 823 II BGB i. V. m. § 263 I StGB.

Anmerkungen

- Gefragt war nach Schadensersatz. Grundsätzlich hat die Nacherfüllung Vorrang vor einem Schadensersatzanspruch. Bei einer nicht vertretbaren Kaufsache ist jedoch für die Lieferung einer mangelfreien Sache (§ 439 I BGB) kein Raum, wenn der Mangel unbehebbar ist. Daher **kann sofort Schadensersatz verlangt werden.**
- Das Schuldrecht gewährt Schadensersatz auch bei fahrlässiger Lieferung einer mangelhaften Sache. Da der Anspruch aus §§ 280 I, 311 II, 241 BGB regelmäßig in drei Jahren, der Anspruch aus § 438 I Nr. 3 BGB regelmäßig in zwei Jahren verjährt, tritt der erstgenannte Anspruch grundsätzlich zurück. Ob bei Arglist ausnahmsweise eine längere Frist angemessen ist, ist im neuen Schuldrecht bereits umstritten.

19 Die *Spindler KG* (K) könnte einen Anspruch auf **Schadensersatz *statt* der Leistung** wegen behebbar mangelhafter Kaufsache gemäß §§ 437 Nr. 3, 440, 281 II Alt. 2 BGB haben.

- Dazu müsste zunächst zwischen der Textilgroßhandlung und dem Bürogerätehändler Stresemann OHG (V) ein Kaufvertrag gemäß § 433 BGB zustande gekommen sein. Frau Besten könnte die *Spindler KG* gemäß § 164 I BGB vertreten haben. Sie hat eine eigene Willenserklärung abgegeben. Problematisch könnte jedoch sein, dass Frau Besten nicht in fremdem Namen gehandelt hat, da sie nicht offen legte, dass sie die Rechner für ihren Arbeitgeber erwarb. Es könnte jedoch eine Ausnahme vom Offenkundigkeitsprinzip in der Form des „unternehmensbezogenen Geschäfts" vorliegen. Dies ist immer dann der Fall, wenn aus den Umständen entnommen werden kann, dass nicht der Handelnde, sondern der dahinter stehende Unternehmensträger

(Lehrbuch, Seite 336–338)

verpflichtet werden soll. Der Verkäuferin der Stresemann OHG war klar, dass Frau Besten die 25 Geräte nicht für sich, sondern für die *Spindler KG* erwerben wollte. Folglich liegt eine Ausnahme vom Offenkundigkeitsprinzip vor. Indem Frau Besten auch mit Vertretungsmacht handelte, wurde die *Spindler KG* wirksam vertreten. Damit ist ein **Kaufvertrag zwischen der Stresemann OHG und der *Spindler KG*** nach § 433 BGB **zustande gekommen.**

- Weitere Voraussetzung für einen Schadensersatzanspruch ist ein **Sachmangel im Zeitpunkt des Gefahrübergangs** (§ 434 I BGB). Ein Sachmangel ist die für den Käufer nachteilige Abweichung der Ist-Beschaffenheit von der vereinbarten Soll-Beschaffenheit. Zwar wurde die Beschaffenheit nicht besonders vereinbart. Gemäß § 434 I 2 Nr. 1 BGB muss sich die Sache in einem solchen Fall für den nach dem Vertrag vorausgesetzten Gebrauch eignen. Dies ist angesichts des fehlenden Farbdrucks nicht der Fall. **Folglich waren die Geräte mangelhaft.**

- Die Voraussetzungen für den Schadensersatz richten sich nach § 437 Nr. 3 BGB. Dabei ist für das Auffinden der einschlägigen Norm (§§ 281 oder 283 oder 311 a BGB) danach zu differenzieren, ob der Mangel behebbar, nachträglich unbehebbar oder anfänglich unbehebbar war. Da die Funktionsfähigkeit des Zweifarbdrucks offensichtlich auf unproblematische Weise hergestellt werden kann, **ist der Mangel behebbar.** Folglich richten sich die weiteren Schadensersatzvoraussetzungen nach § 281 BGB.

- Die *Spindler KG* müsste der Stresemann OHG grundsätzlich gemäß § 281 I 1 BGB eine **Frist zur Nacherfüllung gesetzt** haben, und diese **Frist müsste verstrichen sein.** Allerdings ist keine Fristsetzung erfolgt. Sie könnte jedoch gemäß § 281 II BGB oder § 440 S. 1 BGB entbehrlich gewesen sein. In Betracht kommt § 440 S. 1 1. Fall BGB als die für den Fall der Nacherfüllung speziellere Norm. Hier verweigert V die Nacherfüllung mit dem Hinweis, er wolle von dem Geschäft Abstand nehmen. Allerdings darf ein Verkäufer die gewählte Art der Nacherfüllung gemäß § 439 III 1 BGB nur verweigern, wenn sie mit unverhältnismäßig hohen Kosten verbunden ist. Dies war nicht der Fall. Also **hatte die Stresemann OHG nicht das Recht,** gemäß § 439 III 1 BGB **die Nacherfüllung zu verweigern.** Die Voraussetzungen für eine Entbehrlichkeit der Fristsetzung gemäß § 440 S. 1 1. Fall BGB liegen nicht vor.

  Die Fristsetzung könnte jedoch gemäß § 281 II Alt. 1 BGB entbehrlich gewesen sein. Dazu müsste der Verkäufer die Leistung ernsthaft und endgültig verweigert haben. V war weder bereit, die Geräte zu reparieren noch für Ersatz zu sorgen. Also ist die **Fristsetzung** gemäß § 281 II Alt. 1 BGB **entbehrlich gewesen.**

- Der **Schuldner muss den Mangel zu vertreten haben** (§ 280 I 2 i. V. m. 276 BGB). Gemäß § 280 I 2 BGB muss der Schuldner, hier der Bürogerätehändler Stresemann OHG, beweisen, dass er den Mangel nicht zu vertreten hat. Dies gelingt ihm nicht.

- Die *Spindler KG* muss durch die Pflichtverletzung einen **Schaden erlitten haben.** Diesbezüglich gibt es keine Anhaltspunkte.

- **Ergebnis:** Die *Spindler KG* hat daher keinen Anspruch auf Schadensersatz statt der Leistung wegen behebbar mangelhafter Kaufsache gemäß §§ 437 Nr. 3, 440, 281 I 1 Alt. 2 BGB.

20 Die *regelmäßige Verjährungsfrist für Mängelansprüche bei neuen beweglichen Sachen* beträgt 2 Jahre, beginnend mit der Ablieferung der Sache (§ 438 I 3 BGB). Die Verjährungsfrist ist daher **abgelaufen** am 19. Juni 2011 (18. Juni 2009 + 2 Jahre = 18. Juni 2011). Das bedeutet – da die Verjährung noch nicht eingetreten ist –, dass der

(Lehrbuch, Seite 336–338)

Großhändler seine Rechte aus der Schlechtleistung geltend machen kann. Er kann (vorrangig) als Nacherfüllung **wahlweise** verlangen (§ 439 I BGB) **Nachbesserung** (Beseitigung des Mangels z. B. durch Reparatur) oder **Ersatz (Neu-)lieferung** (Lieferung einer mangelfreien Sache), wie im vorliegenden Fall geschehen.

21 Ansprüche wegen **arglistig verschwiegener Sachmängel** verjähren nach 3 Jahren (= regelmäßige Verjährungsfrist).

- Beginn der Verjährung: mit Ablauf des Jahres, in dem der **Anspruch** entstanden ist und der Gläubiger Kenntnis erlangt von
  – den anspruchsbegründenden Umständen *und*
  – der Person des Schuldners.
- Verjährung: 31. Dez. 2010 + 3 Jahre = 31. Dez. 2013; d. h., dass die Ansprüche des Großhändlers noch nicht verjährt sind und er seine Gewährleistungsansprüche geltend machen kann.

22 Solange der Schuldner und der Gläubiger miteinander über den Anspruch die den Anspruch begründenden Umstände verhandeln, ist die Verjährung **gehemmt** (§ 203 BGB), bis der eine oder der andere Teil die Verhandlung abbricht. Die Hemmung endet frühestens *3 Monate* nach Ende der Verhandlungen.

- ursprüngliche Verjährung: 31. Dez. 2006 + 3 Jahre = 31. Dez. 2009
- Hemmung: 3. Dez. 2009 bis 3. Febr. 2010 = 60 Tage
- neue Verjährung: 31. Dez. 2009 + 2 Monate = 28. Febr. 2010

23 Der Hersteller kann sich auf die Verjährung berufen, wenn die Verjährungsfrist endet. Diese Frist berechnet sich nach §§ 195, 199 I BGB. Der Anspruch ist am 17. Juli 2010 entstanden, die **Verjährungsfrist beginnt am 31. Dez. 2010** und **endet 3 Jahre später**, also am 31. Dez. 2013. Damit kann sich der Hersteller ab dem 1. Jan. 2014, 00:00 Uhr auf die Verjährung berufen.

24 Unter einer Garantie (Beschaffenheits- und/oder Haltbarkeitsgarantie) wird verstanden, dass
- der Garantiegeber dem Begünstigten
- einen Anspruch einräumt,
- der **über die gesetzlichen Rechte hinausgeht.**

(Garantie = freiwillige Zusatzleistung des Verkäufers)

Aktionen (Seite 338)

1 a) – e) Mithilfe der **Kartenabfrage** können Ideen und Vorstellungen zum Thema „Rechte des Käufers bei Schlechtleistung" im Rahmen der mangelhaften Lieferung gesammelt werden. Dabei können Lernziele angestrebt werden wie beispielsweise:
- eigene Einfälle zur vorliegenden Fragestellung formulieren,
- in Ruhe in der Arbeitsgruppe über eigene Ideen und Vorstellungen nachdenken,
- Ideen auf einen Kurzsatz reduzieren und
- demokratische Regeln erfahren.

Die halbkreisförmige Sitzordnung um die Pinnwand ist sinnvoll.
Zur Durchführung der Kartenabfrage siehe Kap. 1.2 im Lehrbuch.

2 a) • Zum aktiven Lesen siehe Kap. 1.2 im Lehrbuch.
- Hinweise zur Internetrecherche sind in diesem Lösungsband nachzulesen unter Kap. 2.11, Aktion 2/3.

- Weitere Informationsbeschaffung, u. a. in *Bibliotheken:*
  Der Suche nach Literatur in Stichwortkatalogen von Bibliotheken oder in Datenbanken sollten drei *Orientierungsschritte* vorausgehen:
  – Fragestellung umreißen
  – Umfeld erkunden/erste Vertiefung
  – Welche Literatur ist hilfreich?
  Die Suche:
  – Stichwortkataloge
  – Bibliographien und Datenbanken
  b) Hinsichtlich der *Präsentationsregeln* wird verwiesen auf die Ausführungen des Lösungsbandes unter 2.7, Aktion 2.

3 a) Abhängig von der Situation in den Ausbildungsunternehmen. Wichtig ist, dass die Schüler für das Vorgehen im Falle mangelhaft gelieferter Ware sensibilisiert werden. Die unternehmensspezifisch gesammelten Informationen sollen dann mithilfe der Netzwerktechnik aufbereitet werden:
Die **Netzwerktechnik** stellt an dieser Stelle eine geeignete Methode zur selbstständigen Informationsverarbeitung dar. Der Einsatz im Rahmen einer Darstellung des „Handlungsablaufs im Falle mangelhaft gelieferter Ware" im eigenen Ausbildungsunternehmen schult das Denken in komplexen Zusammenhängen, das sogenannte „vernetzte Denken".

b)/c) Zur **Gestaltung von Folien und Plakaten** und zur Arbeit mit dem Overheadprojektor sowie zum Halten von Referaten siehe im Lehrbuch, Kap. 1.2.

4 • ergebnisabhängig (unternehmensspezifisch)
Wichtige Erkenntnis: Die verschiedenen Ausbildungsunternehmen reagieren unterschiedlich im Falle mangelhaft erhaltener Ware. Insofern soll an dieser Stelle herausgearbeitet werden, dass derartige Optionen grundsätzlich bestehen und sie abhängig sind von der jeweiligen Rechts- bzw. Interessenlage des einzelnen Unternehmens.
Die **Erörterung** bzw. **Diskussion** kann in dieser Situation bewusst als Unterrichtsmethode angewandt werden, um die unterschiedlichen unternehmensspezifischen Reaktionen im Falle der Schlechtleistung zu erschließen und deutlicher herauszuarbeiten.

- Das **Tabellenkalkulationsprogramm Excel** eignet sich an dieser Stelle besonders zur Visualisierung der gewonnenen Daten. Es bietet für die grafische Gestaltung verschiedene Diagrammtypen zur Auswahl an, so auch das geforderte Säulen- bzw. Kreisdiagramm. Derartige Diagramme sind wichtig für Präsentationen, da die Schüler die Tabellendaten grafisch wirkungsvoller und übersichtlicher darstellen können als die von ihnen aufgestellten reinen Zahlenkolonnen.
Bei der Schaubilderstellung mithilfe von Diagrammen, Symbolen und Bildern sollte nochmals besonders auf die **Visualisierungsregeln** hingewiesen werden:
  – Lesbarkeit
  – große Schrift
  – wesentliche Information und Visualisierung
  – Übersichtlichkeit
  – Farben einsetzen
  – Kernaussagen aufnehmen
  – verständliche und präzise Formulierungen

(Lehrbuch, Seite 338)

3.9 Wir informieren uns über die gesetzlichen Käuferrechte bei nicht rechtzeitiger Warenlieferung

Einstieg (Seite 340)

Damit die beiden Geschäftsführer ihre Rechte aus dem Lieferungsverzug geltend machen können, müssen zunächst die Voraussetzungen hierfür gegeben sein:
- **Nichtleistung:** liegt vor
- **Verschulden des Lieferers:** liegt vor
- **Fälligkeit:** liegt vor
- **Mahnung:** Die beiden Geschäftsführer müssen, da der Liefertermin mit „… **ab Mitte April**" kalendermäßig **nicht** genau festgelegt ist, die Tischlerei Zimmermann zunächst mahnen und dabei die Ware nochmals ausdrücklich verlangen.

Sodann hängt das mögliche Handeln der *Spindler KG* von seinen weiteren Intentionen ab. Es sei einmal unterstellt, dass die Verantwortlichen am Auftrag festhalten wollen (ein Wechsel der Tischlerei, d. h. eine neue Auftragsvergabe, würde noch mehr Zeit in Anspruch nehmen). Man könnte der Tischlerei dann beispielsweise eine angemessene Nachfrist setzen und auf die Lieferung weiterhin bestehen und zusätzlich Schadensersatz wegen verspäteter Lieferung verlangen.

Aufgaben (Seite 347–349)

1 a) Die Molkerei Wolf befindet sich nicht im Lieferungsverzug, da der Liefertermin „unverzüglich" keine kalendermäßig genaue Festlegung bedeutet. Es fehlt daher noch die Mahnung als Voraussetzung für den Eintritt des Lieferungsverzuges.

b) Großhändler Kaufmann sollte mahnen und eine angemessene Nachfrist setzen. Nach erfolglosem Ablauf der Frist dann weiterhin auf Lieferung bestehen und Ersatz des Verzugsschadens (soweit nachweisbar) verlangen.

c) Voraussetzungen für den Eintritt des Lieferungsverzuges (§§ 286 I, 286 IV BGB):
- Nichtleistung (-lieferung),
- Fälligkeit der Lieferung (sofort, falls keine besondere Vereinbarung besteht),
- Mahnung durch den Käufer (bzw. Fristsetzung),
- Verschulden des Verkäufers (der Schuldner hat den Verzug zu vertreten; Vorsatz und Fahrlässigkeit).

2 Abhängig von der speziellen Situation des Käufers, dem Preis u. v. m; eine generelle Aussage kann daher nicht gemacht werden.

3 Schadensberechnung ist möglich:
- **konkret:** Mehrkosten lassen sich exakt belegen.
- **abstrakt:** Schaden kann lediglich geschätzt werden.

4 Der Großhändler kann kein Recht gegenüber dem Hersteller geltend machen, da die „Mahnung" als Voraussetzung für den Eintritt des Lieferungsverzuges fehlt. Der Hersteller befindet sich demnach noch gar nicht in Lieferungsverzug.

5 Eine Mahnung ist entbehrlich, wenn
- der Liefertermin kalendermäßig bestimmt oder bestimmbar ist.

Ferner ist die **Mahnung nicht notwendig,** wenn
- der Verkäufer nicht liefern will oder liefern kann, weil er z. B. die für die Ausführung der Bestellung erforderlichen Materialien nicht rechtzeitig erhalten hat. Mit seiner Weigerung setzt er sich selbst in Verzug **(Selbstinverzugsetzung** = ernsthafte und endgültige Leistungsverweigerung), oder
- besondere Umstände vorliegen, die den sofortigen Eintritt des Verzugs rechtfertigen. Dies ist beispielsweise der Fall bei besonderer Eilbedürftigkeit, z. B. bei Reparatur eines ausgefallenen Servers oder bei einem Wasserrohrbruch.

6 • Lieferung am 6. Juni exakt
- Lieferung bis 12. Sept. – 15:00 Uhr
- Lieferung innerhalb der Zeit vom 20. bis 31. Jan.

7 a) nach Ablauf des 22. Aug. (Termingeschäft)
b) ab Zugang der Mahnung
c) nach Ablauf der 4 Monate (gerechnet ab heute/Termingeschäft)
d) nach Ablauf der zweiten Novemberhälfte (Termingeschäft)
e) nach Ablauf des 30. Nov.
f) nach Ablauf des 23. Sept. (Fixgeschäft)
g) nach Ablauf der 3 Wochen gerechnet vom Tag des Abrufs an
h) ab Zugang der Mahnung

8 individuelle Schülerlösungen

9 a) Voraussetzung für die nicht rechtzeitige Lieferung sind gem. § 286 I BGB Nichtleistung, Fälligkeit und Mahnung sowie gem. § 286 IV BGB das Verschulden des Lieferers.
- Da die ViTeMa GmbH erklärt, dass sie nicht liefern kann und tatsächlich auch nicht liefert, **liegt Nichtleistung vor.**
- **Fälligkeit** ist ebenfalls gegeben, da die Lieferung spätestens am 20.06. erfüllt sein soll.
- Die **Mahnung** als Voraussetzung für die Nicht-Rechtzeitig-Lieferung liegt nicht vor. Dies ist insofern auch nicht notwendig, da der Liefertermin kalendermäßig genau bestimmt war mit „Lieferung bis zum 20. Juni" und so der Verkäufer auch **ohne Mahnung** in Verzug kommt (§ 286 II 1 BGB).
- Eine **schuldhafte Pflichtverletzung (Verschulden)** liegt vor, da die ViTeMa GmbH die Bestellung der Grotex GmbH irrtümlicherweise (fahrlässig i. S. d. § 276 BGB) an einen falschen Lieferanten verschickt hatte.

b) Die *Spindler KG* hat Anspruch auf **Schadensersatz wegen des Lieferungsverzugs** = Verzögerungsschaden – hier 250,00 € für die Ersatzanlage –, da die Voraussetzungen für die Nicht-rechtzeitig-Lieferung gem. §§ 280 I und II, 286 BGB vorliegen und Verschulden ebenfalls gegeben ist.

10 Voraussetzungen für den Lieferungsverzug sind gegeben: Nichtleistung, Fälligkeit, Mahnung (entbehrlich, wenn Liefertermin kalendermäßig bestimmt) sowie Verschulden.
Die ViTeMa befindet sich daher im Lieferungsverzug und haftet nun auch für Zufall und leichte Fahrlässigkeit (§ 287 BGB), sofern der Schaden nicht auch bei rechtzeitiger Lieferung eingetreten wäre.
Da die Lieferungsverzögerung (Nicht-rechtzeitig-Lieferung) nicht eingetreten wäre, wenn die Videoanlage am 20. Juni geliefert worden wäre, haftet die ViTeMa und muss der *Spindler KG* eine gleichwertige Anlage zum vereinbarten Preis liefern.

(Lehrbuch, Seite 347–349)

11 Die *Spindler KG* macht im vorliegenden Fall von ihrem Recht auf **Schadensersatz statt der Lieferung** Gebrauch. Voraussetzung hierfür sind Fälligkeit, Verschulden und eine angemessene Nachfrist, innerhalb der der Verkäufer nicht liefert.
Da sämtliche Bedingungen vorliegen, besteht das Recht auf Schadensersatz statt der Lieferung zu Recht, d. h., die *Spindler KG* kann auf die weitere Lieferung verzichten, den Deckungskauf vornehmen und den entstandenen materiellen Schaden von 210,00 € von der ViTeMa einfordern.

12 Die **Nachfristsetzung ist nicht erforderlich** (§ 281 II BGB),
- wenn der Schuldner die Leistung ernsthaft und endgültig verweigert **(Selbstinverzugsetzung)** = Lieferungsverweigerung);
- **beim Fixkauf** (als Handelskauf gem. § 376 HGB) bzw. Zweckkauf:
Mit der Einhaltung des festgelegten Termins steht oder fällt der Vertrag bzw. der Gläubiger hat bei Terminüberschreitung kein Interesse mehr an der Lieferung.
Der Verkäufer gerät mit dem Überschreiten des vereinbarten Liefertermins automatisch in Verzug, auch wenn kein Verschulden vorliegt;
- wenn besondere Umstände vorliegen, die den sofortigen Rücktritt bzw. die sofortige Geltendmachung des Schadensersatzanspruchs auch ohne vorherige Fristsetzung rechtfertigen.

13 Die **Voraussetzungen für den Eintritt des Lieferungsverzuges** (§§ 286 I, 286 IV BGB) liegen vor:
- Nichtleistung(-lieferung),
- Fälligkeit der Lieferung und
- Verschulden des Verkäufers (der Schuldner hat den Verzug zu vertreten; Vorsatz und Fahrlässigkeit).

Das Setzen einer angemessenen Nachfrist ist nicht erforderlich, da die Strickwarenfabrik die Lieferung verweigert (Selbstinverzugsetzung).
Rechtsfolge: Der Großhändler kann Schadensersatz statt der Lieferung (wahlweise den Ersatz vergeblicher Aufwendungen) und Ersatz des Verzögerungsschadens verlangen.

14 Der ursprüngliche Kaviarlieferant hat Anspruch auf die Abnahme der 40 Kartons Kaviar und natürlich auf ihre Bezahlung.
Begründung: Voraussetzung für den Rücktritt ist
- die erhebliche Pflichtverletzung des Lieferers (§ 323 V i. V. m. § 241 BGB),
- die Fälligkeit und
- grundsätzlich der erfolglose Ablauf einer **angemessenen Frist**. (Das Rücktrittsrecht setzt kein Verschulden [zu vertretende Lieferungsverzögerung] voraus; es gilt auch bei unverschuldetem Lieferungsverzug.)

Die Bedingungen der Fälligkeit und der Pflichtverletzung (= nicht rechtzeitige Lieferung) liegen offensichtlich vor. Aber das Setzen einer Nachfrist hatte der Großhändler versäumt, denn die Nachfristsetzung ist nur dann nicht erforderlich (§ 281 II BGB),
- wenn der Schuldner die Leistung ernsthaft und endgültig verweigert (Selbstinverzugsetzung = Lieferungsverweigerung),
- beim Fixkauf (als Handelskauf gem. § 376 HGB) bzw. Zweckkauf und
- wenn besondere Umstände vorliegen, die den sofortigen Rücktritt bzw. die sofortige Geltendmachung des Schadensersatzanspruchs auch ohne vorherige Fristsetzung rechtfertigen.

(Lehrbuch, Seite 347–349)

15 Die *Spindler KG* könnte gegen die Himler OHG einen Anspruch auf Schadensersatz aus §§ 280 I, III i. V. m. 283 S.1 BGB in Höhe von 250,00 € haben.
- Es müsste ein Schuldverhältnis vorliegen. Die *Spindler KG* und die Himler OHG haben einen Leihvertrag nach § 598 BGB geschlossen.
- Die Himler OHG müsste gem. § 283 S.1 wegen § 275 BGB von der Leistung befreit sein. Dies wäre der Fall, wenn es der Himler OHG gem. § 275 I unmöglich ist, die Zapfanlage zu verleihen. Die Anlage ist verbrannt. Folglich kann die Himler OHG sie nicht mehr ausleihen. Damit ist sie nach § 275 I BGB von der Lieferung befreit.
- Die Unmöglichkeit müsste nach Vertragsschluss eingetreten sein (Umkehrschluss aus § 311 a I BGB). Die Zapfanlage verbrannte nach dem 28. April. Somit liegt eine Pflichtverletzung nach Vertragsschluss vor.
- Die Himler OHG müsste diese Pflichtverletzung zu vertreten haben (§ 280 I 2 BGB). Der Schuldner hat gem. § 599 nur Vorsatz und grobe Fahrlässigkeit zu vertreten. Grund des Brandes war ein Kurzschluss, den die Himler OHG nur leicht fahrlässig verursacht hat. Folglich hat sie gem. § 280 I 2 i. V. m. § 599 BGB die Pflichtverletzung nicht zu vertreten.
- **Ergebnis:** Die *Spindler KG* hat keinen Anspruch gegen die Himler OHG auf Schadensersatz aus §§ 280 I, III i. V. m. 283 S.1 BGB in Höhe von 250,00 €.

16 a) Die Textilgroßhandlung *Spindler KG* könnte einen Anspruch gegen das Dekorationsunternehmen R. Clemens e. Kfm. auf **Schadensersatz *statt* der Leistung** in Höhe von 120,00 € aus §§ 280 I, III i. V. m. 281 I 1 BGB haben.
- Es müsste ein Schuldverhältnis bestehen. Ein wirksamer Kaufvertrag nach § 433 BGB liegt zwischen der *Spindler KG* und Herrn Clemens vor.
- Clemens dürfte nach Eintritt der Fälligkeit (§ 281 I 1 Alt. 1 BGB) nicht geleistet haben. Die Fälligkeit richtet sich nach der vereinbarten Lieferzeit gem. § 271 BGB. Vereinbart war der 30. April. Folglich hat er gem. § 281 I 1 Alt. 1 BGB nach Eintritt der Fälligkeit nicht geleistet.
- Weiterhin müsste nach § 281 I 1 BGB eine Nachfrist fruchtlos verstrichen sein. Hier hat die *Spindler KG* dem Verkäufer Clemens eine Frist bis zum 15. Mai gesetzt. Für eine Bestellung von Deko-Materialien sind 10 Tage eine angemessene Frist. Clemens hat es versäumt, bis zum 15. Mai zu liefern. Damit ist eine Nachfrist nach § 281 I 1 BGB fruchtlos verstrichen.
- Schließlich müsste Clemens die Nichtleistung zu vertreten haben (§§ 280 I 2 i. V. m. 276 BGB). Clemens hat die Lieferung nicht vergessen, fahrlässigerweise aber sein Angestellter Franz Lein. Das Verschulden des kaufmännischen Angestellten könnte Herrn Clemens über § 278 S.1 Alt. 2 BGB zuzurechnen sein. Dazu müsste Franz Lein eine Person sein, derer sich Unternehmer Clemens zur Erfüllung seiner Verbindlichkeit bedient, die also mit Wissen und Wollen von Clemens in dessen Pflichtkreis tätig ist. Clemens hat seinem Angestellten Aufgaben übertragen. Also ist Lein Erfüllungsgehilfe des Unternehmers Clemens. Damit ist Clemens das Verschulden des Angestellten Lein gem. § 278 S.1 Alt. 2 BGB zuzurechnen. Folglich hat Clemens die Nichtleistung gem. §§ 280 I 2 i. V. m. 276 BGB zu vertreten.
- Zuletzt müsste der *Spindler KG* ein Nichterfüllungsschaden aufgrund der Nichtlieferung entstanden sein. Aufgrund der Nichtlieferung musste sie sich die Deko-Ware bei einem anderen Lieferer besorgen. Dadurch entstanden Kosten in Höhe von 120,00 €. Folglich ist der *Spindler KG* ein Nichterfüllungsschaden aufgrund der Nichtlieferung in Höhe von 120,00 € entstanden.

(Lehrbuch, Seite 347–349)

- **Ergebnis:** Die Textilgroßhandlung *Spindler KG* hat einen Anspruch auf Schadens-ersatz statt der Lieferung in Höhe von 120,00 € aus §§ 280 I, III i. V. m. 281 I 1 BGB gegen das Unternehmen R. Clemens e. Kfm.

b) Nach dem Schuldrecht (§ 325 BGB) sind beide Rechtsbehelfe kumulativ anwendbar. Folglich kann die *Spindler KG* nicht nur die Ansprüche aus dem Rückabwicklungsschuldverhältnis, sondern zusätzlich noch Ansprüche auf Schadensersatz geltend machen.

17 Der Weinimporteur (V) könnte gegen den Großhändler (K) einen Anspruch auf Zahlung der 40 Flaschen Rotwein aus § 433 II BGB in Höhe von 288,00 € haben.

- Es müsste ein Schuldverhältnis bestehen. K und V haben einen wirksamen Kaufvertrag nach § 433 BGB über die 40 Flaschen Wein geschlossen. Damit ist der Anspruch des V auf Zahlung nach § 433 II entstanden.

- Dieser Anspruch könnte jedoch durch Rücktritt des K gem. § 323 I 1 Alt.1 BGB untergegangen sein.

a) Eine Rücktrittserklärung des K nach § 349 BGB liegt vor.

b) Weiterhin müsste K eine Frist gem. § 323 I BGB gesetzt haben, die fruchtlos verstrichen ist. Dies ist im vorliegenden Fall nicht erfolgt. Möglicherweise könnte die Fristsetzung entbehrlich sein.

aa) Infrage kommt zunächst eine Entbehrlichkeit nach § 323 II Nr. 1 BGB. Dann müsste V die Lieferung ernsthaft und endgültig verweigert haben. Dies ist nicht ersichtlich. Folglich scheidet eine Entbehrlichkeit der Fristsetzung nach § 323 II Nr. 1 BGB aus.

bb) Die Fristsetzung könnte allerdings gem. § 323 II Nr. 2 BGB entbehrlich sein. Dazu müsste der Schuldner die Leistung zu einem vertraglich bestimmten Termin nicht erbracht haben und der Gläubiger den Fortbestand seines Leistungsinteresses an die Rechtzeitigkeit der Leistung gebunden haben. Zwar war die Leistung an einen Termin, den 12. Sept. gebunden. Allerdings hat K nicht zum Ausdruck gebracht, dass das Geschäft mit Einhaltung des Liefertermins stehen und fallen soll. Daher liegt kein relatives Fixgeschäft vor und die Fristsetzung ist nicht gem. § 323 II Nr. 2 BGB entbehrlich gewesen.

cc) Infrage kommt aber eine Entbehrlichkeit nach § 323 II Nr. 3 BGB. Dazu müssten besondere Umstände vorliegen, die unter Abwägung der beiderseitigen Interessen den sofortigen Rücktritt rechtfertigen. K könnte den Wein auch nach dem 14. Sept. noch verkaufen. Schließlich verdirbt Rotwein nicht so schnell. Weiterhin hat K den Rücktritt aus wirtschaftlichen Gründen erklärt. Damit war das Interesse des K ein finanzielles. Diesem Interesse steht das Interesse des V gegenüber, den Vertrag einzuhalten. V war mit der Lieferung nur zwei Tage in Lieferungsverzug. Damit ist sein Interesse höher zu gewichten als das des K. Folglich liegen keine besonderen Umstände vor, die die Anwendung des § 323 II Nr. 3 BGB rechtfertigen. Somit hätte K eine Frist setzen müssen nach § 323 I BGB. Damit ist der Anspruch auf Kaufpreiszahlung nicht nach § 323 I 1 Alt.1 BGB untergegangen.

- **Ergebnis:** Der Weinimporteur (V) hat einen Anspruch gegen den Großhändler (K) auf Zahlung des Kaufpreises von 288,00 € aus § 433 II BGB.

(Lehrbuch, Seite 347–349)

Aktionen (Seite 349)

1–5

Sowohl die Strukturgelenktechnik (**Netzwerktechnik**) als auch Hinweise zum **aktiven Lesen**, zur Erstellung von **Mindmaps** und von **Folien** zu allgemeinen **Präsentationsregeln** und zum Halten eines Referats sind den Schülern zum gegenwärtigen Stand ihrer schulischen Ausbildung bekannt. Entsprechende Übungen sind bereits zuvor in den vielen differenzierten Aktionen des Lehrbuches und dieses Lösungsbandes durchgeführt worden.

Die **Mindmap** hilft hier, alle notwendigen Informationen zum Lieferungsverzug kurz und übersichtlich zusammenzufassen. Wird von den Schülern diese Aktion bearbeitet, empfiehlt es sich, auf die Kap. 1.2 und 1.3 im Lehrbuch zurückzugreifen und die dortigen Inhalte auch zu thematisieren.

3.10 Wir nutzen Warenwirtschaftssysteme im Einkauf

Einstieg (Seite 351)

Abwicklung des gesamten Einkaufsgeschäfts von der Angebotseinholung bis zur Rechnungskontrolle

Aufgaben (Seite 356)

1
- überschaubare Gestaltung des Programms
- hohe Auskunftsbereitschaft: Eine Vielzahl von Informationen muss zur Verfügung gestellt werden.
- Arbeit im Dialog

2
- Artikelauskunftssysteme
- Lieferantenauskunftssysteme
- Systeme für Angebotsaufforderungen
- Bestellwesen
- Mahnwesen
- Wareneingang
- Rechnungsprüfung

3 Es werden alle nötigen Informationen über den Lieferanten gegeben.

4 Einsparen von Zeit und Mühe bei der Einkaufsabwicklung

5 Automatische Bestellsysteme bestellen direkt, ohne dass der zuständige Disponent eine Kontrolle vornimmt: Die Bestellentscheidung nimmt hier der Computer vor.

Bei Bestellvorschlagssystemen wird der Disponent informiert, die Entscheidung zur Bestellauslösung liegt aber beim Disponenten.

6 Die Lieferer und Frachtführer werden direkt in das WWS einbezogen. Deren Daten (z. B.: Wo befindet sich die bestellte Ware gerade?) stehen sofort zur Verfügung.

Aktionen (Seite 356/357)

1 Im WWS „Groß im Handel": Module „Beschaffung" und z. T. „Hilfsmittel" (z. B. Unterprogramme Kalkulation, Limitrechnung, optimale Bestellmenge)

2 Beschaffung – Bestellung – Bestellen – Speichern
Anschließend: Auftragsbearbeitung – Auftrag erstellen – Speichern
Anschließend: Auftragsbearbeitung – Bearbeiten – Häkchen Auftrag bestätigen

3 *Hilfsmittel – Kalkulation – Bezugspreis – Berechnen:* Werte eintragen

4 I. a) Herausgearbeitet werden sollen etwa folgende Aussagen: Für den Artikel „Kaffee Mild" mit der Artikelnummer „115256" und dem Verkaufspreis „4,94 €" wird vom Warenwirtschaftssystem der Bestellvorschlag „70 Packungen" gemacht. Der Bestand an „Kaffee Mild" beträgt nur noch „15 Packungen"; der Bestellpunkt ist erreicht, wenn der Bestand „30 Packungen" unterschreitet. Der Wiederbeschaffungszeitraum beträgt „3 Tage". Basierend auf dem Absatz der laufenden und der beiden vorhergehenden Wochen erwartet das Warenwirtschaftssystem einen Absatz von „35 Packungen" für die nächste Woche. Es sind keine Lieferungen offen.

b) Angesprochen werden sollten z. B. folgende Tatbestände: Ein Bestellvorschlagssystem vertieft das Wissen des Disponenten und unterstützt ihn somit bei seiner Aufgabe, Verbrauchsvorhersagen und Dispositionsentscheidungen zu treffen. Das Bestellvorschlagssystem liefert nämlich alle Informationen, die für die Disposition bzw. Bestellung von Interesse sein könnten (z. B. aktueller Bestand, Mindestbestand, Rückstände).

Darüber hinaus wird die Disposition durch Annahmen über die zu erwartenden Umsätze, die auf der genauen Beobachtung der Verkäufe aller Waren basieren, erleichtert.

Weiterhin ist es mit den Bestellinformationen möglich, die Abläufe in der sich anschließenden Beschaffungsrealisation zu rationalisieren. So reduziert sich der Erfassungsaufwand im Wareneingang erheblich: Die Bestelldaten werden z. B. über Bildschirm oder in Form von Listen abgerufen und mit den Wareneingangspapieren verglichen. Treten Differenzen auf, dann sind nur noch diese Bestellabweichungen nachzuerfassen.

c) Bei Bestellvorschlagssystemen wird erst mit ausdrücklicher Zustimmung des Disponenten bestellt.

d) Nicht geeignet für automatische Bestellsysteme sind Branchen bzw. Sortimente, die starken Wandlungen unterliegen, wie z. B. hochmodische Textilien, die nur begrenzt und für jeweils eine Saison geordert werden. Denkbar ist ein automatisches Bestellsystem lediglich bei standardisierten Artikeln (z. B. die Grundnahrungsmittel Mehl, Zucker, Salz usw. im Lebensmitteleinzelhandel), die über eine längere Zeitspanne unverändert im Sortiment geführt werden.

II. a) 12 Stück
b) 72 Stück
c) 32 Stück
d) 30. Juli
e) • Mahnungen
• Bestellung bei schnell liefernden, zuverlässigen Lieferanten
• Überprüfung, ob in anderen Filialen evtl. noch Bestände vorhanden sind

3.11 Wir nutzen die kaufmännischen Rechenarten

Einstieg (Seite 358)

- Dreisatzrechnung
- Währungsrechnung
- Verteilungsrechnung
- Prozentrechnung

Aufgaben (Seite 366–374)

1 Angabesatz: 288 kg kosten   792,00 €
   Fragesatz: 312 kg kosten   x €
   1. Satz: 288 kg kosten   792,00
   2. Satz   1 kg kostet $\frac{792,00}{288,00}$

   3. Satz: 312 kg kosten $\frac{792,00 \cdot 312}{288} = \underline{\underline{858,00\ €}}$

2 Für 40 Std. – 450,00 €
   Für 32 Std. –   x € $x = \frac{450,00 \cdot 32}{40} = \underline{\underline{360,00\ €}}$

3 a) 85 Tage – 1 685 m³
      63 Tage –   x m³

      $x = \frac{1\,685 \cdot 63}{85} = \underline{\underline{1\,248,882\ m^3}}$

    b) 85 Tage – 1 685 m³
       108 Tage –   x m³

       $x = \frac{1\,685 \cdot 108}{85} = \underline{\underline{2\,140,941\ m^3}}$

4 32,028 m² – 3,5 kg
   58,156 m² –   x kg

   $x = \frac{3,5 \cdot 58,156}{32,028} = \underline{\underline{6,355\ kg}}$

5 Angabesatz: 154,00 € tägl.   –   14 Tage
   Fragesatz: 196,00 € tägl.   –   x Tage
   1. Satz: 154,00 € tägl.   –   14
   2. Satz: 1,00 € tägl.   –   14 · 154,00

   3. Satz: 196,00 € tägl.   – $\frac{14 \cdot 154,00}{196} = \underline{\underline{11\ Tage}}$

6 7,5 l Verbrauch – 850 km
   6,5 l Verbrauch –   x km

   $x = \frac{850 \cdot 7,5}{6,5} = \underline{\underline{980,769\ km}}$

7 70 cm Breite – 48 Rollen
   85 cm Breite –   x Rollen

   $x = \frac{48 \cdot 70}{85} = \underline{\underline{39,53\ Rollen = 40\ Rollen}}$

8 5 Arbeiter – 6 Stunden
   8 Arbeiter –   x Stunden

   $x = \frac{6 \cdot 5}{8} = \underline{\underline{3,75\ Stunden = 3\ Stunden\ 45\ Minuten}}$

9 1,8 l K. − 20 kg
5,0 l K. − x kg

$x = \dfrac{20 \cdot 5}{1,8} = \underline{\underline{55{,}556 \text{ kg}}}$

10 5 Monteure − 48 Stunden
4 Monteure − x Stunden

$x = \dfrac{48 \cdot 5}{4} = \underline{\underline{60 \text{ Stunden}}}$

11 1,5 l Inhalt − 480 Flaschen
0,7 l Inhalt − x Flaschen

$x = \dfrac{480 \cdot 1{,}5}{0{,}7} = \underline{\underline{1\,028(,6) \text{ Flaschen}}}$

12 145 km − 10,4 l
160 km − x l

$x = \dfrac{10{,}4 \cdot 160}{145} = \underline{\underline{11{,}5 \text{ l}}}$

13 90 km/h − 402 Minuten
105 km/h − x Minuten

$x = \dfrac{402 \cdot 90}{105} \approx 345 \text{ Min.} = \underline{\underline{5 \text{ Std. 45 Min.}}}$

14 1,80 € pro K. − 1 100 K.
2,20 € pro K. − x K.

$x = \dfrac{1\,100 \cdot 1{,}80}{2{,}20} = \underline{\underline{900 \text{ K}}}$

15 12 Raten − 6.425,00 €
20 Raten − x €

$x = \dfrac{6.425{,}00 \cdot 12}{20} = \underline{\underline{3.855{,}00 \text{ €}}}$

16 30.000,00 € − 12 U.
20.000,00 € − x U.

$x = \dfrac{12 \cdot 30.000{,}00}{20.000{,}00} = 18 \text{ U.} \quad 18 - 12 = \underline{\underline{6 \text{ U.}}}$

17 228.000,00 € W. − 662,00 € Pr.
336.478,00 € W. − x € Pr.

$x = \dfrac{662 \cdot 336.478{,}00}{228.000} = \underline{\underline{2.144{,}46 \text{ €}}}$

18 278 Stück − 1.380,00 €
432 Stück − x €

$x = \dfrac{1.380{,}00 \cdot 432}{278} = \underline{\underline{976{,}97 \text{ €}}}$

19 Angabesatz: 4 Geräte − 3 Stunden − 12 182 Belege
Fragesatz: 3 Geräte − 5 Stunden − x Belege

4 Geräte − 3 Stunden − 12 182 Belege

1 Gerät − 3 Stunden − $\dfrac{12\,182}{4}$

3 Geräte − 3 Stunden − $\dfrac{12\,182 \cdot 3}{4}$

3 Geräte − 1 Stunde − $\dfrac{12\,182 \cdot 3}{4 \cdot 3}$

3 Geräte − 5 Stunden − $\dfrac{12\,182 \cdot 3 \cdot 5}{4 \cdot 3} = 15\,227{,}5 = \underline{\underline{15\,227 \text{ Belege}}}$

20 24.000,00 € − 100 T. − 400,00 €
18.000,00 € − 160 T. − x €

$x = \dfrac{400 \cdot 18.000 \cdot 160}{24\,000 \cdot 100} = \underline{\underline{480{,}00 \text{ €}}}$

21 8,0 Std. − 400 Pkws − 810 A.
7,5 Std. − 500 Pkws − x A.

$x = \dfrac{810 \cdot 8 \cdot 500}{7{,}5 \cdot 400} = \underline{\underline{1\,080 \text{ A.}}}$

1 080 A. − 810 A. = 270 A.

22 2 000 m² − 100 Min. − 9 A.
2 400 m² − 90 Min. − x A.

$x = \dfrac{9 \cdot 2\,400 \cdot 100}{2\,000 \cdot 90} = \underline{\underline{12 \text{ A.}}}$

23 65 Arb. − 38 Std. − 43.225,00 €
72 Arb. − 37 Std. − x €

$x = \dfrac{43.225{,}00 \cdot 72 \cdot 37}{65 \cdot 38} = \underline{\underline{46.620{,}00 \text{ €}}}$

(Lehrbuch, Seite 366−374)

24 14 A. − 7 Std. tägl. − 10,5 km − 8 Tage
16 A. − 8 Std. tägl. − 12,0 km − x Tage

$$x = \frac{8 \cdot 14 \cdot 7 \cdot 12}{16 \cdot 8 \cdot 10,5} = \underline{7 \text{ Tage}}$$

25 5 T. − 7,5 Std. tägl. − 360 Schr. − 8 Tage
7 T. − 7,0 Std. tägl. − 588 Schr. − x Tage

$$x = \frac{8 \cdot 5 \cdot 7,5 \cdot 588}{7 \cdot 7 \cdot 360} = \underline{10 \text{ Tage}}$$

26 8 A. − 13 Std. − 512 Z.
11 A. − 9 Std. − x Z.

$$x = \frac{512 \cdot 11 \cdot 9}{8 \cdot 13} = 487,4 \text{ Z.} \approx \underline{487 \text{ Z.}}$$

27 2 Lkws − 3,0 t − 10 Fuhren
3 Lkws − 3,5 t − x Fuhren

$$x = \frac{10 \cdot 2 \cdot 3}{3 \cdot 3,5} = 5,7 \text{ Fuhren} \approx \underline{6 \text{ Fuhren}}$$

28 5 A. − 6 T. − 4 Std. tägl.
6 A. − 4 T. − x Std. tägl.

$$x = \frac{4 \cdot 5 \cdot 6}{6 \cdot 4} = \underline{5 \text{ Std. tägl.}}$$

29 256 S. − 10 000 Stück − 16 Std.
192 S. − 15 000 Stück − x Std.

$$x = \frac{16 \cdot 192 \cdot 15\,000}{256 \cdot 10\,000} = \underline{18 \text{ Std.}}$$

30 Devisengeschäft, Briefkurse

a) 8,6050 ZAR − 1,00 EUR
249.560,00 ZAR − x EUR

$$x = \frac{1 \cdot 249.560,00}{8,6050} = \underline{29.001,74 \text{ EUR}}$$

b) 110,62 JPY − 1,00 EUR
2.780.400,00 JPY − x EUR

$$x = \frac{1 \cdot 2.780.400,00}{110,62} = \underline{25.134,70 \text{ EUR}}$$

c) $x = \dfrac{1 \cdot 80.390,00}{1,1098} = \underline{72.436,48 \text{ EUR}}$

d) $x = \dfrac{1 \cdot 69.365,00}{1,4736} = \underline{47.071,80 \text{ EUR}}$

e) $x = \dfrac{1 \cdot 137.850,00}{1,4352} = \underline{96.049,33 \text{ EUR}}$

f) $x = \dfrac{1 \cdot 95.752,00}{1,7895} = \underline{53.507,68 \text{ EUR}}$

31 Sortengeschäft, Briefkurse

a) 1,14 USD − 1,00 EUR
550,00 USD − x EUR

$$x = \frac{1 \cdot 550,00}{1,14} = \underline{482,46 \text{ EUR}}$$

b) 116,10 JPY − 1,00 EUR
98.500,00 JPY − x EUR

$$x = \frac{1 \cdot 98.500,00}{116,10} = \underline{848,41 \text{ EUR}}$$

c) $x = \dfrac{1 \cdot 2.400,00}{1,51} = \underline{1.589,40 \text{ EUR}}$

d) $x = \dfrac{1 \cdot 6.300,00}{10,50} = \underline{600,00 \text{ EUR}}$

e) $x = \dfrac{1 \cdot 1.250,00}{1,51} = \underline{827,81 \text{ EUR}}$

f) $x = \dfrac{1 \cdot 1.500,00}{1,86} = \underline{806,45 \text{ EUR}}$

32 Sortengeschäft, Geldkurse

a) 1,00 EUR − 1,07 USD
1.200,00 EUR − x USD

$$x = \frac{1,07 \cdot 1.200,00}{1} = \underline{1.284,00 \text{ USD}}$$

b) 1,00 EUR − 108,10 JPY
2.600,00 EUR − x JPY

$$x = \frac{108,10 \cdot 2.600,00}{1} = \underline{281.060,00 \text{ JPY}}$$

c) 1,68 · 2.800,00 = <u>4.704,00 AUD</u>

d) 1,44 · 500,00 = <u>720,00 CHF</u>

e) 7,10 · 2.500,00 = <u>17.750,00 ZAR</u>

f) 1,36 · 1.800,00 = <u>2.448,00 CAD</u>

(Lehrbuch, Seite 366−374)

33 a)   1,1069 USD − 1,00 EUR
22.644,00 USD − x EUR

$$x = \frac{1 \cdot 22.644,00}{1,1069} = \underline{\underline{20.457,13 \text{ EUR}}}$$

b) $x = \frac{2.182.950,00}{110,25} = \underline{\underline{19.800,00 \text{ EUR}}}$

c) $x = \frac{30.710,00}{1,4845} = \underline{\underline{20.687,10 \text{ EUR}}}$

d) $x = \frac{27.940,00}{1,4255} = \underline{\underline{19.600,14 \text{ EUR}}}$

Das Angebot aus Kanada ist am günstigsten.

34 a)   1,00 EUR − 1,1073 USD
7.600,00 EUR − x USD

$$x = \frac{1,1073 \cdot 7.600,00}{1}$$

$$= \underline{\underline{8.415,48 \text{ USD}}}$$

b)   1,1073 USD − 1,00 EUR
151.834,52 USD − x EUR

$$x = \frac{1 \cdot 151.834,52}{1,1073}$$

$$= \underline{\underline{137.121,39 \text{ EUR}}}$$

160.250,00 − 8.415,48 = 151.834,52 USD

35 a)   1,00 EUR − 1,1064 USD
5.480,00 EUR − x USD

$$x = \frac{1,1064 \cdot 5.480,00}{1} = \underline{\underline{6.063,07 \text{ USD}}}$$

b) 7,4328 · 5.480,00 = <u>40.731,74 DKK</u>
c) 1,4285 · 5.480,00 = <u>7.828,18 CAD</u>
d) 1,7796 · 5.480,00 = <u>9.752,21 AUD</u>
e) 1,4725 · 5.480,00 = <u>8.069,30 CHF</u>
f) 110,45 · 5.480,00 = <u>605.266,00 JPY</u>

36 Sortengeschäft, Geldkurs

a)   1,00 EUR − 1,07 USD
5.000,00 EUR − x USD

$$x = \frac{1,07 \cdot 5.000,00}{1} = \underline{\underline{5.350,00 \text{ USD}}}$$

Sortengeschäft, Briefkurs

b)   1,14 USD − 1,00 EUR
450,00 USD − x EUR

$$x = \frac{1 \cdot 450,00}{1,14} = \underline{\underline{394,74 \text{ EUR}}}$$

37   1,00 EUR − 1,4315 CAD
3.850,00 EUR − x CAD

$$x = \frac{1,4315 \cdot 3.850,00}{1} = \underline{\underline{5.511,28 \text{ CAD}}}$$

38 a)   1,00 EUR − 0,98 USD
33.500,00 EUR − x USD

$$x = \frac{0,98 \cdot 33.500,00}{1}$$

$$= \underline{\underline{32.830,00 \text{ USD}}}$$

b)   1,00 EUR − 1,2704 USD
33.500,00 EUR − x USD

$$x = \frac{1,2704 \cdot 33.500,00}{1}$$

$$= \underline{\underline{42.558,40 \text{ USD}}}$$

c)   1,00 EUR − 1,2704 USD
1.100,00 EUR − x USD

$$x = \frac{1,2704 \cdot 1.100,00}{1} = \underline{\underline{1.397,44 \text{ USD}}}$$

	Selbstkosten	32.000,00 USD
+	Gewinn	1.397,44 USD
	Verkaufspreis	33.397,44 USD

(Lehrbuch, Seite 366−374)

d) Preisvorteil in USD: 42.558,40 USD − 33.397,44 USD = 9.160,96 USD
Preisvorteil in EUR: 1,2704 USD −   1,00 EUR
                       9.160,96 USD −   x EUR

$$x = \frac{1 \cdot 9.160{,}96}{1{,}2704} = \underline{\underline{7.211{,}08 \text{ EUR}}}$$

e) 40 000 · 1.100,00 EUR = $\underline{\underline{44.000.000{,}00 \text{ EUR}}}$

39 a) 57.673,77 EUR − 82.560,00 CAD
       1,00 EUR −   x CAD

$$x = \frac{82.560{,}00 \cdot 1}{57.673{,}77} = \underline{\underline{1{,}4315 \text{ CAD}}}$$

b) $x = \frac{53.470{,}00}{7.174{,}77} = \underline{\underline{7{,}4525 \text{ DKK}}}$

c) $x = \frac{15.006{,}00}{13.538{,}80} = \underline{\underline{1{,}1084 \text{ USD}}}$

d) $x = \frac{18.540{,}00}{12.588{,}27} = \underline{\underline{1{,}4728 \text{ CHF}}}$

e) $x = \frac{190.800{,}00}{22.231{,}25} = \underline{\underline{8{,}5825 \text{ ZAR}}}$

40 a) 5.700,00 EUR − 6.288,00 USD
       1,00 EUR −   x USD

$$x = \frac{6.288{,}00 \cdot 1}{5.700{,}00} = \underline{\underline{1{,}1032 \text{ USD}}}$$

b) $x = \frac{26.936{,}00}{18.900{,}00} = \underline{\underline{1{,}4252 \text{ CAD}}}$

c) $x = \frac{166.114{,}00}{22.400{,}00} = \underline{\underline{7{,}4158 \text{ DKK}}}$

d) $x = \frac{5.914{,}00}{9.500{,}00} = \underline{\underline{0{,}6225 \text{ GBP}}}$

e) $x = \frac{22.857{,}00}{15.600{,}00} = \underline{\underline{1{,}4652 \text{ CHF}}}$

41 Geldkurs
a) 2.500,00 EUR − 18.050,00 DKK
   1,00 EUR −   x DKK

$$x = \frac{18.050{,}00 \cdot 1{,}00}{2.500{,}00} = \underline{\underline{7{,}22 \text{ DKK}}}$$

Briefkurs
b) 124,84 EUR − 980,00 DKK
   1,00 EUR −   x DKK

$$x = \frac{980{,}00 \cdot 1{,}00}{124{,}84} = \underline{\underline{7{,}85 \text{ DKK}}}$$

42 Briefkurs (Sortengeschäft)
1,51 CHF − 1,00 EUR
2.000,00 CHF −   x EUR

$$x = \frac{1{,}00 \cdot 2.000{,}00}{1{,}51} = \underline{\underline{1.324{,}50 \text{ EUR}}}$$

Geldkurs (Sortengeschäft)
1,00 EUR − 1,07 USD
1.324,50 EUR −   x USD

$$x = \frac{1{,}07 \cdot 1.324{,}50}{1} = \underline{\underline{1.417{,}22 \text{ USD}}}$$

43

	Fremdwährung	Umrechnung zum Briefkurs (Sortengeschäft) in EUR	Umrechnung zum Geldkurs (Sortengeschäft) in Fremdwährung
a)	1.800,00 CHF	$\frac{1.800{,}00}{1{,}51}$ = 1.192,05	1.192,05 · 108,10 = 128.861,00 JPY
b)	1.500,00 USD	$\frac{1.500{,}00}{1{,}41}$ = 1.315,79	1.315,79 · 7,11 = 9.355,27 DKK
c)	1.200,00 GBP	$\frac{1.200{,}00}{0{,}64}$ = 1.875,00	1.875,00 · 1,07 = 2.006,25 USD
d)	14.000,00 ZAR	$\frac{14.000{,}00}{10{,}50}$ = 1.333,33	1.333,33 · 1,44 = 1.920,00 CHF
e)	12.000,00 DKK	$\frac{12.000{,}00}{7{,}79}$ = 1.540,44	1.540,44 · 1,36 = 2.095,00 CAD

(Lehrbuch, Seite 366−374)

44

	Verteilungsbasis Stammeinlagen	Teile	Gewinnanteile
A	70.000,00	7	34.054,05 €
B	100.000,00	10	48.648,65 €
C	110.000,00	11	53.513,51 €
D	90.000,00	9	43.783,79 €
		37 ≙	180.000,00 €

1 Teil: 180.000,00 : 37 = **4.864,864865 (mit Ausgleichsrundung)**

45 a)

A 820 82 22.534,99 €
B 730 73 20.061,63 €
C 580 58 15.939,38 €
 213 ≙ 58.536,00 €
1. Teil:
58.536,00 : 213 ≙ **274,8169**

b)

A 660 33 20.770,84 €
B 780 39 24.547,35 €
C 420 21 13.217,81 €
 93 ≙ 58.536,00 €
1. Teil:
58.536,00 : 93 ≙ **629,41935**

c)

A 840 21 26.154,38 €
B 480 12 14.945,36 €
C 560 14 17.436,26 €
 47 ≙ 58.536,00 €
1. Teil:
58.536,00 : 47 ≙ **1.245,4468**

46

	Verteilungsbasis	Erweiterung	Teile	Gewinnanteile
A	$1/4$	$5/20$	5	30.209,00
B	$2/5$	$8/20$	8	48.334,40
C	Rest	$7/20$	7	42.292,60
		$20/20$	20	≙ 120.836,00

1 Teil: 120.836,00 : 20 = **6.041,80**

47 a)

	Einlagen	4 % Zinsen	nach Köpfen	Gewinnanteile
V	60.000,00 €	2.400,00 €	90.000,00 €	92.400,00 €
H	110.000,00 €	4.400,00 €	90.000,00 €	94.400,00 €
G	80.000,00 €	3.200,00 €	90.000,00 €	93.200,00 €
		10.000,00 €	270.000,00 €	280.000,00 €

b)

	Einlagen	4 % Zinsen	nach Köpfen	Gewinnanteile
V	84.000,00 €	3.360,00 €	90.160,00 €	93.520,00 €
H	63.000,00 €	2.520,00 €	90.160,00 €	92.680,00 €
G	91.000,00 €	3.640,00 €	90.160,00 €	93.800,00 €
		9.520,00 €	270.480,00 €	280.000,00 €

c)

	Einlagen	4 % Zinsen	nach Köpfen	Gewinnanteile
V	88.000,00 €	3.520,00 €	90.453,33 €	93.973,33 €
H	72.000,00 €	2.880,00 €	90.453,33 €	93.333,33 €
G	56.000,00 €	2.240,00 €	90.453,33 €	92.693,34 €
		8.640,00 €	271.360,00 €	280.000,00 €

(Lehrbuch, Seite 366–374)

48 Gewichtsspesen
(280,00 € + 120,00 € = 400,00 €)

A	50 kg	5	36,36 €
B	180 kg	18	130,91 €
C	320 kg	32	232,73 €
		55 ≙	400,00 €

1 Teil: 400,00 : 55 = 7,27

Gewichtsspesen + Wertspesen

A	36,36 € + 18,69 €	=	55,05 €
B	130,91 € + 112,12 €	=	243,03 €
C	232,73 € + 239,19 €	=	471,92 €
	400,00 € + 370,00 €	=	770,00 €

Wertspesen
(220,00 € + 150,00 € = 370,00 €)

A	4.500,00 € (: 900)	5	18,69 €
B	27.000,00 € (: 900)	30	112,12 €
C	57.600,00 € (: 900)	64	239,19 €
		99 ≙	370,00 €

1 Teil: 370,00 : 99 = 3,73

49 Personalkosten

L	3	16.354,50 €
W	7	38.160,50 €
V	2	10.903,00 €
	12 ≙	65.418,00 €

1 Teil: 65.418,00 : 12 = 5.451,50

Raumkosten

L	5	8.923,00 €
W	4	11.153,75 €
V	3	6.692,25 €
	12 ≙	26.769,00 €

1 Teil: 26.769,00 : 12 = 2.230,75

Steuern, Beiträge, Versicherungen

L	1	725,33 €
W	3	2.176,00 €
V	2	1.450,67 €
	6 ≙	4.352,00 €

1 Teil: 4.352,00 : 6 = 725,33

Abschreibungen

L	2	13.643,25 €
W	5	34.108,12 €
V	1	6.821,63 €
	8 ≙	54.573,00 €

1 Teil: 54.573,00 : 8 = 6.821,63(625)

50 a)
A	2 T.	+	20.000,00 €	254.285,71 €
B	1 T.			117.142,86 €
C	0,5 T.	−	10.000,00 €	48.571,43 €
	3,5 T.	+	10.000,00 €	= 420.000,00 €	− 10.000,00 €
	3,5 T.			= 410.000,00 €	: 3,5
	1 T.			= 117.142,86 €

b)
A	2 T.	+	20.000,00 €	334.285,71 €
B	1 T.			157.142,86 €
C	0,5 T.	−	10.000,00 €	68.571,43 €
	3,5 T.	+	10.000,00 €	= 560.000,00 €	− 10.000,00 €
	3,5 T.			= 550.000,00 €	: 3,5
	1 T.			= 157.142,86 €

(Lehrbuch, Seite 366−374)

50 c) A 2   T.   +   20.000,00 €   214.285,71 €
       B 1   T.   97.142,86 €
       C 0,5 T.   −   10.000,00 €   38.571,43 €
          3,5 T.   +   10.000,00 €   =   350.000,00 € | − 10.000,00 €
                          3,5 T.   =   340.000,00 € | : 3,5
                          1   T.   =   97.142,857 €

51 Einkauf   28.906,00   3.179,66 €
     Verwaltung   56.789,00   6.246,79 €
     Lager   79.513,00   8.746,43 €
     Vertrieb   31.342,00   3.447,62 €
                    196.550,00   ≙ 21.620,50 €   1 Teil: 21.620,50 : 196.550,00 = 0,11

52 A $1/6$ $7/42$ 7   20.430,50 €
     B $2/7$ $12/42$ 12   35.023,71 €
     C $1/3$ $14/42$ 14   40.861,00 €
     D   Rest $9/42$ 9   26.267,79 €
                  $42/42$ 42 ≙ 122.583,00 €
     1 Teil: 122.583,00 : 42 = 2.918,642857

53 a) A $2/5$ $6/15$ 6   54.000,00 €
        B $1/3$ $5/15$ 5   45.000,00 €
        C   Rest $4/15$ 4 ≙ 36.000,00 €
                     $15/15$ 15   135.000,00 €   1 Teil: 36.000,00 : 4 = 9.000,00

     b) 1. A   54.000,00   6   24.000,00 €
           B   45.000,00   5   20.000,00 €
           C   36.000,00   4   16.000,00 €
                             15 ≙ 60.000,00 €   1 Teil: 60.000,00 : 15 = 4.000,00

        2. A   54.000,00   6   30.000,00 €
           B   45.000,00   5   25.000,00 €
           C   36.000,00   4   20.000,00 €
                             15 ≙ 75.000,00 €   1 Teil: 75.000,00 : 15 = 5.000,00

        3. A   54.000,00   6   19.200,00 €
           B   45.000,00   5   16.000,00 €
           C   36.000,00   4   12.800,00 €
                             15 ≙ 48.000,00 €   1 Teil: 48.000,00 : 15 = 3.200,00

(Lehrbuch, Seite 366−374)

54 a)
A	1 T.		29,0 l
B	1,5 T.		43,5 l
C	1 T. + 5 l		34,0 l
D	1 T. − 6 l		23,0 l

$$4,5 \text{ T.} - 1 \text{ l} = 129,5 \text{ l} \quad | + 1 \text{ l}$$
$$4,5 \text{ T.} = 130,5 \text{ l}$$
$$1 \text{ T.} = \underline{29,0 \text{ l}}$$

b)
A	29,0 l	179,80 €
B	43,5 l	269,70 €
C	34,0 l	210,80 €
D	23,0 l	142,60 €
	129,5 l ≙	802,90 €

1 Teil: 802,90 : 129,5 = $\underline{6,20}$

55
A	120.863,00	7.467,40 €
B	273.728,00	16.912,00 €
C	341.579,00	21.104,11 €
D	297.318,00	18.369,49 €
	1.033.488,00 ≙	63.853,00 €

1 Teil: 63.853,00 : 1.033.488,00 = $\underline{0,061783978}$

56
F	70 %	≙	770.000,00 €
Z	25 %		275.000,00 €
W	5 %		55.000,00 €
	100 %		1.100.000,00 €

1 Teil: 770.000,00 : 70 = $\underline{11.000,00}$

57 a)
A	$1/4$	$10/40$	10	20.000,00 €
B	$2/5$	$16/40$	16	32.000,00 €
C	Rest	$9/40$	9	18.000,00 €
D	$1/8$	$5/40$	5	10.000,00 €
		$40/40$	40 ≙	80.000,00 €

1 Teil: 80.000,00 : 40 = $\underline{2.000,00}$

b)
A	10 %	10 %	15.000,00 €
B	25 %	25 %	37.500,00 €
C	$1/5$	20 %	30.000,00 €
D	Rest	45 %	67.500,00 €
		100 % ≙	150.000,00 €

1 Teil: 150.000,00 : 100 = $\underline{1.500,00}$

c)
A	$1/3$	$20/60$	20	7.692,31 €
B	$1/4$	$15/60$	15	5.769,23 €
C	5.000	$13/60$	13 ≙	5.000,00 €
D	$1/5$	$12/60$	12	4.615,38 €
		$60/60$	60	23.076,92 €

1 Teil: 5.000,00 : 13 = $\underline{384,61538}$

d)
A	102 : 6	17	13.909,09 €
B	156	26	21.272,73 €
C	228	38	31.090,91 €
D	174	29	23.727,27 €
		110 ≙	90.000,00 €

1 Teil: 90.000,00 : 110 = $\underline{818,18182}$

(Lehrbuch, Seite 366−374)

57 e)

A	Rest	$^{13}/_{35}$	13	≙	36,000 kg
B	$^1/_7$	$^5/_{35}$	5		13,846 kg
C	$^1/_5$	$^7/_{35}$	7		19,385 kg
D	$^{10}/_{35}$	$^{10}/_{35}$	10		27,692 kg
		$^{35}/_{35}$	35		96,923 kg

1 Teil: 36,000 : 13 = <u>2,7692307</u>

f)

A	$^1/_5$	$^{28}/_{140}$	28		681,08 €
B	Rest	$^{37}/_{140}$	37	≙	900,00 €
C	$^1/_4$	$^{35}/_{140}$	35		851,35 €
D	$^2/_7$	$^{40}/_{140}$	40		972,97 €
		$^{140}/_{140}$	140		3.405,40 €

1 Teil: 900,00 : 37 = <u>24,324324</u>

58 A 1 T.   34.000,00 €
    B 3 T.   102.000,00 €
    C 1 T. − 10.000,00   24.000,00
    5 T. − 10.000,00 = 160.000,00 € | + 10.000
           5 T. = 170.000,00 € | : 5
           1 T. = 34.000,00 €

59 A 1 T.   9.444,44 €
    B 2 T.   18.888,89 €
    C 6 T. + 5.000,00   61.666,67 €
    9 T. + 5.000,00 = 90.000,00 € | − 5.000,00
           9 T. = 85.000,00 € | : 9
           1 T. = 9.444,44 €

60 S 1 T.   40.000,00 €
    T 2 T.   80.000,00 €
    T 2 T.   80.000,00 €
    5 T. = 200.000,00 € | : 5
    1 T. = 40.000,00 €

61

		4 %			Gesamtgewinn
A	162.000,00	6.480,00	4	119.611,43	126.091,43
B	65.000,00	2.600,00	2	59.805,71	62.405,71
C	40.000,00	1.600,00	1	29.902,86	31.502,86
	267.000,00	10.680,00	7 ≙	209.320,00	220.000,00

1 Teil: 209.320,00 : 7 = <u>29.902,85714</u>

62

A	Rest	$^5/_{12}$	5	≙	5.000,00 €
B	$^1/_3$	$^4/_{12}$	4		4.000,00 €
C	$^1/_4$	$^3/_{12}$	3		3.000,00 €
		$^{12}/_{12}$	12		12.000,00 €

1 Teil: 5.000,00 : 5 = <u>1.000,00</u>

(Lehrbuch, Seite 366−374)

63 Aufschlüsselung von „Wasser, Abwasser, Strom":

A	36 (: 12)	3	610,99 €
B	60	5	1.018,32 €
C	24	2	407,33 €
D	48	4	814,66 €
		14 △	2.851,30 € 1 Teil: 2.851,30 : 14 = <u>203,66428</u>

Aufschlüsselung der Instandhaltungskosten:

A	$2\,286/10\,000$	2 286	268,56 €
B	$3\,429/10\,000$	3 429	402,85 €
C	$1\,714/10\,000$	1 714	201,36 €
D	$2\,571/10\,000$	2 571	302,05 €
	$10\,000/10\,000$	10 000 △	1.174,82 € 1 Teil: 1.174,82 : 10 000 = <u>0,117482</u>

Aufschlüsselung der Fernheizungskosten:

A	90 : 5	18	595,07 €
B	125	25	826,49 €
C	70	14	462,83 €
D	110	22	727,31 €
		79 △	2.611,70 € 1 Teil: 2.611,70 : 79 = <u>33,059493</u>

Summe der Nebenkosten:

A	610,99 €	+	595,07 €	+	268,56 €	= 1.474,62 €
B	1.018,32 €	+	826,49 €	+	402,85 €	= 2.247,66 €
C	407,33 €	+	462,83 €	+	201,36 €	= 1.071,52 €
D	814,66 €	+	727,31 €	+	302,05 €	= 1.844,02 €
	2.851,30 €	+	2.611,70 €	+	1.174,82 €	= <u>6.637,82 €</u>

64

Gesell-schafter	Geschäfts-führung	Einlage	9 % Zinsen	Restgewinn		Gesamt-gewinn
A	–	120.000,00	10.800,00	5	25.926,67	36.726,67
B	90.000,00	90.000,00	8.100,00	7	36.297,33	134.397,33
C	–	110.000,00	9.900,00	3	15.556,00	25.456,00
	90.000,00	320.000,00	28.800,00	15 △	77.780,00	196.580,00

1 Teil: 77.780,00 : 15 = <u>5.185,30</u>

65 a) 100 % – 8.972,38 €
    9 % –   x €

$$x = \frac{8.972,38 \cdot 9}{100} = \underline{807,51 \text{ €}}$$

b) $x = \frac{275,73 \cdot 13,7}{100} = \underline{37,78 \text{ €}}$

c) 1 000 ‰ – 11.293,77 €
   1,35 ‰ –   x €

$$x = \frac{11.293,77 \cdot 1,35}{1\,000} = \underline{15,25 \text{ €}}$$

d) <u>217,53 €</u>   f) <u>8,76 €</u>

e) <u>16,09 €</u>   g) <u>6,04 €</u>

                         h) <u>12,35 €</u>

(Lehrbuch, Seite 366–374)

66 a) 100,0 % – 385.297,00 €
  104,3 % –   x €

  $x = \dfrac{385.297,00 \cdot 104,3}{100} = \underline{\underline{401.864,77 \ €}}$

  b) $\underline{\underline{247.316,56 \ €}}$

  c) $\underline{\underline{436.508,33 \ €}}$

67 a) 100 % – 98,5 kg
  3 % –   x kg

  $x = \dfrac{98,5 \cdot 3}{100} = 2,955 \text{ kg (Tara)}$

  98,500 kg – 2,955 kg = $\underline{\underline{95,545 \text{ kg}}}$
  (Nettogewicht)

  b) $x = \dfrac{98,5 \cdot 4}{100} = 3,940 \text{ kg (Tara)}$

  98,500 kg – 3,940 kg = $\underline{\underline{94,560 \text{ kg}}}$
  (Nettogewicht)

  c) $x = \dfrac{98,5 \cdot 2,7}{100} = 2,660 \text{ kg (Tara)}$

  98,500 kg – 2,660 kg = $\underline{\underline{95,840 \text{ kg}}}$
  (Nettogewicht)

68 a) 1 000 ‰ – 54.512,00 €
  1,25 ‰ –   x €

  $x = \dfrac{54.512,00 \cdot 1,25}{1\,000} = \underline{\underline{68,14 \ €}}$

  b) $\underline{\underline{48,64 \ €}}$ c) $\underline{\underline{12,41 \ €}}$

69 a) $\underline{\underline{5\,\%}}$ b) $\underline{\underline{20\,\%}}$ c) $\underline{\underline{16\,\tfrac{2}{3}\,\%}}$ d) $\underline{\underline{40\,\%}}$ e) $\underline{\underline{40\,\%}}$
  f) $\underline{\underline{20\,\%}}$ g) $\underline{\underline{3\,\%}}$ h) $\underline{\underline{60\,\%}}$ i) $\underline{\underline{90\,\%}}$ j) $\underline{\underline{80\,\%}}$

70 a) 9 238 l – 100 %
  349 l – x %

  $x = \dfrac{100 \cdot 349}{9\,238} = \underline{\underline{3,778\,\%}}$

  b) $x = \dfrac{100 \cdot 56}{1\,482} = \underline{\underline{3,779\,\%}}$

  c) $x = \dfrac{100 \cdot 2\,327}{4\,931} = \underline{\underline{47,191\,\%}}$

  d) $x = \dfrac{100 \cdot 97}{489} = \underline{\underline{19,836\,\%}}$

  e) $x = \dfrac{100 \cdot 6\,968}{8\,733} = \underline{\underline{79,789\,\%}}$

  f) $x = \dfrac{100 \cdot 83}{942} = \underline{\underline{8,811\,\%}}$

  g) $x = \dfrac{100 \cdot 179}{1\,087} = \underline{\underline{16,467\,\%}}$

  h) $x = \dfrac{100 \cdot 548}{7\,679} = \underline{\underline{7,136\,\%}}$

  i) $x = \dfrac{100 \cdot 662}{8\,931} = \underline{\underline{7,412\,\%}}$

  j) $x = \dfrac{100 \cdot 946}{4\,372} = \underline{\underline{21,638\,\%}}$

71 a) 2.480,00 € – 100 %
  111,60 € – x %

  $x = \dfrac{100 \cdot 111,60}{2.480,00} = \underline{\underline{4,5\,\%}}$

  b) $x = \dfrac{100 \cdot 26,88}{480} = \underline{\underline{5,6\,\%}}$

  c) $\underline{\underline{88\,\%}}$
  d) $\underline{\underline{11\,\%}}$
  e) $\underline{\underline{25,85\,\%}}$
  f) $\underline{\underline{5\,\%}}$
  g) $\underline{\underline{0,15\,\%}}$
  h) $\underline{\underline{24\,\%}}$

(Lehrbuch, Seite 366–374)

72 827.249,00 + 28.923,00 = 856.172,00 €
(ursprüngliche Kosten)
856.172,00 € − 100 %
28.923,00 € − x %

$$x = \frac{100 \cdot 28.923,00}{856.172,00} = \underline{3,378\ \%}$$

73
  348.000,00 €
+ 19.140,00 €   5,5 %
  367.140,00 €
+ 22.028,40 €   6 %
  389.168,40 €
+ 15.566,74 €   4 %
  404.735,14 €

74 a) 2 800 Besch. − 100 %
224 Besch. − x %

$$x = \frac{100 \cdot 224}{2\ 800} = \underline{8\ \%} \quad \text{(vorher)}$$

2 800 Besch. − 100 %
56 Besch. − x %

$$x = \frac{100 \cdot 56}{2\ 800} = \underline{2\ \%} \quad \text{(nachher)}$$

b) 224 Besch. − 100 %
56 Besch. − x %

$$x = \frac{100 \cdot 56}{224} = \underline{25\ \%}$$

c) 100 % − 25 % = $\underline{75\ \%}$

75 a) 100 m **b)** 150 m **c)** 400 m **d)** 150 m **e)** 50 m
f) 400 m **g)** 250 m **h)** 400 m **i)** 300 m **j)** 250 m

76 a) 4,2 % − 42,50 €
        100,0 % −   x €

$$x = \frac{42,50 \cdot 100}{4,2} = \underline{1.011,90\ €}$$

b) 5,9 % − 8,30 €
     100,0 % −   x €

$$x = \frac{8,30 \cdot 100}{5,9} = \underline{140,68\ €}$$

c) 360,00 €
d) 1.148,00 €

e) $x = \dfrac{7,90 \cdot 100}{3\ ^{7}/_{8}} = \dfrac{7,90 \cdot 100}{3,875} = \underline{203,87\ €}$

f) 329,21 €
g) 1.646,32 €

h) $x = \dfrac{99,10 \cdot 100}{2\ ^{4}/_{7}} = \dfrac{99,10 \cdot 100}{^{18}/_{7}} = \dfrac{99,10 \cdot 100 \cdot 7}{18} = \underline{3.853,80\ €}$

i) 176,05 €
j) 200,89 €

77 a) 5,3 % − 255,99 €
        100,0 % −   x €

$$x = \frac{255,99 \cdot 100}{5,3} = \underline{4.830,00\ €}$$

b) 596,24 €
c) 191.083,33 €

(Lehrbuch, Seite 366−374)

78 8 % — 32 Stück
100 % — x Stück

$x = \frac{32 \cdot 100}{8}$ = 400 Stück (= alte Stückzahl pro Std.)

432 (= neue Stückzahl pro Std.)   432 · 18 = 7 776 (= Stückzahl pro Tag)

79 7,6 % — 538.612,00 €
100,0 % — x €

$x = \frac{538.612,00 \cdot 100}{7,6}$ = 7.087.000,00 €

80 5 % — 26 A.
100 % — x A.

$x = \frac{26 \cdot 100}{5}$ = 520 A.

81 1,75 ‰ — 254,00 €
1 000 ‰ — x €

$x = \frac{254,00 \cdot 1\,000}{1,75}$ = 145.142,86 €

82 8 % — 5.664,00 €
100 % — x €

$x = \frac{5.664,00 \cdot 100}{8}$ = 70.800,00 €

83 a) 106,2 % — 2.730,00 €
100,0 % — x €

$x = \frac{2.730,00 \cdot 100}{106,2}$ = 2.570,62 €

b) 108,5 % — 169,00 €
8,5 % — x €

$x = \frac{169,00 \cdot 8,5}{108,5}$ = 13,24 €

c) $x = \frac{892.538,00 \cdot 100}{112,3}$ = 794.780,05 €

d) $x = \frac{421 \cdot 5,25}{105,25}$ = 21

e) $x = \frac{94\,622 \cdot 100}{121}$ = 78 200 kWh

f) $x = \frac{12.855,00 \cdot 7,125}{107,125}$ = 855,00 €

g) $x = \frac{18.479,00 \cdot 100}{108,7}$ = 17.000,00 €

84 Kostenstelle A:

$\frac{99.792,21 \cdot 100}{104,3}$ = 95.678,05 € (= Vorjahreskosten)

99.792,21 € – 95.678,05 € = 4.114,16 € (= Kostensteigerung)

Kostenstelle B:

$\frac{87.228,34 \cdot 100}{105,6}$ = 82.602,59 € (= Vorjahreskosten)

87.228,34 € – 82.602,59 € = 4.625,75 € (= Kostensteigerung)

Kostenstelle C:

$\frac{76.453,56 \cdot 100}{108,4}$ = 70.529,11 € (= Vorjahreskosten)

76.453,56 € – 70.529,11 € = 5.924,45 € (= Kostensteigerung)

(Lehrbuch, Seite 366–374)

85 a) $\dfrac{9.732,83 \cdot 100}{102}$ = 9.541,99 € (= Rechnungsbetrag)

9.732,83 € − 9.541,99 € = 190,84 € (= Mahnkosten)

	b)	c)
Rechnungsbetrag:	6.170,33 €	713,87 €
Mahnkosten:	123,41 €	14,28 €

86

					a) €	b) €	c) €
Gehalt, Ausgangsjahr			100,0 %		3.826,01	5.036,70	4.557,55
1. Erhöhung			3,8 %		145,39	191,39	173,19
Gehalt, 1. Jahr			100,0 %	103,8 %	3.971,40	5.228,09	4.730,74
2. Erhöhung			5,7 %		226,37	298,00	269,65
Gehalt, 2. Jahr	100,0 %	105,7 %			4.197,77	5.526,09	5.000,39
2. Erhöhung	4,6 %				193,10	254,20	230,02
Gehalt, 3. Jahr	104,6 %				4.390,87	5.780,29	5.230,41

87

	Vorjahreskosten €	Kostensteigerung €
Ausstellungshalle	55.090,60	3.140,16
Lagerhalle	19.870,31	2.838,62
Verwaltungsgebäude	21.670,52	1.820,32

88

					€				€
Juli			100,0 %		592.986,40			100,0 %	638.669,56
+ Umsatzsteig.			4,3 %		25.498,42			5,7 %	36.404,17
August			100,0 %	104,3 %	618.484,82			100,0 %	105,7 %	675.073,82
+ Umsatzsteig.			5,9 %		36.490,61			6,9 %		46.580,09
September	100,0 %	105,9 %			654.975,43	100,0 %	106,9 %			721.653,82
+ Umsatzsteig.	6,8 %				44.538,33	7,3 %				52.680,73
Oktober	106,8 %				699.513,76	107,3 %				774.334,55

89 Abteilung A:

86,2 % − 105.636,00 €
100,0 % − x €

$x = \dfrac{105.636,00}{86,2} = 122.548,00$ € (= alte Kosten)

122.548,00 € − 105.636,00 € = 16.912,00 € (= Kostensenkung)

	alte Kosten	Kostensenkung
Abteilung B	95.605,00 €	8.691,00 €
Abteilung C	59.815,00 €	11.347,00 €

90 a) $\dfrac{455 \cdot 100}{91}$ = 500 Stück

d) $\dfrac{98\,932 \cdot 6\,^{1}/_{7}}{93\,^{6}/_{7}} = \dfrac{98\,932 \cdot {}^{43}/_{7}}{{}^{657}/_{7}}$

b) $\dfrac{36 \cdot 4}{96}$ = 1,5 Std.

$= \dfrac{98\,932 \cdot 43}{657}$ = 6 475 kWh

c) $\dfrac{93.682,12 \cdot 100}{94,6}$ = 99.029,73 €

(Lehrbuch, Seite 366−374)

90 e) $\dfrac{25.984,63 \cdot 100}{88\ 8/9} = \dfrac{25.984,63 \cdot 9}{8} = \underline{29.232,71\ €}$

f) $\dfrac{55 \cdot 100}{51,5} = \underline{106,796\ kg}$

g) $\dfrac{238,005 \cdot 100}{92,25} = \underline{258\ kg}$

91 Gläubiger A:
12,5 % – 12.438,00 €
87,5 % – x €
$x = \dfrac{12.438,00 \cdot 87,5}{12,5}$
$= 12.438,00 € \cdot 7 = \underline{87.066,00\ €}$

Gläubiger B: 4.273,00 € · 7 = $\underline{29.911,00\ €}$
Gläubiger C: 2.467,00 € · 7 = $\underline{17.269,00\ €}$
Gläubiger D: 14.731,00 € · 7 = $\underline{103.117,00\ €}$

92

				€			€
August – Stückkostensenkung			100,0 % 7,5 %	174,10 13,06		100,0 % 8,4 %	249,05 20,92
September – Stückkostensenkung		100,0 % 8,8 %	92,5 %	161,04 14,17	100,0 % 9,2 %	91,6 %	228,13 20,99
Oktober – Stückkostensenkung	100,0 % 6,9 %	91,2 %		146,87 10,13	100,0 % 4,3 %	90,8 %	207,14 8,91
November	93,1 %			136,74	95,7 %		198,23

93

				€			€
Februar – Umsatzrückg.			100,0 % 5,8 %	88.309,08 5.121,93		100,0 % 4,3 %	67.584,57 2.906,14
März – Umsatzrückg.		100,0 % 8,7 %	94,2 %	83.187,15 7.237,28	100,0 % 7,9 %	95,7 %	64.678,43 5.109,60
April – Umsatzrückg.	100,0 % 9,7 %	91,3 %		75.949,87 7.367,14	100,0 % 10,2 %	92,1 %	59.568,83 6.076,02
Mai	90,3 %			68.582,73	89,8 %		53.492,81

94 **1. Pkw (25 % Gewinn):**
125 % – 18.000,00 €
25 % – x €
$x = \dfrac{18.000,00 \cdot 25}{125} = \underline{3.600,00\ €}$

2. Pkw (25 % Verlust):
75 % – 18.000,00 €
25 % – x €
$x = \dfrac{18.000,00 \cdot 25}{75} = \underline{6.000,00\ €}$

3.600,00 € – 6.000,00 € = – 2.400,00 € (Verlust, insgesamt)
Selbstkosten des 1. Pkw: 18.000,00 € – 3.600,00 € = 14.400,00 €
Selbstkosten des 2. Pkw: 18.000,00 € + 6.000,00 € = 24.000,00 €
Σ Selbstkosten   38.400,00 €

prozentualer Verlust, insgesamt:
38.400,00 € – 100 %
2.400,00 € – x %

$x = \dfrac{100 \cdot 2.400,00}{38.400,00} = \underline{6,25\ \%}$

(Lehrbuch, Seite 366–374)

95

Jahr	1	2	3	4	
Gewinn A	24.013,04	55.449,61	45.195,47	35.139,73	18,7 %
Gewinn B	40.835,02	94.294,00	76.856,47	59.756,33	31,8 %
Gewinn C	35.184,89	81.247,03	66.222,24	51.488,16	27,4 %
Gewinn D	28.379,05	65.531,36	53.412,82[1]	41.528,78[1]	22,1 %
Gewinn	128.412,00	296.522,00	241.687,00	187.913,00	100,0 %

[1] mit Ausgleichrundung

96 $\dfrac{420.000,00 \ €}{3} = 140.000,00 \ €$ **Verzinsung des eingesetzten Kapitals:**

A: 190.000,00 € − 140.000,00 € = 50.000,00 €

Kapitaleinlage A:

B: 240.000,00 € − 140.000,00 € = 100.000,00 €

4 % − 50.000,00 €

C: 160.000,00 € − 140.000,00 € = 20.000,00 €

100 % −   x €

$x = \dfrac{50.000,00 \cdot 100}{4} = \underline{1{,}25 \text{ Mio. €}}$

Kapitaleinlage B: **Kapitaleinlage C:**

4 % − 100.000,00 €   4 % − 20.000,00 €

100 % −   x €   100 % −   x €

$x = \dfrac{100.000,00 \cdot 100}{4} = \underline{2{,}5 \text{ Mio. €}}$ $x = \dfrac{20.000,00 \cdot 100}{4} = \underline{500.000,00 \ €}$

97

Listeneinkaufspreis	17.153,63 €		100 %
− Rabatt (25 %)	4.288,41 €		25 %
Zieleinkaufspreis	12.865,22 €	100 %	75 %
− Skonto (3 %)	385,96 €		3 %
Bareinkaufspreis	12.479,26 €		97 %

98 a) 6,4 % − 324.000,00 €   b) 6,4 % − 324.000,00 €

100,0 % −   x €   3,8 % −   x €

$x = \dfrac{324.000,00 \cdot 100}{6{,}4} = \underline{5.062.500,00 \ €}$ $x = \dfrac{324.000,00 \cdot 3{,}8}{6{,}4} = \underline{192.375,00 \ €}$

c) 324.000,00 € − 192.375,00 € = $\underline{131.625,00 \ €}$

d) 5.062.500,00 € − 131.625,00 € = $\underline{4.930.875,00 \ €}$

99

				€
Jahr 1			100 %	5.814,31
+ Erhöhung			7 %	407,00
Jahr 2			100 %	6.221,31
+ Erhöhung			3 %	186,64
Jahr 3		100 %	103 %	6.407,95
+ Erhöhung		5 %		320,40
Jahr 4		105 %		6.728,35

(Lehrbuch, Seite 366−374)

100 Prokuristin:
57 % — 2.950,00 €
100 % —   x €

$$x = \frac{2.950,00 \cdot 100}{57} = \underline{\underline{5.175,44 \text{ €}}}$$

Abteilungsleiter:
118 % — 5.175,44 €
100 % —   x €

$$x = \frac{5.175,44 \cdot 100}{118} = \underline{\underline{4.385,97 \text{ €}}}$$

101 a) 108,3 % — 458,4 m²
100,0 % —   x m²

$$x = \frac{458,4 \cdot 100}{108,3} = \underline{\underline{423,3 \text{ m}^2}}$$

b) 6,4 % — 458,4 m²
100,0 % —   x m²

$$x = \frac{458,4 \cdot 100}{6,4} = \underline{\underline{7\,162,5 \text{ m}^2}}$$

c) 7 162,5 m² — 100 %
423,3 m² —   x %

$$x = \frac{100 \cdot 423,3}{7\,162,5} = \underline{\underline{5,9 \text{ \%}}}$$

102 190 000 · 0,075 kg = 14 250 kg

Zucker	36 %	5 130,0 kg
Vollmilchpulver	29 %	4 132,5 kg
Kakaobutter	20 %	2 850,0 kg
Kakaomasse	15 %	2 137,5 kg
	100 %	14 250,0 kg

103 a)/b)

						€
Februar + 2,4 %					100,0 % 2,4 %	84.307,68 + 2.023,38
März − 3,8 %				100,0 % 3,8 %	102,4 %	86.331,06 − 3.280,58
April − 1,7 %			100,0 % 1,7 %	96,2 %		83.050,48 − 1.411,86
Mai + 4,9 %		100,0 % 4,9 %	98,3 %			81.638,62 − 4.000,29
Juni		104,9 %				85.638,91

(Lehrbuch, Seite 366–374)

Lösungen zu Lernfeld 4: Geschäftsprozesse als Werteströme erfassen, dokumentieren und auswerten

Lernsituation (Seite 377–379)

1. a)

Lfd. Nr.	Buchungssätze	Soll (€)	Haben (€)
I. Eröffnungsbuchungen			
	aktive Bestandskonten		
	an EBK		
	EBK		
	an passive Bestandskonten		
II. Geschäftsfälle			
1.	Wareneingang	4.080,00	
	Vorsteuer	775,20	
	an Verbindlichkeiten a. LL		4.855,20
2.	Verbindlichkeiten a. LL	6.426,00	
	an Kreditinstitute		6.426,00
3.	Kreditinstitute	3.500,00	
	an Kasse		3.500,00
4.	Bürobedarf	270,00	
	Vorsteuer	51,30	
	an Kasse		321,30
5.	Postbank	12.000,00	
	an Provisionserträge		12.000,00
6.	Kreditinstitute	10.000,00	
	an Zinserträge		10.000,00
7.	Gehälter	18.000,00	
	an Kreditinstitute		18.000,00
8.	Verbindlichkeiten a. LL	1.071,00	
	an Rücksendungen an Lieferer		900,00
	an Vorsteuer		171,00
9.	Kreditinstitute	1.332,80	
	an Forderungen a. LL		1.332,80
10.	Zinsaufwendungen	3.600,00	
	an Kreditinstitute		3.600,00
11.	Verbindlichkeiten a. LL	107,10	
	an Warenbezugskosten		90,00
	an Vorsteuer		17,10
12.	Forderungen a. LL	56.882,00	
	an Warenverkauf		47.800,00
	an Umsatzsteuer		9.082,00

13.	Instandhaltung	430,00	
	Vorsteuer	81,70	
	an Kasse		511,70
14.	BGA	14.000,00	
	Vorsteuer	2.660,00	
	an Kreditinstitute		12.660,00
	an Kasse		4.000,00
15.	Darlehen	30.000,00	
	an Kreditinstitute		20.000,00
	an Postbank		10.000,00
16.	Privatentnahmen	750,00	
	an Kasse		750,00
17.	Werbe- und Reisekosten	220,00	
	Vorsteuer	41,80	
	an Kreditinstitute		261,80
18.	Verbindlichkeiten a. LL	10.353,00	
	an Kreditinstitute		10.145,94
	an Liefererskonti		174,00
	an Vorsteuer		33,06
19.	Kasse	8.330,00	
	an Warenverkauf		7.000,00
	an Umsatzsteuer		1.330,00
20.	Fuhrpark	36.000,00	
	Vorsteuer	6.840,00	
	an Postbank		42.840,00
21.	Ausgangsfrachten	185,00	
	Vorsteuer	35,15	
	an Kasse		220,15
22.	Verpackungsmaterial	350,00	
	Vorsteuer	66,50	
	an Kasse		416,50
23.	Privatentnahmen	297,50	
	an Entnahme von Waren		250,00
	an Umsatzsteuer		47,50
III. Vorbereitende Abschlussbuchungen			
1.	Wareneingang	12.000,00	
	an Warenbestände		12.000,00
2.	Rücksendungen an Lieferer	900,00	
	an Wareneingang		900,00
3.	Warenbezugskosten	90,00	
	an Wareneingang		90,00

(Lehrbuch, Seite 377–379)

4.	Liefererskonti	174,00	
	an Wareneingang		174,00
5.	Umsatzsteuer	10.330,49	
	an Vorsteuer		10.330,49

IV. Abschlussbuchungen

1.	G+V-Konto	3.600,00	
	an Zinsaufwendungen		3.600,00
2.	G+V-Konto	430,00	
	an Instandhaltung		430,00
3.	G+V-Konto	270,00	
	an Bürobedarf		270,00
4.	G+V-Konto	18.000,00	
	an Gehälter		18.000,00
5.	G+V-Konto	185,00	
	an Ausgangsfrachten		185,00
6.	G+V-Konto	350,00	
	an Verpackungsmaterial		350,00
7.	G+V-Konto	220,00	
	an Werbe- und Reisekosten		220,00
8.	G+V-Konto	14.916,00	
	an Wareneingang		14.916,00
9.	Provisionserträge	12.000,00	
	an G+V-Konto		12.000,00
10.	Zinserträge	10.000,00	
	an G+V-Konto		10.000,00
11.	Warenverkauf	54.800,00	
	an G+V-Konto		54.800,00
12.	Entnahme von Waren	250,00	
	an G+V-Konto		250,00
13.	G+V-Konto	39.079,00	
	an Eigenkapital		39.079,00
14.	SBK	880.000,00	
	an Gebäude		880.000,00
15.	SBK	112.817,00	
	an Fuhrpark		112.817,00
16.	SBK	167.633,00	
	an BGA		167.633,00
17.	SBK	430.000,00	
	an Waren		430.000,00
18.	SBK	57.443,20	
	an Forderungen a. LL		57.443,20

(Lehrbuch, Seite 377–379)

19.	SBK	8.818,35	
	an Kasse		8.818,35
20.	SBK	456.539,06	
	an Kreditinstitute		456.539,06
21.	SBK	59.160,00	
	an Postbank		59.160,00
22.	Eigenkapital	582.369,50	
	an SBK		582.369,50
23.	Hypotheken	1.550.400,00	
	an SBK		1.550.400,00
24.	Darlehen	35.784,00	
	an SBK		35.784,00
25.	Verbindlichkeiten a. LL	3.728,10	
	an SBK		3.728,10
26.	Umsatzsteuer	129,01	
	an SBK		129,01

S	0210 Gebäude		H
9100	880.000,00	9400	880.000,00

S	0340 Fuhrpark		H
9100	76.817,00	9400	112.817,00
	36.000,00		
	112.817,00		112.817,00

S	0330 BGA		H
9100	153.633,00	9400	167.633,00
	14.000,00		
	167.633,00		167.633,00

S	39 Warenbestände		H
9100	442.000,00	9400	430.000,00
		3010	12.000,00
	442.000,00		442.000,00

S	1010 Forderungen a. LL		H
9100	1.894,00	9400	1.332,80
	56.882,00	3010	57.443,20
	58.776,00		58.776,00

S	1510 Kasse		H
9100	10.208,00		3.500,00
	8.330,00		321,30
			511,70
			4.000,00
			750,00
			220,15
			416,50
		9400	8.818,35
	18.538,00		18.538,00

S	1310 Kreditinstitute		H
9100	512.800,00		6.426,00
	3.500,00		18.000,00
	10.000,00		3.600,00
	1.332,80		12.660,00
			20.000,00
			261,80
			10.145,94
		9400	456.539,06
	527.632,80		527.632,80

S	1320 Postbank		H
9100	100.000,00		10.000,00
	12.000,00		42.840,00
		9400	59.160,00
	112.000,00		112.000,00

(Lehrbuch, Seite 377–379)

S	06 Eigenkapital		H
1610	1.047,50	9100	544.338,00
9400	582.369,50	9300	39.079,00
	583.417,00		583.417,00

S	1610 Privatentnahmen		H
	750,00	06	1.047,50
	297,50		
	1.047,50		1.047,50

S	08201 Hypotheken		H
9400	1.550.400,00	9100	1.550.400,00

S	0802 Darlehen		H
	30.000,00		65.784,00
9400	35.784,00		
	65.784,00		65.784,00

S	14 Vorsteuer		H
	775,20		171,00
	51,30		17,10
	81,70		33,06
	2.660,00	1810	10.330,49
	41,80		
	6.840,00		
	35,15		
	66,50		
	10.551,65		10.551,65

S	3010 Wareneingang		H
	4.080,00	3080	174,00
39	12.000,00	3020	90,00
		3050	900,00
		9300	14.916,00
	16.080,00		16.080,00

S	3050 Rücksendungen an Lieferer		H
3010	900,00		900,00

S	3020 Warenbezugskosten		H
3010	90,00		90,00

S	1710 Verbindlichkeiten a. LL		H
	6.426,00	9100	16.830,00
	1.071,00		4.855,20
	107,10		
	10.353,00		
9400	3.728,10		
	21.685,20		21.685,20

S	1810 Umsatzsteuer		H
14	10.330,49		9.082,00
9400	129,01		1.330,00
			47,50
	10.459,50		10.459,50

S	3080 Liefererskonti		H
3010	174,00		174,00

S	2100 Zinsaufwendungen		H
	3.600,00	9300	3.600,00

S	4710 Instandhaltung		H
	430,00	9300	430,00

S	4810 Bürobedarf		H
	270,00	9300	270,00

S	8710 Entnahme von Waren		H
9300	250,00		250,00

S	4620 Ausgangsfrachten		H
	185,00	9300	185,00

S	4610 Verpackungsmaterial		H
	350,00	9300	350,00

S	4400 Werbe- und Reisekosten		H
	220,00	9300	220,00

S	4020 Gehälter		H
	18.000,00	9300	18.000,00

S	8010 Warenverkauf		H
9300	54.800,00		47.800,00
			7.000,00
	54.800,00		54.800,00

S	8720 Provisionserträge		H
9300	12.000,00		12.000,00

S	2610 Zinserträge		H
9300	10.000,00		10.000,00

(Lehrbuch, Seite 377–379)

S	9300 G+V		H
2110	3.600,00	8720	12.000,00
4710	430,00	2610	10.000,00
4810	270,00	8010	54.800,00
4020	18.000,00	8710	250,00
4620	185,00		
4610	350,00		
4400	220,00		
3010	14.916,00		
06	39.079,00		
	77.050,00		77.050,00

S	9400 SBK		H
0210	880.000,00	06	582.369,50
0340	112.817,00	08201	1.550.400,00
0330	167.633,00	08202	35.784,00
3900	430.000,00	1710	3.728,10
1010	57.443,20	1810	129,01
1510	8.818,35		
1310	456.539,06		
1320	59.160,00		
	2.172.410,61		2.172.410,61

b) Als **Wareneinsatz** bezeichnet man die verkauften Waren bewertet zum Einstandspreis (Bezugspreis). Im vorliegenden Fall beträgt er 14.916,00 €.
c) 54.800,00 € − 14.916,00 € = **39.884,00 €**

2. Differenzen zwischen den Werten in der Schlussbilanz und den Werten des Schlussbilanzkontos können – sollte zuvor kein Abgleich zwischen Soll- und Ist-Werten durchgeführt worden sein – entstehen durch:
   - irrtümlich unterlassene Buchungen
   - falsche Buchungen
   - buchhalterisch nicht erfasste Bestandsabgänge, wie beispielsweise Bruch, Schwund, Diebstahl oder Verderb
   - mehrfach vorgenommene Buchungen

   Daher müssen die **Soll-Bestände,** die in der Buchführung aufgrund von Belegen gebucht worden sind, mit den **Ist-Beständen** der Inventur (= Grundlage zur Aufstellung der Schlussbilanz) abgeglichen werden. Die bei der **Inventur ermittelten Bestände sind maßgeblich für die Bilanz.** Insofern müssen bei festgestellten Differenzen die Ursachen für die Abweichungen festgestellt und die Zahlen der Buchführung entsprechend den tatsächlichen durch die Inventur ermittelten Werten mittels Korrekturbuchungen angepasst werden.

3. Die für den Monat Dezember ermittelte und noch nicht an das Finanzamt überwiesene Zahllast wird als Schlussbestand des passiven *Bestandskontos* **Umsatzsteuer** passiviert. Man nennt diesen Vorgang entsprechend *Passivierung* der Zahllast:
   Umsatzsteuer an Schlussbilanzkonto 129,01 €

4. Der Großhändler muss die Umsatzsteuer, die er seinen Kunden in Rechnung stellt, nicht vollständig an das Finanzamt abführen. Er darf die *Umsatzsteuer,* die er beim *Wareneinkauf* an seine Lieferer gezahlt hat, als **Vorsteuer abziehen.**

   Da in der Regel jeder Unternehmer zu höheren Preisen verkauft, als er eingekauft hat, bleibt bei der Aufrechnung ein Differenzbetrag als Umsatzsteuerschuld, den der Großhändler an das Finanzamt bezahlen muss **(Zahllast).**

   > Umsatzsteuerschuld
   > − Vorsteuerforderung
   > = Zahllast (Überweisung an das Finanzamt)

(Lehrbuch, Seite 377−379)

Durch den **Vorsteuerabzug** wird erreicht, dass der Großhändler nur die Umsatzsteuer an das Finanzamt abführt, die auf den von ihm erzielten **Mehrwert** entfällt. Deshalb wird die Umsatzsteuer auch **Mehrwertsteuer** genannt.

Beispiel:
Die *Spindler KG* hat Waren für 2.500,00 € netto eingekauft und für 3.100,00 € netto verkauft. Damit hat das Großhandelsunternehmen der Ware durch seine Dienstleistung, die Lagerung und den Verkauf, einen zusätzlichen Wert, den sogenannten **Mehrwert**, zugefügt.

Die **Ermittlung der Zahllast** kann daher auf zwei Arten erfolgen:

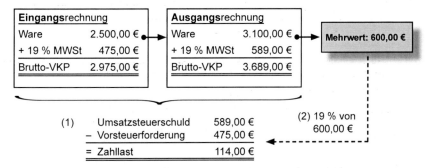

Die Zahllast (114,00 €) stellt insofern eine Versteuerung des Mehrwerts dar: 19 % von 600,00 €.

5. Die Buchungen müssen jederzeit nachprüfbar sein. Aus diesem Grund sind sie jeweils in zeitlicher Reihenfolge zu erfassen, nach sachlichen Gesichtspunkten zu ordnen und unter Umständen durch Nebenaufzeichnungen zu erläutern. Diese Ordnung der Buchungen erfolgt in bestimmten „Büchern" der Buchführung wie dem Grundbuch, dem Hauptbuch und den Nebenbüchern, da bestimmte Sachkonten (z. B. Forderungen a. LL, Verbindlichkeiten a. LL, Warenbestandskonto, Löhne und Gehälter, Anlagekonten) näher erläutert werden müssen, um wichtige Einzelheiten zu erfahren. Als die wichtigsten können genannt werden:

- **Kontokorrentbuch:** Es erfasst den unbaren Geschäftsverkehr mit jedem einzelnen Kunden und Lieferer (Kunden- und Liefererkonten bzw. Debitoren- und Kreditoren-konten).
- **Lagerbuch:** Es erfasst für jeden Artikel Zugänge und Abgänge und ermittelt jederzeit den Buchbestand.
- **Lohn-/Gehaltsbuch:** Für jeden Arbeitnehmer wird ein Lohn- bzw. Gehaltskonto geführt.
- **Anlagenbuch:** Für jeden Anlagegegenstand gibt es eine Anlagenkarte, die Anschaffungskosten, Nutzungsdauer, Abschreibung und Buchwert zum 31. Dez. ausweist.
- **Kassenbuch:** Es erfasst sämtliche baren Zahlungsvorgänge und weist den Kassenbestand aus.
- **Wechselbuch:** Die Fälligkeiten u. a. der Wechsel müssen überwacht werden.

6. schülerindividuelle Antworten, da unternehmensinterne Darstellung

(Lehrbuch, Seite 377–379)

4.1 Wir lernen die Aufgaben und Vorschriften der Buchführung kennen

Einstieg (Seite 379)

Die Buchführung ist ein Zahlenwerk, das aufgrund von Belegen alle betrieblichen Wertvorgänge in zeitlicher und systematischer Ordnung erfasst und dadurch den Überblick über Stand und Entwicklung des Unternehmens ermöglicht.
Im Einzelnen hat die Buchführung die folgenden Aufgaben:

- Bei Geschäftseröffnung und am Ende eines jeden Geschäftsjahres wird die Höhe aller Vermögens- und Schuldenteile festgestellt (Inventur) und schriftlich festgehalten (Inventur und Bilanz). Während des Geschäftsjahres werden dann die Veränderungen von Vermögens- und Schuldenteilen laufend erfasst und gebucht.
- Ferner werden sämtliche Aufwendungen und Erträge erfasst und gebucht, um zum Jahresabschluss den Reingewinn oder Reinverlust ermitteln zu können.
- Dadurch und durch die Auswertung der Buchführung erhält die Geschäftsleitung Unterlagen und den erforderlichen Überblick für geschäftliche Entscheidungen, z. B. Überblick über flüssige Mittel, Zahlungsweise der Kunden, Kosten- und Umsatzentwicklung, Möglichkeiten für Anschaffungen usw. Die Buchführung ist demnach der *betriebliche Kompass,* der Stand und Richtung anzeigt, und ein wichtiges Führungsinstrument.
- Die Buchführung ermöglicht die Kontrolle der betrieblichen Vorgänge. Inventurdifferenzen können z. B. aufgedeckt werden. Dadurch können Wirtschaftlichkeit und Rentabilität verbessert werden.
- *Die Zahlen der Buchführung sind Grundlagen für die übrigen drei Zweige des betrieblichen Rechnungswesens: für die Kosten- und Leistungsrechnung, die Statistik und die Planung.*
- Die Zahlen der Buchführung bilden eine Grundlage für Kreditgeber und für nicht an der Geschäftsführung beteiligte Gesellschafter.
- Die Buchführung liefert darüber hinaus die Grundlagen für die Besteuerung des Unternehmens (z. B. Gewerbesteuer, Umsatzsteuer) und ggf. des Unternehmers (Einkommensteuer, Kirchensteuer). Daher ist der Kaufmann auch durch Steuergesetze zur Buchführung verpflichtet (Abgabenordnung und Einkommensteuergesetz, Umsatzsteuergesetz, Gewerbesteuergesetz usw.). Die Finanzverwaltung überprüft deshalb die Ordnungsmäßigkeit der Buchführung durch Betriebsprüfungen.
- Die Buchführung dient als Beweismittel auch vor Gerichten.
- Schließlich erfüllt die Buchführung auch gesamtwirtschaftliche Aufgaben. Aus den Zahlen aller Buchführungen entstehen volkswirtschaftliche Statistiken und die volkswirtschaftliche Gesamtrechnung als Unterlage für wirtschafts- und sozialpolitische Entscheidungen durch den Gesetzgeber, durch Verbände u. a. (siehe auch im Lehrbuch Seite 8).

Zu den „Gesetzlichen Vorschriften" siehe im Lehrbuch Seite 380, Spalte 2.

Aufgaben (Seite 381)

1 schülerindividuell; Beispiele siehe im Lehrbuch Seite 380

2 Eine Buchführung ist ein Zahlenwerk, das alle Geschäftsfälle eines Unternehmens in einer bestimmten Ordnung systematisch und vollständig erfasst, verarbeitet und verwaltet.

3 • Die Buchführung stellt die Vermögens- und Schuldenwerte fest.
  • Sie gibt einen Überblick über die Geschäftslage.
  • Sie ermittelt den Unternehmenserfolg.
  • Sie bildet die Grundlage für die Preiskalkulation.
  • Sie liefert die Daten für außerbetriebliche Vergleiche und für innerbetriebliche Zeitvergleiche.
  • Sie ist ein Beweismittel zur Klärung von gerichtlichen Streitfällen.

4 a) • Grundlage der Besteuerung
     • Ermittlung der Mehrwertsteuerzahllast
     • Bemessung der Lohnsteuer
  b)/c) Überprüfung der Kreditwürdigkeit (Vermögensverhältnisse, Geschäftslage)

5 a) HGB
  b) AO, EStG, KStG, GewStG, UStG
  c) AktG, GmbHG, GenG

6 a) nein
  b) ja
  c) ja

Aktion (Seite 382)

Sowohl die **Kopfstandmethode** als auch Hinweise zur Internetrecherche, zum **aktiven Lesen,** zur Erstellung von **Mindmaps** und **Folien** sowie zu allgemeinen **Präsentationsregeln** sind den Schülern zum gegenwärtigen Stand ihrer schulischen Ausbildung bekannt. Entsprechende Übungen sind bereits zuvor in den vielen differenzierten Aktionen des Lehrbuchs durchgeführt worden.

Informationen zur *Gruppenarbeit* sind im Kap. 1.2 des Lehrbuchs zu finden.

Brainstorming (geeignet für Gruppen zwischen sechs und zwölf Personen)

Einsatzmöglichkeiten:
• zum Einstieg in das vorliegende Kap. 4.1
• zur Sammlung von Wahlmöglichkeiten und vielen unterschiedlichen Ideen
• zur Findung von alternativen Problemlösungen

Lernziele:
• eigene Einfälle zum vorliegenden Thema entdecken und eigenen Einfällen Raum zur Äußerung geben
• Struktur des Unterrichtsgegenstandes finden
• Konzentrationsfähigkeit, Solidarität und Konsensfähigkeit stärken
• Vielfalt von Ideen und/oder Lösungsansätzen finden und wahrnehmen (assoziatives Denken unterstützen)
• Spontaneität entwickeln

Durchführung:
• Jede Idee wird aufgenommen, sei sie noch so ausgefallen.
• Jeder kann sich mehrfach äußern.
• Ideen werden knapp und kurz formuliert.

- Ideen anderer können/sollen aufgegriffen und ausgebaut werden.
- Rückfragen, Kritik, Kommentare zu den Äußerungen sind nicht erlaubt.
- Äußerungen können in beliebiger Reihenfolge erfolgen.
- Ein bis zwei Protokollanten werden bestimmt: Sie schreiben jede Idee mit.
- Alle Ideen werden für alle sichtbar stichwortartig festgehalten, beispielsweise auf Karten an der Pinnwand oder auf dem Fußboden = Brainpool.

Nach Beendigung der „Sturmphase" können die produzierten Ideen geordnet und unter einer bestimmten Fragestellung zusammengefasst werden.

Hinweise:

- Die Protokollanten können sich beim Notieren überfordert fühlen, wenn der Gedankensturm bei vielen Teilnehmern losgeht. Daher sollten mehrere Protokollanten bestimmt werden.
- Schnelle, sprachgewandte Teilnehmer sind im Vorteil, die ruhigen Teilnehmer können hierbei ins Hintertreffen kommen.
- Bei der Strukturierung kann es einigen Teilnehmern Schwierigkeiten machen, sich der Gruppenmeinung unterzuordnen.

4.2 Wir ermitteln die Vermögenswerte und Schulden durch Bestandsaufnahme

Einstieg (Seite 383)

1. Matthias Liebknecht macht Inventur. Dazu schreibt er alle Vermögensgegenstände und Schulden auf, die zu Geschäftsbeginn vorhanden sind, d. h., er nimmt eine **mengenmäßige Bestandsaufnahme** vor.
Eine derartige Bestandsaufnahme erfolgt in der Regel durch Zählen der Vermögenswerte, oft durch Messen oder Wiegen (bei Materialvorräten), und in begründeten Einzelfällen ist auch ein Schätzen der Menge erlaubt.
Im Anschluss daran ermittelt er den Wert jedes einzelnen Postens. Diese Tätigkeit stellt die **Bewertung** dar. Da Matthias Liebknecht Stühle, Tische, Teller, Kuchengabeln und Tassen nicht direkt addieren kann, ist die Bewertung Voraussetzung dafür, dass der Gesamtwert der neuen Kaffeebar und das Eigenkapital von Matthias Liebknecht ermittelt werden können.
Die geordnete Aufstellung, in der dies geschieht, bezeichnet man als **Inventarliste**.

2. schülerabhängige Lösungen

Aufgaben (Seite 388–390)

1. a) **Was?** **Vermögen** b) **Woher?** **Kapital**
Büroausstattung	20.000,00 €		Ersparnisse	90.000,00 €
Lagerausstattung	40.000,00 €		Lotto	30.000,00 €
Lkw	80.000,00 €		Darlehen	60.000,00 €
Waren	40.000,00 €			180.000,00 €
	180.000,00 €			

2 Das **Vermögen** gibt an, wie das in einem Unternehmen eingesetzte Kapital verwendet ist (= Mittelverwendung).
Das **Kapital** gibt an, woher die Mittel für das vorhandene Vermögen kommen (= Mittelherkunft).

3 Vermögen: Geschäftsausstattung, Postbankguthaben, Betriebsfahrzeuge, Waren, Forderungen an Kunden, Bargeld (Kasse)
Kapital: Darlehensschulden, Liefererschulden, Lottogewinn, Hypothekenschulden

4 Vermögen

Geschäftsausstattung	35.000,00 €
Waren	30.000,00 €
Forderungen	10.000,00 €
	75.000,00 €

Kapital

Ersparnisse	30.000,00 €
Bankdarlehen	25.000,00 €
Kredit (Ehemann)	15.000,00 €
Kredit (Tante)	5.000,00 €
	75.000,00 €

5 Vermögen und Kapital sind zwangsläufig identisch, weil zu allen Sachwerten eine Finanzierungsquelle gehört bzw. umgekehrt sich Kapital immer in Vermögen umwandelt.

6 Vermögen

Installationen	12.000,00 €
Heizung	9.000,00 €
Geschäftsausstattung	15.000,00 €
Waren	8.000,00 €
	44.000,00 €

Kapital

Ersparnisse	40.000,00 €
Kredit (Freund)	4.000,00 €
	44.000,00 €

7 Vermögen

Geschäfts- u. Lagerausst.	60.000,00 €
Waren	80.000,00 €
Bank	10.000,00 €
	150.000,00 €

Kapital

Eigenkapital	100.000,00 €
Darlehensschulden	50.000,00 €
	150.000,00 €

8 a) Das **Eigenkapital** ist der vom Unternehmer bzw. von den Gesellschaftern selbst eingebrachte Teil des Kapitals.
Das **Fremdkapital** ist die Gesamtheit der Schulden eines Unternehmens.

b) Zum **Anlagevermögen** gehören alle Vermögensteile, die langfristig im Unternehmen gebunden sind.
Zum **Umlaufvermögen** gehören alle Vermögensteile, die nicht längere Zeit im Unternehmen verbleiben, sondern umlaufen bzw. umgesetzt werden.

9 Eigenkapital: Lottogewinn, ins Unternehmen eingebrachte Ersparnisse
Fremdkapital: Hypothekenschulden, Verbindlichkeiten, Darlehensschulden
Anlagevermögen: Maschinen, Lastkraftwagen
Umlaufvermögen: Warenbestände, Forderungen an Kunden, Bargeld (Kasse), Postbankguthaben

Lehrbuch, Seite 388–390

10 Vermögen   Kapital

Anlagevermögen   Eigenkapital
Fuhrpark   90.000,00 €   Lottogewinn   120.000,00 €
bebaute Grundstücke   350.000,00 €   Ersparnisse   170.000,00 €
Betriebs- u. Gesch'ausst.   50.000,00 €

Umlaufvermögen   Fremdkapital
Waren   60.000,00 €   Hypothekenschulden 180.000,00 €
Forderungen   7.000,00 €   Verbindlichkeiten   30.000,00 €
Postbank   15.000,00 €   Bankdarlehen   76.000,00 €
Kasse   4.000,00 €   576.000,00 €
                           576.000,00 €

11 a) Eigenkapital: 488.000,00 €   c) Anlagevermögen: 1.109.000,00 €
     b) Fremdkapital: 871.000,00 €   d) Umlaufvermögen: 746.000,00 €

12 Inventur: Die körperliche und buchmäßige Bestandsaufnahme aller Vermögensteile und Schulden nach Art, Menge und Wert ist die Inventur.

Inventar: Das Bestandsverzeichnis aller Vermögensteile und Schulden nach Art, Menge und Wert ist das Inventar.

13 a) Die **körperliche Inventur** erfolgt durch Messen, Zählen, Wiegen und Schätzen (z. B. Waren, Bargeld).
Die **buchmäßige Inventur** erfolgt anhand von Belegen (z. B. Kontoauszüge für Bankguthaben und Hypothekenschulden, Eingangsrechnungen bzw. Ausgangsrechnungen für Verbindlichkeiten und Forderungen).
b) siehe a)
c) siehe a)

14 A 1. ↔ B 4.;   A 2. ↔ B 3.;   A 3. ↔ B 1.;   A 4. ↔ B 2.

15 zeitnahe Stichtagsinventur
Vorteile: Aufteilung der Bestandsaufnahme auf mehrere Tage; Bestandsfortschreibung bzw. Bestandsrückrechnung nur für einen kleinen Zeitraum
Nachteil: großer Arbeitsanfall in wenigen Tagen, der häufig zu einer Einstellung der Betriebstätigkeit führt
permanente Inventur
Vorteile: Verteilung der Inventurarbeiten auf das ganze Jahr; Durchführung zu Zeiten mit geringen Vorratsbeständen
Nachteil: Bestandsfortschreibung aller Bestände nach Art und Menge
zeitlich verlegte Inventur
Vorteile: Die Bestandsaufnahme kann zu ausgewählten Zeiten innerhalb von drei Monaten vor bzw. zwei Monaten nach dem Abschluss-Stichtag erfolgen; keine mengenmäßige (nur wertmäßige) Fortschreibung bzw. Rückrechnung.
mathematisch-statistische Stichprobeninventur
Vorteil: keine vollständige Bestandsaufnahme (nur Stichproben)
Nachteil: Handhabung eines relativ komplizierten mathematischen Verfahrens

(Lehrbuch, Seite 388–390)

16 A 1. ↔ B 2.
(Aufwendige Bestandsaufnahme wird über das ganze Jahr verteilt und zu Zeitpunkten mit geringen Beständen vorgenommen.)
A 2. ↔ B 1.
(Aufwendige Bestandsaufnahme lohnt sich nicht wegen der geringen Veränderungen.)

17 a) Vermögen, Schulden, Reinvermögen (Eigenkapital)
b) Reinvermögen (Eigenkapital) = Vermögen − Schulden

18 a) Zum **Anlagevermögen** gehören alle Vermögensteile, die langfristig im Unternehmen gebunden sind.
Zum **Umlaufvermögen** gehören alle Vermögensteile, die nicht längere Zeit im Betrieb verbleiben, sondern umlaufen bzw. umgesetzt werden.
b) nach steigender Liquidität

19 nach steigender Dringlichkeit der Rückzahlung

20 Anlagevermögen: bebaute Grundstücke, unbebaute Grundstücke, Fuhrpark, Betriebs- und Geschäftsausstattung
Umlaufvermögen: Forderungen an Kunden, Guthaben bei Kreditinstituten, Warenbestände, Kassenbestand, Postbankguthaben
langfristige Schulden: Darlehensschulden, Hypothekenschulden
kurzfristige Schulden: Verbindlichkeiten an Lieferer

(Lehrbuch, Seite 388−390)

21 Inventar der Heimwerkerbedarf GmbH, Frankfurt

	€	€
A. Vermögen		
I. Anlagevermögen		
1. Gebäude		
Verwaltungsgebäude	400.000,00	
Lagerhalle I	200.000,00	
Lagerhalle II	150.000,00	
Garagen	80.000,00	830.000,00
2. Fuhrpark		
2 Lkws	120.000,00	
1 Pkw	20.000,00	140.000,00
3. Betriebs- u. Geschäftsausst. lt. bes. Verz.		130.000,00
II. Umlaufvermögen		
1. Waren		
Holzartikel lt. bes. Verzeichnis	450.000,00	
Werkzeug lt. bes. Verzeichnis	320.000,00	
Kleinmaterialien lt. bes. Verzeichnis	180.000,00	950.000,00
Forderungen an Kunden		
Fielers OHG	78.000,00	
Mehlert KG	64.000,00	
Kretzer OHG	59.000,00	201.000,00
3. Kassenbestand		8.200,00
4. Guthaben bei Kreditinstituten		
Frankfurter Sparkasse	111.000,00	
Frankfurter Volksbank	98.000,00	209.000,00
Summe des Vermögens		**2.468.200,00**
B. Schulden		
I. Langfristige Schulden		
1. Hypothek der Frankfurter Volksbank		480.000,00
2. Darlehensschulden		
Frankfurter Sparkasse	350.000,00	
Frankfurter Volksbank	260.000,00	610.000,00
II. Kurzfristige Schulden		
Verbindlichkeiten an Lieferer		
Yildiz KG	92.000,00	
Eitner GmbH	61.000,00	
Goll KG	48.000,00	201.000,00
Summe der Schulden		**1.291.000,00**
C. Errechnung des Reinvermögens		
Summe des Vermögens		2.468.200,00
− Summe der Schulden		1.291.000,00
= Reinvermögen (Eigenkapital)		**1.177.200,00**

(Lehrbuch, Seite 388–390)

22 Inventar der Möbelgroßhandlung Mobilia GmbH, München

	€	€
A. Vermögen		
I. Anlagevermögen		
1. Gebäude		
Verwaltungsgebäude	600.000,00	
Lagerhalle	400.000,00	1.000.000,00
2. Fuhrpark		
4 Lkws	190.000,00	
1 Pkw	16.000,00	206.000,00
3. Betriebs- u. Geschäftsausst. lt. bes. Verz.		138.000,00
II. Umlaufvermögen		
1. Waren		
Polstermöbel lt. bes. Verzeichnis	850.000,00	
Schränke lt. bes. Verzeichnis	735.000,00	
Tische lt. bes. Verzeichnis	650.000,00	
Betten lt. bes. Verzeichnis	430.000,00	
Stühle lt. bes. Verzeichnis	120.000,00	2.785.000,00
2. Forderungen an Kunden		
Richter KG	25.00,00	
Engelke OHG	18.000,00	43.000,00
3. Kassenbestand		14.000,00
4. Guthaben bei Kreditinstituten		
Deutsche Bank	102.000,00	
Commerzbank	96.000,00	198.000,00
Summe des Vermögens		**4.384.000,00**
B. Schulden		
I. Langfristige Schulden		
1. Hypothek der Deutschen Bank		730.000,00
2. Darlehensschulden		
Deutsche Bank	650.000,00	
Commerzbank	620.000,00	1.270.000,00
II. Kurzfristige Schulden		
Verbindlichkeiten an Lieferer		
Warda OHG	280.000,00	
Schulz KG	197.000,00	
Biskup OHG	167.000,00	
Schenk KG	155.000,00	799.000,00
Summe der Schulden		**2.799.000,00**
C. Errechnung des Reinvermögens		
Summe des Vermögens		4.384.000,00
− Summe der Schulden		2.799.000,00
= Reinvermögen (Eigenkapital)		**1.585.000,00**

Lehrbuch, Seite 388−390

23 a) Perserteppiche 650.000,00 + 58.000,00 − 93.000,00 = 615.000,00 €
  inländische Teppiche 228.000,00 + 87.000,00 − 71.000,00 = 244.000,00 €
 b) Perserteppiche 590.000,00 − 61.000,00 + 47.000,00 = 576.000,00 €
  inländische Teppiche 254.000,00 − 72.000,00 + 55.000,00 = 237.000,00 €

24 Eigenkapital am Ende des Geschäftsjahres 1.030.000,00 €
 − Eigenkapital am Anfang des Geschäftsjahres 980.000,00 €
  Eigenkapitalmehrung 50.000,00 €
 + Privatentnahmen 90.000,00 €
  Gewinn 140.000,00 €

25 EK (SB) = 470.000,00 − 320.000,00 = 150.000,00
  Eigenkapital am Ende des Geschäftsjahres 150.000,00 €
 − Eigenkapital am Anfang des Geschäftsjahres 250.000,00 €
  Eigenkapitalminderung − 100.000,00 €
 + Privatentnahmen 80.000,00 €
  Verlust − 20.000,00 €

26 EK (AB) = 680.000,00 − 410.000,00 = 270.000,00
 EK (SB) = 770.000,00 − 440.000,00 = 330.000,00
  Eigenkapital am Ende des Geschäftsjahres 330.000,00 €
 − Eigenkapital am Anfang des Geschäftsjahres 270.000,00 €
  Eigenkapitalmehrung 60.000,00 €
 + Privatentnahmen 110.000,00 €
 − Privateinlagen 30.000,00 €
  Gewinn 140.000,00 €

Aktionen (Seite 391)

1 unternehmensabhängig

2/3 Hinsichtlich dieser beiden Aktionen wird auf die Kap. 1.2 und 1.3 im Lehrbuch verwiesen.

4 a) Inventur − Inventurdifferenzliste drucken
 b) Es müssen vorher − schülerabhängig − Inventurwerte im Rahmen einer Inventur eingegeben werden.
 c) Inventur − Drucken Inventurerfassungsliste
 d) Die Inventurerfassungsliste dient der Vorbereitung der Inventur, die Inventurdifferenzliste der Analyse

4.3 Wir stellen auf der Grundlage des Inventars die Bilanz auf

Einstieg (Seite 393)

1. schülerabhängige Lösung
2. • Aussagen zur Bilanz (in erster Linie im Vergleich zum Inventar):
   – kurz gefasster Überblick über Vermögen und Kapital
   – Angabe nur der Gesamt*werte;* keine Mengen
   – Darstellung der Vermögens- und Schuldenwerte **nebeneinander** (Kontenform)
   – Vermögen – Schulden = **Eigenkapital**
   – Unterschrift(en) zwingend vorgeschrieben
   • In der Bilanz werden Vermögen und Kapitel gegenübergestellt. Das Vermögen (= Mittelverwendung) steht auf der linken Seite und wird als Aktiva bezeichnet. Das Kapital (= Mittelherkunft) steht auf der rechten Seite der Bilanz und wird als Passiva bezeichnet.
   • Da Vermögen und Kapital gleich groß sind, müssen die Summen der Aktivseite und der Passivseite zwingend identisch sein. Aus der Gleichheit von Aktiva und Passiva ist der Begriff „Bilanz" abgeleitet (italienisch: bilancia = Waage).

Aufgaben (Seite 395)

1 siehe im Lehrbuch Seite 393

2

Aktiva		Bilanz zum 31. Dez. 20..	Passiva
A. Anlagevermögen		A. Eigenkapital	568.000,00
1. Gebäude	580.000,00	B. Schulden	
2. Fuhrpark	145.000,00	1. Hypothekenschulden	410.000,00
3. Geschäftsausstattung	120.000,00	2. Darlehensschulden	250.000,00
B. Umlaufvermögen		3. Verbindlichkeiten a. LL	118.000,00
1. Waren	268.000,00		
2. Forderungen a. LL	163.000,00		
3. Kasse	18.000,00		
4. Kreditinstitute	52.000,00		
	1.346.000,00		1.346.000,00

Hannover, 31. Dezember ..   Unterschrift des Geschäftsinhabers
                                 (nicht i. V.)

3 Bilanz zum Inventar der Aufgabe 21 des Kapitels 4.2

Aktiva		Bilanz	Passiva
A. Anlagevermögen		A. Eigenkapital	1.177.200,00
1. Gebäude	830.000,00	B. Schulden	
2. Fuhrpark	140.000,00	1. Hypothekenschulden	480.000,00
3. Geschäftsausstattung	130.000,00	2. Darlehensschulden	610.000,00
B. Umlaufvermögen		3. Verbindlichkeiten a. LL	201.000,00
1. Waren	950.000,00		
2. Forderungen a. LL	201.000,00		
3. Kasse	8.200,00		
4. Kreditinstitute	209.000,00		
	2.468.200,00		2.468.200,00

Bilanz zum Inventar der Aufgabe 22 des Kapitels 4.2

Aktiva	Bilanz		Passiva
A. Anlagevermögen		A. Eigenkapital	1.585.000,00
1. Gebäude	1.000.000,00	B. Schulden	
2. Fuhrpark	206.000,00	1. Hypothekenschulden	730.000,00
3. Geschäftsausstattung	138.000,00	2. Darlehensschulden	1.270.000,00
B. Umlaufvermögen		3. Verbindlichkeiten a. LL	799.000,00
1. Waren	2.785.000,00		
2. Forderungen a. LL	43.000,00		
3. Kasse	14.200,00		
4. Kreditinstitute	198.000,00		
	4.384.000,00		4.384.000,00

4 a)

Aktiva	Bilanz		Passiva
A. Anlagevermögen		A. Eigenkapital	519.000,00
1. Gebäude	680.000,00	B. Schulden	
2. Fuhrpark	162.000,00	1. Hypothekenschulden	585.000,00
3. Geschäftsausstattung	145.000,00	2. Darlehensschulden	320.000,00
B. Umlaufvermögen		3. Verbindlichkeiten a. LL	251.000,00
1. Waren	321.000,00		
2. Forderungen a. LL	178.000,00		
3. Kasse	11.000,00		
4. Kreditinstitute	178.000,00		
	1.675.000,00		1.675.000,00

b)

Aktiva	Bilanz		Passiva
A. Anlagevermögen		A. Eigenkapital	335.000,00
1. Gebäude	720.000,00	B. Schulden	
2. Fuhrpark	198.000,00	1. Hypothekenschulden	630.000,00
3. Geschäftsausstattung	171.000,00	2. Darlehensschulden	380.000,00
B. Umlaufvermögen		3. Verbindlichkeiten a. LL	349.000,00
1. Waren	402.000,00		
2. Forderungen a. LL	113.000,00		
3. Kasse	9.000,00		
4. Kreditinstitute	81.000,00		
	1.694.000,00		1.694.000,00

5 a)

Aktiva	Bilanz		Passiva
A. Anlagevermögen		A. Eigenkapital	606.000,00
1. Bebaute Grundstücke	610.000,00	B. Schulden	
2. Maschinen	230.000,00	1. Hypothekenschulden	480.000,00
3. Geschäftsausstattung	163.000,00	2. Darlehensschulden	251.000,00
B. Umlaufvermögen		3. Verbindlichkeiten a. LL	287.000,00
1. Waren	330.000,00		
2. Forderungen a. LL	193.000,00		
3. Postbankguthaben	98.000,00		
	1.624.000,00		1.624.000,00

(Lehrbuch, Seite 395)

b)

Aktiva		Bilanz	Passiva
A. Anlagevermögen		**A. Eigenkapital**	666.000,00
1. Gebäude	200.000,00	**B. Schulden**	
2. Fuhrpark	189.000,00	1. Hypothekenschulden	50.000,00
3. Geschäftsausstattung	138.000,00	2. Darlehensschulden	190.000,00
B. Umlaufvermögen		3. Verbindlichkeiten a. LL	180.000,00
1. Waren	291.000,00		
2. Forderungen a. LL	133.000,00		
3. Kreditinstitute	135.000,00		
	1.086.000,00		1.086.000,00

6 1. f 2. r 3. f 4. f 5. f 6. r 7. f 8. f 9. f 10. f 11. f

Aktionen (Seite 396)

1 Zur **Präsentation mit PowerPoint** wird auf das Kap. 1.3 im Lehrbuch verwiesen, ansonsten schülerindividuelle Lösungen.

2 Zu beachtende Hinweise beim Einsatz des **Tabellenkalkulationsprogramms Excel** siehe Kap. 3.3 im Lehrbuch.

3 abhängig von den Ergebnissen der Schüler

Wichtig ist, dass die Schüler für die formale Gestaltung und Bedeutung der Bilanz einerseits sensibilisiert werden. Andererseits sollen sie beim Vergleich zwischen Warenhaus, Versandhaus und Industrieunternehmen erkennen, dass es Unterschiede sowohl in der formalen Darstellung der Bilanz als auch in der Höhe der einzelnen Bilanzpositionen bzw. in der prozentualen Zusammensetzung von beispielsweise Anlage- und Umlaufvermögen gibt.

Darüber hinaus sollen die Schüler bei dieser Aktion selbstständig aus der Anzahl der bis dato erlernten **Möglichkeiten zur Informationsbeschaffung** wählen. Zu nennen wären in diesem Fall z. B. Bibliotheken, Nutzung des Internets, Fachzeitschriften usw.

4.4 Wir erfahren, wie sich die Bilanz verändern kann

Einstieg (Seite 397)
- Geschäftsausstattung
- Waren
- Kasse
- Kreditinstitute
- Darlehensschulden
- Verbindlichkeiten a. LL
- schülerabhängige Antworten bei den „Ursachen der Veränderungen"

Aufgaben (Seite 399/400)

1 a) Aktivtausch: z. B. Bareinzahlung auf Bankkonto, Kauf eines PC gegen Bankscheck
b) Passivtausch: z. B. Umwandlung einer Darlehensschuld in eine Hypothekenschuld, Umwandlung einer kurzfristigen Liefererschuld in eine langfristige Darlehensschuld
c) Aktiv-Passiv-Mehrung: z. B. Warenkauf auf Ziel, Aufnahme eines Darlehens gegen Bankgutschrift
d) Aktiv-Passiv-Minderung: z. B. Begleichung einer Liefererrechnung durch Postüberweisung, Tilgung einer Hypothekenschuld durch Banküberweisung

2 1. a) Postbank; Forderungen a. LL
b) Postbank: Mehrung; Forderungen a. LL: Minderung
c) Aktivtausch

2. a) Darlehensschulden; Kreditinstitute
b) Darlehensschulden: Minderung; Kreditinstitute: Minderung
c) Aktiv-Passiv-Minderung

3. a) Kasse; Kreditinstitute
b) Kasse: Minderung; Kreditinstitute: Mehrung
c) Aktivtausch

4. a) Darlehensschulden; Hypothekenschulden
b) Darlehensschulden: Minderung; Hypothekenschulden: Mehrung
c) Passivtausch

5. a) Waren; Verbindlichkeiten a. LL
b) Waren: Mehrung; Verbindlichkeiten a. LL: Mehrung
c) Aktiv-Passiv-Mehrung

6. a) Kasse; Postbank
b) Kasse: Mehrung; Postbank: Minderung
c) Aktivtausch

7. a) Waren; Forderungen a. LL
b) Waren: Minderung; Forderungen a. LL: Mehrung
c) Aktivtausch

8. a) Kreditinstitute; Verbindlichkeiten a. LL
b) Kreditinstitute: Minderung; Verbindlichkeiten a. LL: Minderung
c) Aktiv-Passiv-Minderung

9. a) Verbindlichkeiten; Darlehensschulden
b) Verbindlichkeiten: Minderung; Darlehensschulden: Mehrung
c) Passivtausch

10. a) Kasse; Betriebs- und Geschäftsausstattung
b) Kasse: Mehrung; Betriebs- und Geschäftsausstattung: Minderung
c) Aktivtausch

3

Aktiva	Ausgangsbilanz		Passiva
Geschäftsausstattung	78.000,00	Eigenkapital	178.000,00
Waren	110.000,00	Darlehensschulden	40.000,00
Forderungen a. LL	10.000,00	Verbindlichkeiten a. LL	19.000,00
Kasse	9.000,00		
Postbank	14.000,00		
Kreditinstitute	16.000,00		
	237.000,00		237.000,00

Aktiva	Bilanz 1		Passiva
Geschäftsausstattung	**77.550,00**	Eigenkapital	178.000,00
Waren	110.000,00	Darlehensschulden	40.000,00
Forderungen a. LL	10.000,00	Verbindlichkeiten a. LL	19.000,00
Kasse	**9.450,00**		
Postbank	14.000,00		
Kreditinstitute	16.000,00		
	237.000,00		237.000,00

Aktivtausch

Aktiva	Bilanz 2		Passiva
Geschäftsausstattung	77.550,00	Eigenkapital	178.000,00
Waren	**116.500,00**	Darlehensschulden	40.000,00
Forderungen a. LL	10.000,00	**Verbindlichkeiten a. LL**	**25.500,00**
Kasse	9.450,00		
Postbank	14.000,00		
Kreditinstitute	16.000,00		
	243.500,00		243.500,00

Aktiv-Passiv-Mehrung

Aktiva	Bilanz 3		Passiva
Geschäftsausstattung	77.550,00	Eigenkapital	178.000,00
Waren	**108.400,00**	Darlehensschulden	40.000,00
Forderungen a. LL	**18.100,00**	Verbindlichkeiten a. LL	25.500,00
Kasse	9.450,00		
Postbank	14.000,00		
Kreditinstitute	16.000,00		
	243.500,00		243.500,00

Aktivtausch

Aktiva	Bilanz 4		Passiva
Geschäftsausstattung	77.550,00	Eigenkapital	178.000,00
Waren	108.400,00	**Darlehensschulden**	**35.500,00**
Forderungen a. LL	18.100,00	Verbindlichkeiten a. LL	25.500,00
Kasse	9.450,00		
Postbank	14.000,00		
Kreditinstitute	**11.500,00**		
	239.000,00		239.000,00

Aktiv-Passiv-Mehrung

(Lehrbuch, Seite 399/400)

Aktiva	Bilanz 5		Passiva
Geschäftsausstattung	77.550,00	Eigenkapital	178.000,00
Waren	118.400,00	Darlehensschulden	35.500,00
Forderungen a. LL	18.100,00	Verbindlichkeiten a. LL	25.500,00
Kasse	9.450,00		
Postbank	**9.000,00**		
Kreditinstitute	**16.500,00**		
	239.000,00		239.000,00

Aktivtausch

4

Aktiva	Ausgangsbilanz		Passiva
Bebaute Grundstücke	250.000,00	Eigenkapital	305.000,00
Geschäftsausstattung	80.000,00	Hypothekenschulden	120.000,00
Waren	115.000,00	Darlehensschulden	38.000,00
Forderungen a. LL	11.000,00	Verbindlichkeiten a. LL	20.000,00
Kasse	10.000,00		
Kreditinstitute	17.000,00		
	483.000,00		483.000,00

Aktiva	Bilanz 1		Passiva
Bebaute Grundstücke	250.000,00	Eigenkapital	305.000,00
Geschäftsausstattung	80.000,00	**Hypothekenschulden**	**136.000,00**
Waren	115.000,00	**Darlehensschulden**	**22.000,00**
Forderungen a. LL	11.000,00	Verbindlichkeiten a. LL	20.000,00
Kasse	10.000,00		
Kreditinstitute	17.000,00		
	483.000,00		483.000,00

Passivtausch

Aktiva	Bilanz 2		Passiva
Bebaute Grundstücke	250.000,00	Eigenkapital	305.000,00
Geschäftsausstattung	80.000,00	Hypothekenschulden	136.000,00
Waren	115.000,00	Darlehensschulden	22.000,00
Forderungen a. LL	**7.400,00**	Verbindlichkeiten a. LL	20.000,00
Kasse	10.000,00		
Kreditinstitute	**20.600,00**		
	483.000,00		483.000,00

Aktivtausch

Aktiva	Bilanz 3		Passiva
Bebaute Grundstücke	250.000,00	Eigenkapital	305.000,00
Geschäftsausstattung	80.000,00	Hypothekenschulden	136.000,00
Waren	115.000,00	Darlehensschulden	22.000,00
Forderungen a. LL	7.400,00	**Verbindlichkeiten a. LL**	**17.000,00**
Kasse	10.000,00		
Kreditinstitute	**17.600,00**		
	480.000,00		480.000,00

Aktiv-Passiv-Minderung

(Lehrbuch, Seite 399/400)

Aktiva		Bilanz 4	Passiva
Bebaute Grundstücke	250.000,00	Eigenkapital	305.000,00
Geschäftsausstattung	80.000,00	Hypothekenschulden	136.000,00
Waren	115.000,00	Darlehensschulden	**30.500,00**
Forderungen a. LL	7.400,00	Verbindlichkeiten a. LL	**8.500,00**
Kasse	10.000,00		
Kreditinstitute	17.600,00		
	480.000,00		480.000,00

Passivtausch

Aktiva		Bilanz 5	Passiva
Bebaute Grundstücke	250.000,00	Eigenkapital	305.000,00
Geschäftsausstattung	80.000,00	**Hypothekenschulden**	**129.000,00**
Waren	115.000,00	Darlehensschulden	30.500,00
Forderungen a. LL	7.400,00	Verbindlichkeiten a. LL	8.500,00
Kasse	10.000,00		
Kreditinstitute	**10.600,00**		
	473.000,00		473.000,00

Aktiv-Passiv-Minderung

Aktionen (Seite 400)

1 Hinweise zur Erstellung
- eines **Referats** sind nachzulesen im Kap. 1.2 im Lehrbuch,
- einer **Mindmap** finden sich in den Kapiteln 1.2 und 1.3 im Lehrbuch.

2 a) schülerabhängige Lösungen

b) Zur **Gestaltung von Folien** sind u. a. im Kap. 1.3 im Lehrbuch ausführliche Hinweise zu finden.

4.5 Wir lösen die Bilanz in aktive und passive Bestandskonten auf

Einstieg (Seite 401)

schülerabhängige Lösung

Insbesondere für diesen Einstieg empfiehlt sich die nochmalige Auseinandersetzung mit der **Impuls- und Fragetechnik,** um die Schüler gezielt in Richtung „Konto" führen zu können.

Aufgaben (Seite 405/406)

1 1. Soll 2. Haben 3. Haben 4. Haben
   5. Soll 6. Haben 7. Soll 8. Soll

2

S	aktives Bestandskonto	H	S	passives Bestandskonto	H
Anfangsbestand	Bestandsminderung		Bestandsminderung	Anfangsbestand	
Bestandsmehrung	Schlussbestand		Schlussbestand	Bestandsmehrung	

3 Für unser Kreditinstitut stellt unser Guthaben eine **Schuld** dar. Unser Kreditinstitut bucht also eine Bestandsmehrung im Haben eines **passiven Bestandskontos**.

4

S	Kreditinstitute		H
AB	9.000,00	2. Verbindlichkeiten a. LL	3.000,00
1. Darlehen	6.000,00	3. Geschäfts- u. Betriebsausst.	3.000,00
4. Forderungen a. LL	2.000,00	5. Darlehen	4.000,00
6. Kasse	1.500,00	7. Kasse	2.500,00
		SB	6.000,00
	18.500,00		18.500,00

5

S	Verbindlichkeiten		H
2. Darlehen	2.000,00	AB	8.000,00
3. Kreditinstitute	1.000,00	1. Waren	3.000,00
5. Postbank	2.500,00	4. Waren	1.500,00
SB	10.500,00	6. Waren	3.500,00
	16.000,00		16.000,00

6
1. a) Bareinzahlung auf Postbankkonto
   b) Aktivtausch
2. a) Postüberweisung auf Bankkonto
   b) Aktivtausch
3. a) Tilgung eines Darlehens durch Postüberweisung
   b) Aktiv-Passiv-Minderung
4. a) Kunde begleicht Rechnung durch Postüberweisung
   b) Aktivtausch
5. a) Verkauf von Waren gegen Postscheck
   b) Aktivtausch
6. a) Kauf eines PC gegen Postscheck
   b) Aktivtausch
7. a) Einkauf von Waren gegen Postscheck
   b) Aktivtausch
8. a) Verkauf eines gebrauchten PC gegen Postscheck
   b) Aktivtausch

7
1. a) Aufnahme einer Darlehensschuld gegen Bankgutschrift
   b) Aktiv-Passiv-Mehrung
2. a) Tilgung einer Darlehensschuld durch Postüberweisung
   b) Aktiv-Passiv-Minderung
3. a) Umwandlung einer Liefererschuld in eine Darlehensschuld
   b) Passivtausch
4. a) Tilgung einer Darlehensschuld durch Banküberweisung
   b) Aktiv-Passiv-Minderung

(Lehrbuch, Seite 405/406)

Aktionen (Seite 406/407)

1

A		Bilanz		P
GA	115.000,00	EK		130.000,00
Waren	92.000,00	Darl.		96.000,00
Ford.	30.000,00	Verb.		78.000,00
KI	67.000,00			
	304.000,00			304.000,00

S		Waren	H
AB	92.000,00	SB	104.000,00
1. Verb.	12.000,00		
	104.000,00		104.000,00

S		Kreditinstitute	H
AB	67.000,00	2. GA	21.000,00
4. Ford.	23.000,00	5. Verb.	11.500,00
		SB	57.500,00
	90.000,00		90.000,00

S		Darlehensschulden	H
SB	128.500,00	AB	96.000,00
		3. Verb.	32.500,00
	128.500,00		128.500,00

S		Geschäftsaussttaung	H
AB	115.000,00	SB	136.000,00
2. KI	21.000,00		
	136.000,00		136.000,00

S		Forderungen a. LL	H
AB	30.000,00	4. KI	23.000,00
		SB	7.000,00
	30.000,00		30.000,00

S		Verbindlichkeiten a. LL	H
3. Darl.	32.500,00	AB	78.000,00
5. KI	11.500,00	1. Waren	12.000,00
SB	46.000,00		
	90.000,00		90.000,00

S		Eigenkapital	H
SB	130.000,00	AB	130.000,00

A		Bilanz		P
GB	136.000,00	EK		130.000,00
Waren	104.000,00	Darl.		128.500,00
Ford	7.000,00	Verb.		46.000,00
KI	57.500,00			
	304.500,00			304.500,00

2

A		Bilanz		P
GA	120.000,00	EK		160.000,00
Waren	90.000,00	Darl.		110.000,00
Ford.	72.000,00	Verb.		79.000,00
Kasse	12.000,00			
KI	55.000,00			
	349.000,00			349.000,00

S		Geschäftsaussttaung	H
AB	120.000,00	3. Kasse	4.500,00
1. KI	21.500,00	SB	137.000,00
	141.500,00		141.500,00

S		Waren	H
AB	90.000,00	SB	102.000,00
2. Verb.	12.000,00		
	102.000,00		102.000,00

S		Kasse	H
AB	12.000,00	5. KI	2.500,00
3. GA	4.500,00	SB	14.000,00
	16.500,00		16.500,00

S		Eigenkapital	H
SB	160.000,00	AB	160.000,00

S		Verbindlichkeiten a. LL	H
4. Darl.	11.000,00	AB	79.000,00
8. KI	22.500,00	2. Waren	12.000,00
SB	57.500,00		
	91.000,00		91.000,00

S		Forderungen a. LL	H
AB	72.000,00	7. KI	13.000,00
		SB	59.000,00
	72.000,00		72.000,00

S	Kreditinstitute		H
AB	55.000,00	1. GA	21.500,00
5. Kasse	2.500,00	6. Darl.	2.000,00
7. Ford.	13.000,00	8. Verb.	22.500,00
		SB	24.500,00
	70.500,00		70.500,00

A	Bilanz		P
GA	137.000,00	EK	160.000,00
Waren	102.000,00	Darl.	119.000,00
Ford.	59.000,00	Verb.	57.500,00
Kasse	14.000,00		
KI	24.500,00		
	336.500,00		336.500,00

S	Darlehensschulden		H
6. KI	2.000,00	AB	110.000,00
SB	119.000,00	3. Verb.	11.000,00
	121.000,00		121.000,00

3

A	Bilanz		P
B.Grdst.	195.000,00	EK	228.000,00
GA	125.000,00	Hypoth.	150.000,00
Waren	75.000,00	Darl.	115.000,00
Ford.	90.000,00	Verb.	72.000,00
Kasse	15.000,00		
Postbank	27.000,00		
Kreditinst.	38.000,00		
	565.000,00		565.000,00

S	Waren		H
AB	75.000,00	SB	83.500,00
6. Verb.	8.500,00		
	83.500,00		83.500,00

S	Gebaute Grundstücke		H
SB	195.000,00	AB	195.000,00

S	Geschäftsausstattung		H
AB	125.000,00	SB	134.500,00
1. KI	9.500,00		
	134.500,00		134.500,00

S	Forderungen a. LL		H
AB	90.000,00	5. Po.	23.000,00
		10. Po.	9.500,00
		SB	57.500,00
	90.000,00		90.000,00

S	Kasse		H
AB	15.000,00	SB	16.500,00
2. KI	1.500,00		
	16.500,00		16.500,00

S	Darlehensschulden		H
9. Hypoth.	24.000,00	AB	115.000,00
SB	106.000,00	8. KI	15.000,00
	130.000,00		130.000,00

S	Kreditinstitute		H
AB	38.000,00	2. Kasse	1.500,00
1. Post	12.000,00	3. Hypoth.	2.500,00
8. Darl.	15.000,00	4. GA	9.500,00
		7. Verb.	7.000,00
		SB	44.500,00
	65.000,00		65.000,00

S	Postbank		H
AB	27.000,00	1. KI	12.000,00
5. Ford.	23.000,00	SB	47.500,00
10. Ford.	9.500,00		
	59.500,00		59.500,00

S	Eigenkapital		H
SB	228.000,00	AB	228.000,00

S	Hypothekenschulden		H
3. KI	2.500,00	AB	150.000,00
SB	171.500,00	9. Darl.	24.000,00
	174.000,00		174.000,00

S	Verbindlichkeiten a. LL		H
7. KI	7.000,00	AB	72.000,00
SB	73.500,00	6. Waren	8.500,00
	80.500,00		80.500,00

A	Bilanz		P
B.Grdst.	195.000,00	EK	228.000,00
GA	134.500,00	Hypoth.	171.500,00
Waren	83.500,00	Darl.	106.000,00
Ford.	57.500,00	Verb.	73.500,00
Kasse	16.500,00		
Postbank	47.500,00		
Kreditinst.	44.500,00		
	579.000,00		579.000,00

(Lehrbuch, Seite 406/407)

4.6 Wir lernen den Buchungssatz kennen

Einstieg (Seite 408)

Buchungssatz:

Konten	Soll	Haben
Kreditinstitute	3.000,00	
an Kasse		3.000,00

Aufgaben (Seite 410–413)

1
1. Kasse an Fuhrpark — 5.000,00 €
2. Waren an Verb. a. LL — 3.500,00 €
3. Kreditinstitute an Kasse — 2.100,00 €
4. Kasse an Geschäftsausstattung — 300,00 €
5. Darlehensschulden an Kreditinstitute — 4.800,00 €
6. Verb. a. LL an Kreditinstitute — 1.400,00 €
7. Postbank an Ford. a. LL — 3.900,00 €
8. Kreditinstitute an Postbank — 3.800,00 €
9. Kreditinstitute an Darlehensschulden — 6.300,00 €
10. Verb. a. LL an Darlehensschulden — 2.500,00 €
11. Fuhrpark an Kreditinstitute — 18.000,00 €
12. Kasse an Kreditinstitute — 1.000,00 €
13. Kasse an Waren — 500,00 €
14. Kreditinstitute an Hypothekenschulden — 30.000,00 €
15. Verb. a. LL an Kasse — 1.200,00 €
16. Kasse an Ford. a. LL — 800,00 €
17. Hypothekenschulden an Postbank — 2.000,00 €
18. Geschäftsausstattung an Kreditinstitute — 1.500,00 €

2
1. Zieleinkauf von Waren
2. Zielverkauf eines gebrauchten Pkw
3. Kauf eines Pkw gegen Bankscheck
4. Bareinzahlung auf Bankkonto
5. Tilgung einer Darlehensschuld durch Banküberweisung
6. Wir begleichen eine Liefererrechnung durch Postüberweisung.
7. Verkauf eines gebrauchten PC gegen Bankscheck
8. Umwandlung einer Liefererschuld in eine Darlehensschuld
9. Barabhebung vom Postbankkonto
10. Aufnahme einer Darlehensschuld gegen Bankgutschrift
11. Postüberweisung auf Bankkonto
12. Kunde begleicht unsere Rechnung durch Postüberweisung.
13. Bareinkauf von Waren
14. Barkauf eines PC
15. Verkauf von Waren gegen Bankscheck
16. Wir begleichen die Rechnung unseres Lieferers durch Banküberweisung.

3 1. a) Geschäftsausstattung an Kreditinstitute 1.000,00 €
　　b) Kauf eines PC mit ec-Karte unserer Bank
　2. a) Waren an Verb. a. LL　　　　　　　　　　　　　　　　　2.500,00 €
　　b) Zieleinkauf von Waren
　3. a) Verb. gegenüber Kreditinstituten an Kreditinstitute　　　3.000,00 €
　　b) Tilgung einer Darlehensschuld durch Banküberweisung
　4. a) Kreditinstitute an Ford. a. LL　　　　　　　　　　　　　3.000,00 €
　　b) Kunde begleicht unsere Rechnung durch Banküberweisung.
　5. a) Verb. a. LL an Kreditinstitute　　　　　　　　　　　　　2.500,00 €
　　b) Wir begleichen eine Liefererrechnung durch Banküberweisung.
　6. a) Verb. a. LL an Verb. gegenüber Kreditinstituten　　　　3.500,00 €
　　b) Umwandlung einer Lieferschuld in eine Darlehensschuld
　7. a) Kreditinstitute an Geschäftsausstattung　　　　　　　　500,00 €
　　b) Verkauf eines gebrauchten PC gegen Bankscheck

4 Beleg 1:
　GF 1 a) Kunde begleicht unsere Rechnung durch Banküberweisung.
　　　b) Kreditinstitute an Ford. a. LL　　　　　　　　　　　　43.400,00 €
　GF 2 a) Wir begleichen Liefererrechnung durch Banküberweisung.
　　　b) Verb. a. LL an Kreditinstitute　　　　　　　　　　　　58.950,00 €
　GF 3 a) Bareinzahlung auf Bankkonto.
　　　b) Kreditinstitute an Kasse　　　　　　　　　　　　　　5.000,00 €

Beleg 2:
a) Gutschrift unseres Lieferers für unsere Doppelzahlung.
b) Kreditinstitute an Verb. a. LL　　　　　　　　　　　　　　　8.786,00 €

5 a) Verb. a. LL an Kreditinstitute　　　　　　　　　　　　　43.400,00 €
　b) Kreditinstitute an Ford. a. LL　　　　　　　　　　　　　58.950,00 €
　c) Ford. a. LL an Kreditinstitute　　　　　　　　　　　　　　8.786,00 €

6

Nr.	Text	Soll	Haben
1.	Kreditinstitute	2.000,00	
	Postbank	3.000,00	
	an Ford. a. LL		5.000,00
2.	Fuhrpark	11.500,00	
	an Kasse		1.500,00
	an Kreditinstitute		10.000,00
3.	Waren	4.000,00	
	an Kasse		1.000,00
	an Verb. a. LL		3.000,00
4.	Verb. gegenüber KI	4.000,00	
	an Kreditinstitute		2.500,00
	an Postbank		1.500,00

(Lehrbuch, Seite 410–413)

Nr.	Text	Soll	Haben
5.	Kasse	1.000,00	
	Kreditinstitute	7.000,00	
	an Fuhrpark		8.000,00
6.	Waren	6.000,00	
	an Kasse		500,00
	an Kreditinstitute		2.000,00
	an Verb. a. LL		3.500,00
7.	Verb. a. LL	6.000,00	
	an Kasse		1.000,00
	an Postbank		2.000,00
	an Kreditinstitute		3.000,00
8.	Kasse	200,00	
	Kreditinstitute	300,00	
	an B.- u. G.-Ausst.		500,00
9.	Unbeb. Grundstücke	152.000,00	
	an Kasse		2.000,00
	an Kreditinstitute		150.000,00
10.	Verb. gegenüber KI	10.000,00	
	an Kreditinstitute		3.000,00
	an Kasse		1.000,00
	an Postbank		6.000,00
11.	B.- u. G.-Ausst.	1.500,00	
	an Kasse		500,00
	an Postbank		1.000,00

7 1. a) Waren 5.000,00 €
       an Kasse 1.000,00 €
       an Verb. a. LL 4.000,00 €
   b) Wareneinkauf gegen Barzahlung u. auf Ziel

  2. a) Postbank 2.500,00 €
      Kreditinstitute 1.500,00 €
      an Ford. a. LL 4.000,00 €
   b) Kunde begleicht unsere Rechnung durch Bank- und Postüberweisung.

  3. a) Geschäftsaustattung 2.000,00 €
       an Kasse 500,00 €
       an Postbank 1.500,00 €
   b) Kauf eines PC gegen Barzahlung und Postscheck

  4. a) Ford. a. LL 600,00 €
      Kreditinstitute 400,00 €
      an Geschäftsausstattung 1.000,00 €
   b) Verkauf eines gebrauchten PC auf Ziel und gegen Bankscheck

  5. a) Verb. a. LL 5.000,00 €
       an Kreditinstitute 3.500,00 €
       an Postbank 1.500,00 €
   b) Wir begleichen Liefererrechnung durch Bank- und Postüberweisung.

(Lehrbuch, Seite 410–413)

8 a) Kauf von Einrichtungsgegenständen gegen Barzahlung und gegen Bankscheck
b) Geschäftsausstattung 3.840,00 €
   an Kasse 2.000,00 €
   an Kreditinstitute 1.840,00 €

Aktionen (Seite 413/414)

1 Hier sollen die Schüler die **SQ3R-Methode** (siehe Kap. 1.2 im Lehrbuch) erfolgreich umsetzen.
Die Schüler sollen selbstständig aus der Anzahl der bis dato erlernten **Methoden zur Informationsgewinnung** wählen. Zu nennen sind: aktives Lesen, kritisches Lesen, Exzerpieren, Notizen und Mitschriften machen, Informationsbeschaffung in Bibliotheken, Umgang mit Nachschlagewerken, Nutzung des Internets, Interview und/oder Sachverständigenbefragung.
Weiterhin sollten die Schüler aufgefordert werden, ihr Ergebnis in **freier Rede** zu erklären. Vorbereitend für die Vortragsphase muss auf folgende Punkte hingewiesen werden:
- sich kurz fassen
- laut und deutlich reden, in kurzen und verständlichen Sätzen
- kurze Pausen einlegen, wenn ein Gedanke abgeschlossen ist
- Zuhörer anschauen

2 a)

	Buchungssatz	Betrag in €	
		Soll	Haben
1	Waren	5.300,00	
	an Kasse		600,00
	an Verbindlichkeiten a. LL		4.700,00
2	BGA	2.800,00	
	an Kreditinstitute		1.700,00
	an Postbank		800,00
	an Kasse		300,00
3	Darlehen	5.500,00	
	an Kreditinstitute		5.500,00
4	Kreditinstitute	700,00	
	an Forderungen a. LL		700,00
5	Verbindlichkeiten a. LL	3.900,00	
	an Kreditinstitute		2.000,00
	an Postbank		1.500,00
	an Kasse		400,00

b) + c) schülerabhängige Lösung

3 Die **Fragerunde** soll helfen, das Lerngebiet zu vertiefen.
Mögliche Stolpersteine, auf die der Lehrer achten sollte:
- Die Schüler formulieren die Fragen zu eng oder zu weit. Insofern sind zu Beginn Hilfestellungen zu geben.
- Die Schüler verfügen über zu wenig Vorwissen und sind nicht in der Lage, ausreichend Fragen zu formulieren.

4.7 Wir lernen das Eröffnungsbilanzkonto und das Schlussbilanzkonto kennen

Einstieg (Seite 415)

Doppelte Buchführung bedeutet, dass jeder Geschäftsfall **doppelt gebucht** wird: Der Betrag wird auf einem Konto auf der *Soll-Seite* und auf einem anderen Konto auf der *Haben-Seite* festgehalten. Es erfolgt **keine Buchung ohne Gegenbuchung.**

Insofern soll an dieser Stelle von den Schülern erkannt werden, dass bisher die Anfangsbestände lediglich mit „AB" ohne Gegenbuchung auf die Bestandskonten übertragen wurden und daher dem Sinn der Doppik zuwidergehandelt wurde.

Die Schüler sollen herausfinden, dass es eines weiteren Kontos bedarf, um auch beim Einrichten der Bestandskonten (= Übertragen der Anfangsbestände) das System der doppelten Buchführung zu gewährleisten.

Aufgaben (Seite 416/417)

1 Das Eröffnungsbilanzkonto nimmt die Aktivposten der Bilanz im Haben und die Passivposten der Bilanz im Soll auf. Somit ist das Eröffnungsbilanzkonto das Spiegelbild der Bilanz.

Das Schlussbilanzkonto ist ebenso aufgebaut wie die Bilanz: Im Soll stehen die Schlussbestände der aktiven Bestandskonten (Vermögenspositionen) und im Haben die Schlussbestände der passiven Bestandskonten (Kapitalpositionen).

2 Das Eröffnungsbilanzkonto ermöglicht Soll- und Haben-Buchungen für die Anfangsbestände.

3

Buchungssätze	a)		b)	
1. Kasse	5.000,00		7.000,00	
an Kreditinstitute		5.000,00		7.000,00
2. Waren	6.000,00		8.000,00	
an Verb. a. LL		6.000,00		8.000,00
3. Kreditinstitute	3.000,00		5.000,00	
an Ford. a. LL		3.000,00		5.000,00
4. Kasse	2.500,00		2.400,00	
an Geschäftsausstatt.		2.500,00		2.400,00
5. Kreditinstitute	1.000,00		1.500,00	
an Kasse		1.000,00		1.500,00
6. Verb. a. LL	5.000,00		7.000,00	
an Kreditinstitute		5.000,00		7.000,00
7. Kreditinstitute	7.000,00		8.000,00	
Kasse	3.000,00		4.000,00	
an Verb. gegenüber KI		10.000,00		12.000,00

a)

S	Schlussbilanzkonto			H
Geschäftsaustellung	87.500,00	Eigenkapital		113.600,00
Waren	101.000,00	Verb. gegenüber KI		120.000,00
Forderungen a. LL	27.000,00	Verbindlichkeiten a. LL		43.000,00
Kasse	15.100,00			
Kreditinstitute	46.000,00			
	276.600,00			276.600,00

b)

S	Schlussbilanzkonto			H
Geschäftsaustellung	87.500,00	Eigenkapital		113.600,00
Waren	103.000,00	Verb. gegenüber KI		122.000,00
Forderungen a. LL	25.000,00	Verbindlichkeiten a. LL		43.000,00
Kasse	17.500,00			
Kreditinstitute	45.500,00			
	278.600,00			278.600,00

4 Buchungssätze

		a)		b)	
1. Waren	5.000,00		5.800,00		
an Verb. a. LL		2.500,00		3.500,00	
an Kasse		500,00		800,00	
an Kreditinstitute		2.000,00		1.500,00	
2. Verb. gegenüber KI	5.000,00		7.000,00		
an Kreditinstitute		5.000,00		7.000,00	
3. Geschäftsausstattung	1.800,00		1.600,00		
an Kasse		800,00		900,00	
an Kreditinstitute		1.000,00		700,00	
4. Ford. a. LL	1.800,00		1.500,00		
Kasse	900,00		800,00		
Kreditinstitute	1.200,00		1.300,00		
an Fuhrpark		3.900,00		3.600,00	
5. Verb. a. LL	3.000,00		2.500,00		
an Verb. gegenüber KI		3.000,00		2.500,00	
6. Kreditinstitute	1.800,00		2.100,00		
an Ford. a. LL		1.800,00		2.100,00	
7. Verb. a. LL	2.900,00		3.600,00		
an Kasse		900,00		1.200,00	
an Kreditinstitute		2.000,00		2.400,00	

a)

S	Schlussbilanzkonto			H
Fuhrpark	116.100,00	Eigenkapital		131.000,00
Geschäftsaustellung	86.800,00	Verb. gegenüber KI		158.000,00
Waren	115.000,00	Verbindlichkeiten a. LL		74.600,00
Forderungen a. LL	19.000,00			
Kasse	8.700,00			
Kreditinstitute	18.000,00			
	363.600,00			363.600,00

(Lehrbuch, Seite 416/417)

b)

S	Schlussbilanzkonto		H
Fuhrpark	116.400,00	Eigenkapital	131.000,00
Geschäftsaustellung	86.600,00	Verb. gegenüber KI	155.500,00
Waren	115.800,00	Verbindlichkeiten a. LL	75.400,00
Forderungen a. LL	18.400,00		
Kasse	7.900,00		
Kreditinstitute	16.800,00		
	361.900,00		361.900,00

Aktionen (Seite 417)

Bezüglich der **Erstellung eines Referats** wird insbesondere auf das Kap. 1.2 im Lehrbuch verwiesen.

4.8 Wir buchen Aufwendungen und Erträge auf Erfolgskonten

Einstieg (Seite 419)

Nach weiteren schulischen und betrieblichen Unterweisungen wird Anja Kruse die vorliegenden Geschäftsfälle wie folgt buchen:

Gehaltszahlung (Abschlag) bar	400,00 €	Gehälter an Kasse	400,00 €
Mieteinnahme bar	1.000,00 €	Kasse an Mieterträge	1.000,00 €
Kosten für eine Werbeanzeige Abbuchung vom Bankkonto	250,00 €	Werbe- und Reisekosten an Kreditinstitute	250,00 €
Zinserträge – Gutschrift auf dem Bankkonto	500,00 €	Kreditinstitute an Zinserträge	500,00 €

Aufgaben (Seite 423–425)

1
1. Eigenkapital an Kreditinstitute   1.800,00 €
2. Kreditinstitute an Eigenkapital   900,00 €
3. Eigenkapital an Kreditinstitute   770,00 €
4. Eigenkapital an Kreditinstitute   12.500,00 €
5. Eigenkapital an Kasse   420,00 €
6. Postbank an Eigenkapital   5.100,00 €
7. Eigenkapital an Kreditinstitute   850,00 €
8. Eigenkapital an Kasse   95,00 €

2
- Das Buchen sämtlicher Erfolgsvorgänge über das Eigenkapital macht das Eigenkapitalkonto zu unübersichtlich.
- Die sachliche Herkunft der einzelnen Erträge und Aufwendungen ist aus dem Eigenkapitalkonto nicht erkennbar.

3 a) S   b) S   c) S   d) H   e) H   f) H   g) S   h) H   i) H
j) H   k) S   l) S   m) H   n) S

4

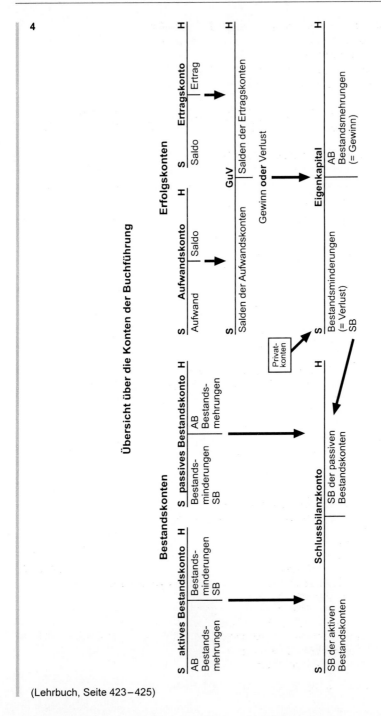

(Lehrbuch, Seite 423–425)

5
1. Kreditinstitute an Zinserträge 950,00 €
2. Löhne an Kreditinstitute 3.000,00 €
3. Bürobedarf an Kasse 120,00 €
4. Mietaufwendungen an Postbank 1.100,00 €
5. Kreditinstitute an Provisionserträge 4.300,00 €

S	Löhne		H
2. KI	3.000,00	GuV	3.000,00

S	Provisionserträge		H
GuV	4.300,00	5. KI	4.300,00

S	Mietaufwendungen		H
4. Postb.	1.100,00	GuV	1.100,00

S	Bürobedarf		H
3. Kasse	120,00	GuV	120,00

S	GuV		H
Löhne	3.000,00	Zinsertr.	950,00
Mietaufw.	1.100,00	Prov'ertr.	4.300,00
Bürobed.	120,00		
Gewinn	1.030,00		
	5.250,00		5.250,00

S	Zinserträge		H
GuV	950,00	1. KI	950,00

6 Beleg 1: a) Wir kaufen Büromaterial bar.
b) Bürobedarf an Kasse 23,50 €
Beleg 2: a) Tankquittung unseres Reisenden
b) Kraftstoffe an Kasse 53,69 €
Beleg 3: 1. Buchung
a) Die Januarmiete wird auf unser Bankkonto überwiesen.
b) Kreditinstitute an Betriebsfremde Erträge 920,00 €
2. Buchung
a) Lastschrift für Stromverbrauch
b) Gas, Strom, Wasser an Kreditinstitute 4.500,00 €
Beleg 4: a) Von unserem Bankkonto werden Darlehenszinsen und Darlehenstilgung abgebucht.
b) Zinsaufwendungen 298,42 €
Verb. gegenüber KI 76,58 €
an Kreditinstitute 375,00 €
Beleg 5: a) Kontoabschlussrechnung über Zinserträge, Zinsaufwendungen und Bankprovisionen
b) Zinsaufwendungen 468,00 €
Kosten des Geldverkehrs 180,00 €
an Zinserträge 75,00 €
an Kreditinstitute 573,00 €
Beleg 6: a) Bankgutschrift für Rückzahlung der Kfz-Versicherung für abgemeldeten Lkw
b) Kreditinstitute an Versicherungsbeiträge 535,00 €
Beleg 7: a) Barkauf von Postwertzeichen
b) Porto, Telefon, Telefax an Kasse 30,60 €
Beleg 8: a) Barkauf von CD-Rohlingen
b) Bürobedarf an Kasse 12,95 €

(Lehrbuch, Seite 423–425)

Aktionen (Seite 425/426)

1 Buchungssätze

1.	Kreditinstitute	850,00 €	
	an Zinserträge		850,00 €
2.	Waren	3.000,00 €	
	an Verb. a. LL		3.000,00 €
3.	Bürobedarf	120,00 €	
	an Kasse		120,00 €
4.	Verb. gegenüber KI	2.000,00 €	
	an Kreditinstitute		2.000,00 €
5.	Zinsaufwendungen	350,00 €	
	an Kreditinstitute		350,00 €
6.	Kreditinstitute	4.000,00 €	
	an Forderungen a. LL		4.000,00 €
7.	Löhne	4.500,00 €	
	an Kreditinstitute		4.500,00 €
8.	Kreditinstitute	1.200,00 €	
	an Provisionserträge		1.200,00 €
9.	Kasse	3.500,00 €	
	an Geschäftsausstattung		3.500,00 €
10.	Verb. a. LL	2.000,00 €	
	an Kreditinstitute		2.000,00 €

S	GuV		H	S	Eigenkapital		H
Bürob.	120,00	Zinsertr.	850,00	GuV			
Zinsaufw.	350,00	Prov'ertr.	1.200,00	(Verlust)	2.920,00	AB	98.500,00
Löhne	4.500,00	EK (Verlust)	2.920,00	SB	95.580,00		
	4.970,00		4.970,00		98.500,00		98.500,00

S	Schlussbilanzkonto			H
Geschäftsausstattung	75.500,00	Eigenkapital		95.580,00
Waren	48.000,00	Verb. gegenüber KI		40.000,00
Forderungen a. LL	9.000,00	Verbindlichkeiten a. LL		9.000,00
Kasse	5.880,00			
Kreditinstitute	6.200,00			
	144.580,00			144.580,00

2 Buchungssätze

1.	Kraftstoffkosten	700,00 €	
	an Kasse		700,00 €
2.	Kreditinstitute	5.000,00 €	
	an Ford. a. LL		5.000,00 €
3.	Kreditinstitute	1.000,00 €	
	an Betriebsfremde Erträge		1.000,00 €
4.	Verb. a. LL	3.000,00 €	
	an Kreditinstitute		3.000,00 €
5.	Waren	4.000,00 €	
	an Verb. a. LL		4.000,00 €

6. Kreditinstitute	5.000,00 €	
an Provisionserträge		5.000,00 €
7. Steuern, Beitr. u. Versicherg.	800,00 €	
an Kreditinstitute		800,00 €
8. Kreditinstitute	6.000,00 €	
an Ford. a. LL		6.000,00 €
9. Verb. gegenüber KI	1.000,00 €	
Zinsaufwendungen	500,00 €	
an Kreditinstitute		1.500,00 €
10. Geschäftsausstattung	1.500,00 €	
an Kasse		1.500,00 €
11. Mietaufwendungen	2.000,00 €	
an Kreditinstitute		2.000,00 €
12. Bürobedarf	200,00 €	
an Kasse		200,00 €
13. Kreditinstitute	5.000,00 €	
an Fuhrpark		5.000,00 €

S	GuV		H
Kraftstoffkosten	700,00	Betriebsfr. Erträge	1.000,00
Steuern, Beitr. u. Vers.	800,00	Provisionserträge	5.000,00
Zinsaufwendungen	500,00		
Mietaufwendungen	2.000,00		
Bürobedarf	200,00		
EK (Gewinn)	1.800,00		
	6.000,00		6.000,00

S	Eigenkapital		H
SB	143.800,00	AB	142.000,00
		GuV (Gewinn)	1.800,00
	143.800,00		143.800,00

S	Schlussbilanzkonto		H
Fuhrpark	65.000,00	Eigenkapital	143.800,00
Geschäftsausstattung	26.500,00	Verb. gegenüber KI	49.000,00
Waren	84.000,00	Verbindlichkeiten a. LL	21.000,00
Forderungen a. LL	7.000,00		
Kasse	6.600,00		
Kreditinstitute	24.700,00		
	213.800,00		213.800,00

3 individuelle Schülerergebnisse
Präsentationshinweise und Hinweise zur freien Rede sind in den vorhergehenden Aktionen sowie in den Kap. 1.2 und 1.3 im Lehrbuch hinreichend beschrieben.

4 Die **Fragerunde** soll helfen, das Lerngebiet zu vertiefen. Mögliche Stolpersteine, auf die der Lehrer achten sollte:
- Die Schüler formulieren die Fragen zu eng oder zu weit. Insofern sind zu Beginn Hilfestellungen zu geben.
- Die Schüler verfügen über zu wenig Vorwissen und sind nicht in der Lage, ausreichend Fragen zu formulieren.

(Lehrbuch, Seite 425/426)

4.9 Wir informieren uns über die Warengeschäfte unseres Unternehmens

Einstieg (Seite 428)

Situation 1

1. Summe der Warenverkäufe: 93.600,00 € ⎱ Rohgewinn: 56.580,00 €
   Summe der Wareneinkäufe: 37.020,00 € ⎰

   Die Schüler sollen die Einsicht gewinnen, dass die wichtigsten Erträge in einem Großhandelsunternehmen die *Erträge aus den Warenverkäufen* sind und für diesen Warenverkauf – aber auch für den Wareneinkauf (= Wareneingang) – schon allein wegen der unterschiedlichen Preise (Verkaufspreise/Bezugspreise) auch unterschiedliche Konten geführt werden müssen.

   Weitere Begründungen:
   - Die Mischung von Beständen, Aufwendungen und Erträgen erschwert die Kontrolle der Erfolge und Bestände.
   - Auf dem Warenkonto befinden sich zu viele Buchungen.
   - Das Warenkonto ist dadurch zu unübersichtlich.
   - Gemischte Konten sind nach den Buchhaltungsrichtlinien nicht erwünscht.

2. Aus Gründen der Übersichtlichkeit und für die Zwecke der Kostenrechnung, Planung und Kalkulation müssen daher drei Warenkonten geführt werden:
   - Das Konto **Waren** wird als *aktives Bestandskonto* **Warenbestände** geführt.
   - Sämtliche Einnahmen aus dem Warenverkauf werden auf dem entsprechenden Konto **Warenverkauf** gebucht. Die Erfassung erfolgt zu Verkaufspreisen.
   - Auf dem Konto **Wareneingang** wird der Einkauf von Waren zu Einstandspreisen erfasst.

Situation 2

1.–5.

Lfd.	Buchungssatz	Soll	Haben
	Geschäftsfälle		
1	**Wareneingang**	750.000,00	
	an Verbindlichkeiten a. LL		750.000,00
2	Kreditinstitute	1.100.000,00	
	an **Warenverkauf**		1.100.000,00
	Erfassung des Warenschlussbestandes		
3	SBK	370.000,00	
	an Warenbestände		370.000,00
	Abschluss der Konten Warenbestände, WEG und WVK		
4	Warenbestände	70.000,00	
	an Wareneingang		70.000,00
	Es liegt eine *Bestandsmehrung* vor: Der Warenschlussbestand ist größer als der Anfangsbestand. Eine Bestandsmehrung deutet immer darauf hin, dass im laufenden Geschäftsjahr mehr Waren eingekauft wurden als verkauft. Die nicht verkaufte Ware hat den Lagerbestand erhöht.		
5	GuV	680.000,00	
	an Wareneingang		680.000,00
6	Warenverkauf	1.100.000,00	
	an GuV		1.100.000,00

Rohgewinn 420.000,00 €

Bestandsmehrung

S	Warenbestände		H	S	Wareneingang		H
AB	300.000,00	SBK	370.000,00	VB a. LL	750.000,00	WB	70.000,00
WEG	70.000,00					GuV	680.000,00
	370.000,00		370.000,00		750.000,00		750.000,00

Wareneinsatz

S	GuV		H	S	Warenverkauf		H
WEG	680.000,00	WVK	1.100.000,00	GuV	1.100.000,00	KI	1.100.000,00
Aufw.	450.000,00	Ertr.	600.000,00				
Reingew.	570.000,00						
	1.700.000,00		1.700.000,00				

S	Verbindlichkeiten a. LL		H	S	Kreditinstitute		H
		AB	(…)	AB	(…)		
		WEG	750.000,00	WVK	1.100.000,00		

S	SBK		H	S	Eigenkapital		H
(…)			(…)			AB	(…)
Waren	370.000,00					GuV	570.000,00

Σ Erträge	1.700.000,00 €	Verkaufserlöse	1.100.000,00 €
− Σ Aufwendungen	1.130.000,00 €	− Wareneinsatz	680.000,00 €
= Reingewinn	**570.000,00 €**	**= Rohgewinn**	**420.000,00 €**

Aufgaben (Seite 431)

1 A 1. ↔ B 5.; A 2. ↔ B 4.; A 3. ↔ B 6.; A 4. ↔ B 3.; A 5. ↔ B 2.; A 6. ↔ B 1.

2 a) 100.000,00 €   b) 70.000,00 €

3 a) $(2.000,00 \cdot 50,00) + (5.000,00 \cdot 50,00) - (6.000,00 \cdot 50,00) = 50.000,00$ €
  b) $(100 \cdot 100,00) + (500 \cdot 100,00) - (400 \cdot 100,00) = 20.000,00$ €

4

		a)	b)
	Verkaufserlöse	300.000,00	100.000,00
−	Wareneinsatz	260.000,00	120.000,00
=	Warenrohergebnis	40.000,00	-20.000,00

5 I.

S	Warenbestände		H	S	Wareneingang		H
AB	25.000,00	SB	27.000,00	1. Klasse	5.000,00	WB	2.000,00
WE	2.000,00			3. Verb.	12.000,00	GuV	15.000,00
	27.000,00		27.000,00		17.000,00		17.000,00

S	Warenverkauf		H		S	GuV		H
GuV	20.000,00	2. Klasse	7.000,00		WE	15.000,00	WV	20.000,00
		4. Ford.	13.000,00		•		•	•
	20.000,00		20.000,00		•		•	•

S	SBK		H
•		•	•
Waren	27.000,00	•	•
•		•	•

Warenrohgewinn: 20.000,00 − 15.000,00 = 5.000,00 €

Kalkulationszuschlag
Wareneinsatz   15.000,00   −   100 %
Rohgewinn   5.000,00   −   x %

$$x = \frac{100 \cdot 5.000,00}{15.000,00} = 33{,}3\ \%$$

Handelsspanne
Verkaufserlös 20.000,00   −   100 %
Rohgewinn   5.000,00   −   x %

$$x = \frac{100 \cdot 5.000,00}{20.000,00} = 25\ \%$$

II.

S	Warenbestände		H		S	Wareneingang		H
AB	20.000,00	SB	12.000,00		1. Kasse	5.000,00	GuV	20.000,00
		WE	8.000,00		3. Verb.	7.000,00		
	20.000,00		20.000,00		WB	8.000,00		
						20.000,00		20.000,00

S	Warenverkauf		H
GuV	19.000,00	2. Kasse	3.000,00
		4. Ford.	16.000,00
	19.000,00		19.000,00

S	GuV		H
WE	20.000,00	WV	19.000,00
•		•	•
•		•	•

S	SBK		H
•		•	•
WB	12.000,00	•	•
•		•	•

Warenrohverlust: 19.000,00 − 20.000,00 = − 1.000,00 €
(Errechnung von Kalkulationszuschlag und Handelsspanne nicht möglich)

Aktionen (Seite 431–433)

1. Zur **Netzplantechnik**, zur Anfertigung von **Folien**, über den Einsatz des **Overhead-projektors** und zu den **Präsentationsregeln** liegen im Lehrbuch (Kap. 1.2 und 1.3) diverse Ausführungen vor.

2. Buchungssätze

   1. Wareneingang   70.000,00 €
      an Verbindlichkeiten a. LL   70.000,00 €
   2. Gehälter   18.000,00 €
      an Kreditinstitute   18.000,00 €

3.	Forderungen a. LL	98.000,00 €	
	an Warenverkauf		98.000,00 €
4.	Kreditinstitute	20.000,00 €	
	an Forderungen a. LL		20.000,00 €
5.	Verbindlichk. gegenüber KI	5.000,00 €	
	Zinsaufwendungen	2.000,00 €	
	an Kreditinstitute		7.000,00 €
6.	Bürobedarf	500,00 €	
	an Kasse		500,00 €
7.	Kasse	1.500,00 €	
	an Warenverkauf		1.500,00 €
8.	Porto, Telefon, Telefax	800,00 €	
	an Kreditinstitute		800,00 €
9.	Verbindlichkeiten a. LL	8.000,00 €	
	an Kreditinstitute		8.000,00 €
10.	Kreditinstitute	1.000,00 €	
	an Zinserträge		1.000,00 €
11.	Mietaufwendungen	2.000,00 €	
	an Kreditinstitute		2.000,00 €
12.	Kreditinstitute	500,00 €	
	an Geschäftsausstattung		500,00 €
13.	Wareneingang	2.000,00 €	
	an Kasse		2.000,00 €

S	GuV		H
Wareneingang	60.000,00	Warenverkauf	99.500,00
Gehälter	18.000,00	Zinserträge	1.000,00
Zinsaufwendungen	2.000,00		
Bürobedarf	500,00		
PTT	800,00		
Mietaufwendungen	2.000,00		
EK (Reingewinn)	17.200,00		
	100.500,00		100.500,00

S	Eigenkapital		H
SB	116.200,00	AB	99.000,00
		GuV (Reingewinn)	17.200,00
	116.200,00		116.200,00

S	Schlussbilanzkonto		H
Geschäftsausstattung	59.500,00	Eigenkapital	116.200,00
Warenbestände	92.000,00	Verb. gegenüber KI	55.000,00
Forderungen a. LL	98.000,00	Verbindlichkeiten a. LL	102.000,00
Kasse	8.000,00		
Kreditinstitute	15.700,00		
	273.200,00		273.200,00

(Lehrbuch, Seite 431– 433)

3 Buchungssätze

1.	Postbank	5.000,00 €		
	an Forderungen a. LL		5.000,00 €	
2.	Wareneingang	80.000,00 €		
	an Verbindlichkeiten a. LL		80.000,00 €	
3.	Kreditinstitute	20.000,00 €		
	an Forderungen a. LL		20.000,00 €	
4.	Löhne	15.000,00 €		
	an Kreditinstitute		15.000,00 €	
5.	Forderungen a. LL	95.000,00 €		
	an Warenverkauf		95.000,00 €	
6.	Beiträge	500,00 €		
	an Postbank		500,00 €	
7.	Kasse	1.000,00 €		
	Kreditinstitute	5.000,00 €		
	an Warenverkauf		6.000,00 €	
8.	Kreditinstitute	1.000,00 €		
	an Kasse		1.000,00 €	
9.	Kreditinstitute	5.000,00 €		
	an Provisionserträge		5.000,00 €	
10.	Mietaufwendungen	1.800,00 €		
	an Kreditinstitute		1.800,00 €	
11.	Verbindlichkeiten a. LL	15.000,00 €		
	an Kreditinstitute		15.000,00 €	
12.	Bürobedarf	400,00 €		
	an Kasse		400,00 €	
13.	Wareneingang	5.200,00 €		
	an Kasse		1.200,00 €	
	an Kreditinstitute		4.000,00 €	
14.	Verbindlichk. gegenüber KI	2.000,00 €		
	Zinsaufwendungen	1.000,00 €		
	an Kreditinstitute		3.000,00 €	

S	GuV			H
Wareneingang	70.200,00	Warenverkauf		101.000,00
Löhne	15.000,00	Provisionserträge		5.000,00
Beiträge	500,00			
Mietaufwendungen	1.800,00			
Zinsaufwendungen	1.000,00			
Bürobedarf	400,00			
EK (Reingewinn)	17.100,00			
	106.000,00			106.000,00

S	Eigenkapital			H
SB	110.100,00	AB		93.000,00
		GuV (Reingewinn)		17.100,00
	110.100,00			110.100,00

(Lehrbuch, Seite 431– 433)

S		GuV		H
Geschäftsausstattung	80.000,00	Eigenkapital		110.100,00
Warenbestände	85.000,00	Verb. gegenüber KI		88.000,00
Forderungen a. LL	100.000,00	Verbindlichkeiten a. LL		115.000,00
Kasse	8.400,00			
Postbank	24.500,00			
Kreditinstitute	15.200,00			
	313.100,00			313.100,00

4 Mit der **Durchführung einer Fragerunde** sind die Schüler bereits verraut. Ausführungen zur Fragerunde sind nachzulesen im vorliegenden Lösungsband unter Kap. 4.6, Aktion 3.

4.10 Wir stimmen die Daten der Buchführung mit den Daten der Inventur ab

Einstieg (Seite 434)

1. Die **Soll-Ist-Abweichungen** können verursacht werden durch:
   - falsche Buchungen
   - irrtümlich unterlassene Buchungen
   - mehrfach vorgenommene Buchungen
   - in der laufenden Buchführung nicht bekannt gewordene und deshalb buchhalterisch nicht erfasste Bestandsabgänge (z. B. Schwund, Diebstahl)

2. Die Konsequenzen sind **Korrekturbuchungen,** jeweils abhängig von der vorliegenden Ursache der Inventurdifferenz. Einzelheiten siehe im Lehrbuch Seite 434.

Aufgabe (Seite 435)

Fall 1 und Fall 2
1. Stornobuchung: Kreditinstitute 3.000,00 €
    an TA und Maschinen 3.000,00 €

2. korrekte Buchung: Betriebs- und G'ausstattung 3.000,00 €
    an Kreditinstitute 3.000,00 €

Fall 3
Korrekturbuchung: Verluste aus Kassenbeständen 200,00 €
    an Kasse 200,00 €

Fall 4 und Fall 5
Stornobuchung: Verbindlichkeiten a. LL 40.000,00 €
    an Fuhrpark 40.000,00 €

Fall 6
nachzutragende Buchung: Kasse 500,00 €
    an Provisionserträge 500,00 €

Fall 7
nachzutragende Buchung: Wareneingang 10.000,00 €
    an Verbindlichk. a. LL 10.000,00 €

Fall 8 und Fall 9

1. Stornobuchung:	Kasse	2.500,00 €	
	an Postbank		2.500,00 €
2. korrekte Buchung:	Kreditinstitute	2.500,00 €	
	an Kasse		2.500,00 €

Fall 10

nachzutragende Buchung:	Kasse	1.000,00 €	
	an Betriebsfremde Erträge		1.000,00 €

Fall 11

Stornobuchung:	Kreditinstitute	600,00 €	
	an Zinsaufwendungen		600,00 €

Fall 12

Korrekturbuchung:	Warenverkauf	7.000,00 €	
	an Forderungen a. LL		7.000,00 €

Fall 13 und Fall 14

Korrekturbuchung:	Betriebs- und G'ausstattung	400,00 €	
	an Verbindlichkeiten a. LL		400,00 €

Fall 15

1. Stornobuchung:	Postbank	800,00 €	
	an Zinsaufwendungen		800,00 €
2. korrekte Buchung:	Postbank	800,00 €	
	an Zinserträge		800,00 €

Aktion (Seite 435)

unternehmens- bzw. schülerabhängige Antworten vor dem Hintergrund der bisher erlernten Handlungskompetenzen

4.11 Wir ermitteln die Umsatzsteuerschuld unseres Unternehmens

Einstieg (Seite 436)

1. Jeder Umsatz von Waren bzw. Dienstleistungen, die ein Unternehmer im Rahmen seines Unternehmens ausführt, unterliegt der Umsatzsteuer (auch Mehrwertsteuer genannt). Die Umsatzsteuer (USt) ist eine Steuer, die von einem Unternehmer anhand des Umsatzes bei erbrachten Leistungen im Inland an die Finanzbehörde abzuführen ist.

    Diese Umsatzsteuer ist bei den bisherigen Geschäftsfällen noch unberücksichtigt geblieben. Da die Umsatzsteuer vom Großhändler an das Finanzamt abzuführen ist, hat sie den Charakter von **Verbindlichkeiten**. Sie ist demzufolge auf einem *passiven Bestandskonto* auf der Haben-Seite zu erfassen; das neu einzurichtende Konto trägt den Namen „Umsatzsteuer".

2. Die wirtschaftlichen Auswirkungen sind für die beiden Beteiligten die folgenden:

    a) Textilgroßhändler *Spindler KG:* Die Umsatzsteuer ist lediglich ein **durchlaufender Posten**. Sie wurde der Ambiente Warenhaus AG in Rechnung gestellt und von der *Spindler KG* für das Finanzamt eingezogen.

b) **Ambiente Warenhaus AG:** Da die Ambiente Warenhaus AG als Einzelhändler die Kurzmäntel an Endverbraucher weiterverkauft, ist die Umsatzsteuer für sie ebenfalls lediglich ein **durchlaufender Posten.** Die Umsatzsteuer, die vom Endverbraucher gezahlt wird, wird vom Warenhaus für das Finanzamt eingezogen und an dieses abgeführt.

Wirtschaftlich gesehen ist daher die *Umsatzsteuer eine Verbrauchsteuer,* mit der allein der Endverbraucher von Lieferungen und sonstigen Leistungen belastet wird.

Aufgaben (Seite 442–446)

1 A 1. ↔ B 3.; A 2. ↔ B 8.; A 3. ↔ B 9.; A 4. ↔ B 5.; A 5. ↔ B 4.; A 6. ↔ B 2.; A 7. ↔ B 1.; A 8. ↔ B 7.; A 9. ↔ B 6.

2 a) Beleg 1: Ford. a. LL 12.143,36 €
an Warenverkauf 10.204,50 €
an Umsatzsteuer 1.938,86 €
Beleg 2: Instandhaltung 111,16 €
Vorsteuer 21,12 €
an Verbindlichkeiten a. LL 132,28 €

b) Beleg 1: (Tina Hempe e. Kffr.):
Wareneingang 10.204,50 €
Vorsteuer 1.938,86 €
an Verbindlichkeiten a. LL 12.143,36 €
Beleg 2: (Heinrich Paulmann e. K.):
Forderungen a. LL 132,28 €
an Umsatzerlöse f. e. Instandsetzung 111,16 €
an Umsatzsteuer 21,12 €

3 Beleg 1: a) Eingangsrechnung über Fachliteratur
b) Zeitungen und Fachliteratur 42,67 €
Vorsteuer 2,99 €
an Verbindlichkeiten a. LL 45,66 €
Beleg 2: a) Kauf eines Pkw mit ec-Karte der Bank
b) Fuhrpark 46.850,00 €
Vorsteuer 8.901,50 €
an Kreditinstitute 55.751,50 €
Beleg 3: a) Barkauf von Bürobedarf
b) Bürobedarf 50,00 €
Vorsteuer 9,50 €
an Kasse 59,50 €
Beleg 4: a) Wir erteilen einem Kunden (!) eine Provisionsgutschrift.
b) Provisionen 500,00 €
Vorsteuer 95,00 €
an Forderungen a. LL 595,00 €
Beleg 5: a) Barzahlung einer Taxifahrt zum Lieferer
b) Werbe- und Reisekosten 12,00 €
Vorsteuer 0,84 €
an Kasse 12,84 €

Beleg 6: a) Eingangsrechnung einer Gebäudereinigungsfirma
über Reinigung des Betriebsgebäudes
b) Sonstige Betriebskosten 1.400,00 €
Vorsteuer 266,00 €
an Verbindlichkeiten a. LL 1.666,00 €

Beleg 7: a) Eingangsrechnung einer Werbeagentur für
Gestaltung unseres Verkaufskataloges
b) Werbe- und Reisekosten 9.000,00 €
Vorsteuer 1.710,00 €
an Verbindlichkeiten a. LL 10.710,00 €

Beleg 8: a) Banküberweisung der Zahllast für Oktober
b) Umsatzsteuer 11.780,00 €
an Kreditinstitute 11.780,00 €

Beleg 9: a) Erstattung d. Vorsteuerüberhanges
(März) durch das Finanzamt (Bankgutschrift)
b) Kreditinstitute 503,00 €
an Vorsteuer 503,00 €

4 I

S	Forderungen a. LL	H	S	Verbindlichkeiten a. LL	H
WV/USt	107.100,00			WE/VSt	83.300,00

S	Wareneingang	H	S	Warenverkauf	H
Verb.	70.000,00			Ford.	90.000,00

S	Vorsteuer	H		S	Umsatzsteuer	H	
Verb.	13.300,00	USt	13.300,00	VSt	13.300,00	Ford.	17.100,00
				SBK	3.800,00		
					17.100,00		17.100,00

Umsatzsteuer an Schlussbilanzkonto 3.800,00 €

II

S	Forderungen a. LL	H	S	Verbindlichkeiten a. LL	H
WV/USt	71.400,00			WE/VSt	95.200,00

S	Wareneingang	H	S	Warenverkauf	H
Verb.	80.000,00			Ford.	60.000,00

S	Vorsteuer	H		S	Umsatzsteuer	H
Verb.	15.200,00	USt	11.400,00	VSt	11.400,00	Ford.	11.400,00
		SBK	3.800,00				
	15.200,00		15.200,00				

Schlussbilanzkonto an Vorsteuer 3.800,00 €

(Lehrbuch, Seite 442–446)

5 a)

Nr.	Text	Soll	Haben
1	Buchung der AR der Grundstoffindustrie		
	Forderungen a. LL	47.600,00	
	an Warenverkauf[1]		40.000,00
	an Umsatzsteuer		7.600,00
2	Buchung der ER der verarb. Industrie		
	Rohstoffe/Aufw. für Rohstoffe[2]	40.000,00	
	Vorsteuer	7.600,00	
	an Verbindlichkeiten a. LL		47.600,00
3	Buchung der AR der verarb. Industrie		
	Forderungen a. LL	119.000,00	
	an Warenverkauf[1]		100.000,00
	an Umsatzsteuer		19.000,00
4	Buchung der ER des Großhandels		
	Wareneingang	100.000,00	
	Vorsteuer	19.000,00	
	an Verbindlichkeiten a. LL		119.000,00
5	Buchung der AR des Großhandels		
	Forderungen a. LL	142.800,00	
	an Warenverkauf[1]		120.000,00
	an Umsatzsteuer		22.800,00
6	Buchung der ER des Einzelhandels		
	Wareneingang	120.000,00	
	Vorsteuer	22.800,00	
	an Verbindlichkeiten a. LL		142.800,00
7	Buchung der AR des Einzelhandels		
	Forderungen a. LL	154.700,00	
	an Warenverkauf[1]		130.000,00
	an Umsatzsteuer		24.700,00

---

1 Da die Schülerinnen und Schüler Verkaufserlöse auf dem Konto „Warenverkauf" buchen, ist es sinnvoll, dieses Konto auf allen Produktions- und Handelsstufen beizubehalten.

2 Die Schülerinnen und Schüler müssen darauf hingewiesen werden, dass ein Industriebetrieb keine Waren, sondern Rohstoffe einkauft, die beim Produktionsprozess weiterverarbeitet werden. Die entsprechende Buchung erfolgt auf dem Konto „Rohstoffe" oder „Aufwendungen für Rohstoffe".

(Lehrbuch, Seite 442–446)

5 b)

Absatz-stufen	Ausgangsrechnung (= Eingangsrechnung der nachfolgenden Absatzstufe)	Umsatz-steuer €	Vor-steuer €	Zahllast (= 19 % vom Mehrwert) €	Mehr-wert €
Grundstoff-industrie	Nettowert 40.000,00 + 19 % USt 7.600,00 Bruttowert 47.600,00	7.600,00	–	7.600,00	40.000,00
Verarbeit. Industrie	Nettowert 100.000,00 + 19 % USt 19.000,00 Bruttowert 119.000,00	19.000,00	7.600,00	11.400,00	60.000,00
Groß-handel	Nettowert 120.000,00 + 19 % USt 22.800,00 Bruttowert 142.800,00	22.800,00	19.000,00	3.800,00	20.000,00
Einzel-handel	Nettowert 130.000,00 + 19 % USt 24.700,00 Bruttowert 154.700,00	24.700,00	22.800,00	1.900,00	10.000,00
				24.700,00	130.000,00

c) siehe Lehrbuch Seite 441
d) siehe Lehrbuch Seite 441/442

Aktionen (Seite 446/447)

1 a)–d)

Umsatzstufen	Ausgangsrechnung (€)	Umsatz-steuer (€)	Vor-steuer (€)	Zahllast (€)	Wert-schöpfung (= Mehrwert) (€)
Weiterverarbei-tende Industrie (z. B. Weberei) ↓	Nettowarenw. 10.200,00 + 19 % USt 1.938,00 Rechnungspr. 12.138,00	1.938,00	–	1.938,00	10.200,00
Hersteller ↓	Nettowarenw. 13.200,00 + 19 % USt 2.508,00 Rechnungspr. 15.708,00	2.508,00	1.938,00	570,00	3.000,00
Großhändler ↓	Nettowarenw. 15.300,00 + 19 % USt 2.907,00 Rechnungspr. 18.207,00	2.907,00	2.508,00	399,00	2.100,00
Einzelhändler ↓ Endverbraucher	Nettowarenw. 16.200,00 + 19 % USt 3.078,00 Rechnungspr. 19.278,00	3.078,00	2.907,00	171,00	900,00
		10.431,00 Umsatz-steuer-schuld	– 7.353,00 – Vorsteuer-forderung	= 3.078,00 = Zahllast	Σ 16.200,00 davon 19 % = 3.078,00 €

e)		Soll	Haben
Buchung des Wareneinkaufs			
Wareneingang		13.200,00	
Vorsteuer		2.508,00	
an Verbindlichkeiten a. LL			15.708,00
Buchung des Warenverkaufs			
Kreditinstitute		18.207,00	
an Warenverkauf			15.300,00
an Umsatzsteuer			2.907,00

2 Buchungssätze

1.1.	Umsatzsteuer		6.000,00 €	
	an Kreditinstitute			6.000,00 €
1.2.	Löhne		12.000,00 €	
	an Kreditinstitute			12.000,00 €
1.3.	Kasse		1.000,00 €	
	an Kreditinstitute			1.000,00 €
2.	Forderungen a. LL		154.700,00 €	
	an Warenverkauf			130.000,00 €
	an Umsatzsteuer			24.700,00 €
3.1.	Wareneingang		50.000,00 €	
	Vorsteuer		9.500,00 €	
	an Verb. a. LL			59.500,00 €
3.2.	Wareneingang		10.000,00 €	
	Vorsteuer		1.900,00 €	
	an Verbindlichkeiten a. LL			11.900,00 €
3.3.	Fuhrpark		20.000,00 €	
	Vorsteuer		3.800,00 €	
	an Verbindlichkeiten a. LL			23.800,00 €
3.4.	Werbekosten		4.000,00 €	
	Vorsteuer		760,00 €	
	an Verbindlichkeiten a. LL			4.760,00 €
4.	Verbindlichkeiten a. LL		1.071,00 €	
	an Warenverkauf			900,00 €
	an Umsatzsteuer			171,00 €
5.1.	Bürobedarf		400,00 €	
	Vorsteuer		76,00 €	
	an Kasse			476,00 €
5.2.	Instandhaltung		700,00 €	
	Vorsteuer		133,00 €	
	an Kasse			833,00 €
5.3.	Übrige sonstige Personalaufwendungen		200,00 €	
	an Kasse			200,00 €
6.1.	Kreditinstitute		5.000,00 €	
	an Postbank			5.000,00 €
6.2.	Kreditinstitute		800,00 €	
	an Zinserträge			800,00 €
6.3.	Kreditinstitute		18.000,00 €	
	an Forderungen a. LL			18.000,00 €

(Lehrbuch, Seite 446/447)

Abschlussangaben

1.	Umsatzsteuer	16.169,00 €	
	an Vorsteuer		16.169,00 €
	Umsatzsteuer	8.702,00 €	
	an SBK	8.702,00 €	
2.	Warenbestände	10.000,00 €	
	an Wareneingang		10.000,00 €
3.	Verluste aus Kassenbeständen	100,00 €	
	an Kasse		100,00 €

S		GuV		H
Warenverkauf	50.000,00	Warenverkauf		130.900,00
Werbekosten	4.000,00	Zinserträge		800,00
Löhne	12.000,00			
Instandhaltung	700,00			
Bürobedarf	400,00			
Ü. s. Personalaufw.	200,00			
Verl. a. Kassenbestand	100,00			
Eigenkapital	64.300,00			
	131.700,00			131.700,00

S		Eigenkapital	H
SB	261.300,00	AB	197.000,00
		GuV (Gewinn)	64.300,00
	261.300,00		261.300,00

S		Schlussbilanzkonto	H
Betriebs- u. Geschäftsausst	220.000,00	Eigenkapital	261.300,00
Fuhrpark	120.000,00	Verb. gegenüber KI	300.000,00
Warenbestände	200.000,00	Verbindlichkeiten a. LL	198.889,00
Forderungen a. LL	176.700,00	Umsatzsteuer	8.702,00
Kasse	12.391,00		
Kreditinstitute	26.800,00		
Postbank	13.000,00		
	768.891,00		768.891,00

4.12 Wir buchen die Privateinlagen und Privatentnahmen des Unternehmers

Einstieg (Seite 449)

1. Die Barentnahme von 650,00 € und die Mietüberweisung für die Privatwohnung von 890,00 € *mindern das betriebliche Eigenkapital* von Matthias Liebknechts Textilgeschäft.
2. Die Privatentnahmen werden auf einem gesonderten Konto, dem Konto **Privatentnahmen,** buchhalterisch festgehalten. Da Privatentnahmen das Eigenkapital mindern, werden sie im Soll gebucht: *Privatentnahmen an (...).*
   Der Abschluss des Kontos **Privatentnahmen** erfolgt über das Eigenkapitalkonto: *Eigenkapital an Privatentnahmen.*

Aufgaben (Seite 452–455)

1 a) Barentnahmen, Warenentnahmen, Nutzungsentnahmen, Leistungsentnahmen
   b) Bareinzahlungen, Einlagen sonstiger Wirtschaftsgüter

2 • Textilgroßhändler entnimmt seinem Unternehmen einen Pullover für seine Frau.
   • Beschäftigte des Betriebs reinigen die Privatwohnung des Unternehmers.

3 a) Beleg 1: a) Entnahme von Waren
              b) Privatentnahmen   211,82 €
                 an Entnahme von Waren   178,00 €
                 an Umsatzsteuer   33,82 €
      Beleg 2 a) Privatanteil an den Telefongebühren
              b) Privatentnahmen   130,84 €
                 an Entnahme v. sonst. Gegenst. u.
                 Leistungen   109,95 €
                 an Umsatzsteuer   20,89 €
      Beleg 3
      GF 1   a) Banküberweisung einer Spende
              b) Privatentnahmen   150,00 €
                 an Kreditinstitute   150,00 €
      GF 2   a) Banküberweisung für private Ferien-
                 wohnung
              b) Privatentnahmen   2.788,00 €
                 an Kreditinstitute   2.788,00 €
      GF 3   a) Banküberweisung der Einkommensteuer-
                 vorauszahlung
              b) Privatentnahmen   8.000,00 €
                 an Kreditinstitute   8.000,00 €
      Beleg 4
      GF 1   a) Rückerstattung der Miete für private
                 Ferienwohnung auf betriebl. Bankkonto
              b) Kreditinstitute   2.788,00 €
                 an Privateinlagen   2.788,00 €
      GF 2   a) Begleichung der privaten Arztrechnung
                 durch Banküberweisung
              b) Privatentnahmen   443,00 €
                 an Kreditinstitute   443,00 €
      GF 3   a) Einkommensteuerrückerstattung auf
                 betriebliches Bankkonto
              b) Kreditinstitute   2.833,00 €
                 an Privateinlagen   2.833,00 €

4 I.

S	GuV		H
Σ Aufwendungen	250.000,00	Σ Erträge	320.000,00
Eigenkapital	70.000,00		
	320.000,00		320.000,00

S	Privatentnahmen		H
Σ Privatentnahmen	70.000,00	Eigenkapital	70.000,00

S	Privateinlagen		H
Eigenkapital	50.000,00	Σ Privateinlagen	50.000,00

S	Eigenkapital		H
Privatentnahmen	70.000,00	AB	300.000,00
SB	350.000,00	GuV	70.000,00
		Privateinlagen	50.000,00
	420.000,00		420.000,00

II.

S	GuV		H
Σ Aufwendungen	280.000,00	Σ Erträge	250.000,00
		Eigenkapital	30.000,00
	280.000,00		280.000,00

S	Privatentnahmen		H
Σ Privatentnahmen	40.000,00	Eigenkapital	40.000,00

S	Privateinlagen		H
Eigenkapital	80.000,00	Σ Privateinlagen	80.000,00

S	Eigenkapital		H
GuV	30.000,00	AB	440.000,00
Privatentnahmen	40.000,00	Privateinlagen	40.000,00
SB	410.000,00		
	480.000,00		480.000,00

5 a) Eigenkapitalmehrung: 510.000,00 €   b) Eigenkapitalminderung: 50.000,00 €
   c) Eigenkapitalminderung: 250.000,00 €   d) Eigenkapitalminderung: 100.000,00 €
   e) Eigenkapitalmehrung: 30.000,00 €   f) Eigenkapitalmehrung: 40.000,00 €

6 1. Eigenkapitalmehrung   4. Eigenkapitalmehrung
   2. Eigenkapitalminderung   5. Eigenkapitalminderung
   3. Eigenkapitalminderung   6. Eigenkapitalmehrung

7 I. Reinverlust: 70.000,00 €   II. Reingewinn: 140.000,00 €

8 1. Sonst. Betriebsteuern   60,00 €
      Privatentnahmen   65,00 €
      an Kreditinstitute   125,00 €
   2. Privatentnahmen   300,00 €
      an Kreditinstitute   300,00 €
   3. Postbank   300,00 €
      an Privateinlagen/-entnahmen   300,00 €
   4. Kreditinstitute   12.000,00 €
      an Privateinlagen   12.000,00 €
   5. Privatentnahmen   150,00 €
      an Kasse   150,00 €
   6. Mieten, Pachten, Leasing   3.000,00 €
      Privatentnahmen   800,00 €
      an Kreditinstitute   3.800,00 €
   7. Privatentnahmen   1.000,00 €
      an Kasse   1.000,00 €

(Lehrbuch, Seite 452–455)

8. Kreditinstitute	9.000,00 €	
an Privateinlagen		9.000,00 €
9. Privatentnahmen	300,00 €	
an Kreditinstitute		300,00 €
10. Kreditinstitute	15.000,00 €	
an Privateinlagen		15.000,00 €
11. Privatentnahmen	280,00 €	
Versicherungen	1.300,00 €	
an Kreditinstitute		1.580,00 €
12. Privatentnahmen	12.000,00 €	
Kraftfahrzeugsteuer	1.000,00 €	
an Kreditinstitute		13.000,00 €
13. Privatentnahmen	1.190,00 €	
an Kreditinstitute		1.190,00 €
14. Privatentnahmen	595,00 €	
an Kasse		595,00 €
15. Privatentnahmen	238,00 €	
an Entnahme von Waren		200,00 €
an Umsatzsteuer		38,00 €
16. Privatentnahmen	178,50 €	
an Entn. v. sonst. Gegenst. u. Leist.		150,00 €
an Umsatzsteuer		28,50 €
17. Privateinlagen	7.000,00 €	
an Eigenkapital		7.000,00 €
Eigenkapital	60.000,00 €	
an Privatentnahmen		60.000,00 €

Aktion (Seite 455/456)

Buchungssätze

1. Ford. a. LL	119.00,00 €	
an Warenverkauf		100.000,00 €
an Umsatzsteuer		19.000,00 €
2.1. Forderungen a. LL	5.000,00 €	
an Kreditinstitute		5.000,00 €
2.2. Verbindlichkeiten gegenüber KI	1.000,00 €	
an Kreditinstitute		1.000,00 €
2.3. Zinsaufwendungen	3.000,00 €	
an Kreditinstitute		3.000,00 €
2.4. Verbindlichkeiten a. LL	7.000,00 €	
an Kreditinstitute		7.000,00 €
2.5. Gehälter	8.000,00 €	
an Kreditinstitute		8.000,00 €
3.1. Provisionsaufwendungen	4.000,00 €	
Vorsteuer	760,00 €	
an Verbindlichk. a. LL		4.760,00 €
3.2. Wareneingang	60.000,00 €	
Vorsteuer	11.400,00 €	
an Verbindlichk. a. LL		71.400,00 €

4.	Privatentnahmen	1.190,00 €	
	an Entnahme von Waren		1.000,00 €
	an Umsatzsteuer		190,00 €
5.1.	Kreditinstitute	80.500,00 €	
	an Forderungen a. LL		80.500,00 €
5.2.	Kreditinstitute	4.000,00 €	
	an Privateinlagen		4.000,00 €
5.3.	Kreditinstitute	500,00 €	
	an Zinsaufwendungen		500,00 €
5.4.	Kreditinstitute	2.000,00 €	
	an Kasse		2.000,00 €
6.1.	Privatentnahmen	1.500,00 €	
	an Kasse		1.500,00 €
6.2.	Bürobedarf	300,00 €	
	Vorsteuer	57,00 €	
	an Kasse		357,00 €
6.3.	Bürobedarf	200,00 €	
	Vorsteuer	14,00 €	
	an Kasse		214,00 €
6.4.	Privatentnahmen	25,00 €	
	an Kasse		25,00 €
7.	Privatentnahmen	952,00 €	
	an Entnahme von Waren		800,00 €
	an Umsatzsteuer		152,00 €

Abschlussangaben

1.	Umsatzsteuer	12.231,00 €	
	an Vorsteuer		12.231,00 €
	Umsatzsteuer	7.111,00 €	
	an SBK		7.111,00 €
2.	Warenbestände	15.000,00 €	
	an Wareneingang		15.000,00 €
3.	Privatentnahmen	200,00 €	
	an Kasse		200,00 €

S		GuV		H
Wareneingang	45.000,00	Warenverkauf		100.000,00
Zinsaufwendungen	2.500,00	Entnahme von Waren		1.800,00
Provisionsaufwendungen	4.000,00			
Gehälter	8.000,00			
Bürobedarf	500,00			
Eigenkapital	41.800,00			
	101.800,00			101.800,00

S		Privatentnahmen		H
4. Entn. von Waren/USt	1.190,00	Eigenkapital		3.867,00
6.1. Kasse	1.500,00			
6.4. Kasse	25,00			
7. Entn. von Waren/USt	952,00			
A. 3. Kasse	200,00			
	3.867,00			3.867,00

(Lehrbuch, Seite 455 / 456)

S	Privatenteinlagen		H
Eigenkapital	4.000,00	5.2. Kreditinstitute	4.000,00

S	Eigenkapital		H
Privatentnahmen	3.867,00	AB	900.000,00
SB	941.933,00	GuV	41.800,00
		Privateinlagen	4.000,00
	945.800,00		945.800,00

S	Schlussbilanzkonto		H
Betriebs- u. Geschäftsausst.	510.000,00	Eigenkapital	941.933,00
Fuhrpark	505.000,00	Verb. gegenüber KI	699.000,00
Warenbestände	585.000,00	Verb. a. LL	139.160,00
Forderungen a. LL	88.500,00	Umsatzsteuer	7.111,00
Kasse	5.704,00		
Kreditinstitute	93.000,00		
	1.787.204,00		1.787.204,00

4.13 Wir benutzen den Kontenrahmen und den Kontenplan zur einheitlichen und eindeutigen Kontenführung

Einstieg (Seite 457)

1. Das Ergebnis der von der Geschäftsführung der *Spindler KG* gewünschten einheitlichen Grundlage bezüglich der Buchführungskonten sollte ein *systematisches Verzeichnis aller Konten für die Buchführung* (möglichst in einem Wirtschaftszweig) sein. Es kann dann als Richtlinie und Empfehlung für die Aufstellung eines konkreten Kontenplans in einem Unternehmen dienen. Damit können einheitliche Buchungen von gleichen Geschäftsfällen erreicht und zwischenbetriebliche Vergleiche ermöglicht werden.

2. schülerindividuelle Lösungen

3. Im Rahmen von *zwischenbetrieblichen* Vergleichen werden die Zahlen des eigenen Unternehmens mit denen *vergleichbarer Unternehmen* und/oder mit den *Durchschnittszahlen der Unternehmen der eigenen Branche* verglichen. Der Vergleich mit der Konkurrenz lässt Stärken und Schwächen des eigenen Unternehmens erkennen.

Beispiel
Bestimmte Kostenarten werden mit den Durchschnittswerten der Branche verglichen:

Handlungskosten	€	in Prozent der Gesamtaufwendungen	
		untersuchtes Großhandelsunternehmen	Durchschnittwerte der Branche
betriebliche Steuern	18.965,00	1,63	1,36
Personalkosten	531.760,00	45,78	42,39
Mieten, Pachten, Leasing	111.290,00	9,58	15,36
allgemeine Verwaltungskosten	157.065,00	13,52	17,41
Zinsaufwendungen	12.350,00	1,06	1,44
Abschreibungen	330.100,00	28,43	22,04
Σ	1.161.530,00	100,00	100,00

Eine andere Form der *zwischenbetrieblichen* Vergleichsrechnung ist der Vergleich von *betriebsinternen Kennzahlen* mit den *Branchenkennzahlen*. Umsatzrentabilität und Handelsspanne (Rohgewinnsatz) sind wichtige Vergleichskennziffern.

Erst wenn die **Ursachen der Abweichungen** feststehen, können entsprechende Maßnahmen zur Leistungssteigerung und/oder Kostensenkung eingeleitet werden, wie z. B. Erhöhung der Lagerumschlagshäufigkeit, Reduzierung der Personalaufwendungen oder der Energiekosten.

4. Bei dem innerbetrieblichen Kennzahlenvergleich werden bestimmte betriebswirtschaftliche Kennzahlen eines Betriebs miteinander verglichen. Dabei ist unter einem Betrieb, in dem ein solcher innerbetrieblicher Vergleich durchgeführt wird, z. B. auch die einzelne Niederlassung in einem Unternehmen zu verstehen.

Verglichen werden können u. a. die Kapitalausstattung, der Vermögensaufbau, das Verhältnis von Eigenkapital zu Anlagevermögen, einzelne Kostenarten bzw. Leistungsarten, Kosten und Leistungen einzelner Abteilungen, Betriebsergebnisse, die gesamten Kosten und Leistungen und/oder Handlungskostenzuschläge.

Aufgaben (Seite 461)

1   Ein **Kontenrahmen** ist ein **allgemeiner** Organisations- und Gliederungsplan der Buchführungskonten.
    Ein **Kontenplan** stellt die **betriebsspezifische** Kontenorganisation dar.

2   0230, 0330, 0340, 0600, 0820, 1010, 1310, 1320, 1400, 1510, 1610, 1620, 1710, 1800, 3010, 3900, 4010, 4020, 4100, 4210, 4270, 4400, 4500, 4700, 4810, 8010, 9100, 9300, 9400

3   a) Wareneinkauf auf Ziel

    b) Warenverkauf auf Ziel

    c) Bareinzahlung auf Bankkonto

    d) Banküberweisung der Zahllast

    e) Privateinzahlung auf Postbankkonto

    f) Provisionszahlung durch Verrechnung einer Forderung und durch Banküberweisung

    g) Abschluss des Privatentnahmekontos über das Eigenkapitalkonto

    h) Kunde begleicht unsere Rechnung durch Banküberweisung

    i) Privatentnahme von Waren

    j) Tilgung einer Verbindlichkeit gegenüber Kreditinstituten durch Banküberweisung

    k) Zahlung der Gebäudemiete durch Postüberweisung

    l) Umbuchung einer Bestandsminderung auf das Wareneingangskonto

    m) Ausgleich einer Verbindlichkeit durch Warenverkauf

    n) Abschluss des Vorsteuerkontos über das Umsatzsteuerkonto

Aktion (Seite 461 / 462)

1 schülerindividuell

2

Beleg-Nr.	\	Buchungssätze		
11	1810	Umsatzsteuer	8.000,00 €	
		an 1310 Kreditinstitute		8.000,00 €
12	4020	Gehälter	14.000,00 €	
		an 1310 Kreditinstitute		14.000,00 €
13	0820	Verb. gegenüber KI	2.000,00 €	
		an 1310 Kreditinstitute		2.000,00 €
14	4830	Kosten der DV	600,00 €	
	1410	Vorsteuer	114,00 €	
		an 1310 Kreditinstitute		714,00 €
21	4500	Provisionen	5.000,00 €	
	1410	Vorsteuer	950,00 €	
		an 1710 Verbindlichk. a. LL		5.950,00 €
22	3010	Wareneingang	40.000,00 €	
	1410	Vorsteuer	7.600,00 €	
		an 1710 Verbindlichk. a. LL		47.600,00 €
23	4850	Personalbeschaffungskosten	200,00 €	
	1410	Vorsteuer	38,00 €	
		an 1710 Verbindlichkeiten a. LL		238,00 €
31	4700	Betriebskosten, Instandhaltung	700,00 €	
	1410	Vorsteuer	133,00 €	
		an 1510 Kasse		833,00 €
32	4810	Bürobedarf	120,00 €	
	1410	Vorsteuer	22,80 €	
		an 1510 Kasse		142,80 €
41	1310	Kreditinstitute	500,00 €	
		an 0820 Verb. gegenüber KI		500,00 €
42	1310	Kreditinstitute	300,00 €	
		an 2620 Zinserträge a. l. F.		300,00 €
43	1310	Kreditinstitute	8.000,00 €	
		an 1010 Forderungen a. LL		8.000,00 €
50	1010	Forderungen a. LL	238.000,00 €	
		an 8010 Warenverkauf		200.000,00 €
		an 1810 Umsatzsteuer		38.000,00 €
		Abschlussangaben		
60	1810	Umsatzsteuer	8.857,80 €	
		an 1410 Vorsteuer		8.857,80 €
	1810	Umsatzsteuer	29.142,20 €	
		an 9400 SBK		29.142,20 €
70	3010	Wareneingang	50.000,00 €	
		an 3900 Warenbestände		50.000,00 €

S	9300 GuV		H
3010 Wareneingang	90.000,00	2620 Zinserträge a. l. F.	300,00
4020 Gehälter	14.000,00	8010 Warenverkauf	200.000,00
4500 Provisionen	5.000,00		
4700 Betriebskosten, Instandh.	700,00		
4810 Bürobedarf	120,00		
4830 Kosten der DV	600,00		
4850 Personalbeschaffungsk.	200,00		
0600 Eigenkapital	89.680,00		
	200.300,00		200.300,00

S	0600 Schlussbilanzkonto		H
SB	1.039.680,00	AB	950.000,00
		9300 GuV	89.680,00
	1.039.680,00		1.039.680,00

S	9400 Schlussbilanzkonto		H
0330 Betr.- u. G'ausstatt.	900.000,00	0600 Eigenkapitel	1.039.680,00
0340 Fuhrpark	150.000,00	0820 Verb. gegenüber KI	798.500,00
1010 Forderungen a. LL	320.000,00	1710 Verbindl. a. LL	285.788,00
1310 Kreditinstitute	49.086,00	1800 Umsatzsteuer	29.142,20
1510 Kasse	14.024,20		
3900 Warenbestände	720.000,00		
	2.153.110,20		2.153.110,20

4.14 Wir verwenden verschiedene Bücher in der Buchführung

Einstieg (Seite 464)

1. Im Hauptbuch sind viele Buchungsdaten nicht genügend aufgeschlüsselt. Die Übersichtlichkeit des Hauptbuches würde erheblich vermindert, wenn z. B. für jeden Lieferer ein eigenes Verbindlichkeitskonto geführt würde. Das *Hauptbuchkonto* **Verbindlichkeiten a. LL** gibt zwar Auskunft über die Gesamtheit der Geschäftsfälle mit den Lieferern innerhalb des laufenden Jahres (einschl. Anfangsbestände), ist aber nicht in der Lage, den aktuellen Stand der **Verbindlichkeiten a. LL** gegenüber einem bestimmten Lieferer auszuweisen. Um diese Informationen zu erhalten, müssten aus dem Grundbuch die jeweiligen liefererbezogenen Geschäftsfälle gesondert zusammengestellt werden (analoges gilt für das *Hauptbuchkonto* **Forderungen a. LL**).

2. Um diese Arbeit zu vermeiden, hat die Praxis das **Kunden-** und das **Liefererkontokorrentbuch** als **Nebenbücher** eingerichtet. Diese Bücher sind nach einzelnen Kunden bzw. Lieferanten gegliedert. Für jeden Geschäftspartner wird ein eigenes **Personenkonto** geführt, aus dem nicht nur der aktuelle Stand (Saldo), sondern auch der Umfang der Geschäftsbeziehung ersichtlich ist. Diese Nebenbücher können mit dem entsprechenden Hauptbuchkonto (Forderungen oder Verbindlichkeiten) in der Weise abgestimmt werden, dass die *Summe der Salden auf den einzelnen Personenkonten* mit dem *Saldo des Hauptbuchkontos* übereinstimmen muss.

Aufgaben (Seite 468–470)

1 A 1. ↔ B 5.(6.); A 2. ↔ B 3.(4.); A 3. ↔ B 1.(2.); A 4. ↔ B 7.(8.);
A 5. ↔ B 4.(3.); A 6. ↔ B 8.(7.); A 7. ↔ B 6.(5.); A 8. ↔ B 2.(1.)

2

Kunde: Söffgen OHG, Kunden-Nr. 10 101

Datum	Beleg	Buchungstext	S	H	Saldo
04.08.		Saldovortrag	4.600,00		4.600,00
06.08.	AR 812	Zielverkauf	3.450,00		8.050,00
11.08.	AR 828	Zielverkauf	1.495,00		9.545,00
14.08.	BA 208	Banküberweisung		9.000,00	545,00
15.08.	AR 839	Zielverkauf	5.175,00		5.720,00
19.08.	BA 213	Verrechnungsscheck		5.000,00	720,00
30.08.	AR 885	Zielverkauf	2.875,00		3.595,00

3

Lieferer: Bernhard Müller OHG, Lieferer-Nr. 17 101

Datum	Beleg	Buchungstext	S	H	Saldo
06.03.		Saldovortrag		4.140,00	4.140,00
07.03.	ER 313	Zieleinkauf		5.980,00	10.120,00
09.03.	ER 339	Zieleinkauf		6.555,00	16.675,00
10.03.	BA 60	Banküberweisung	15.000,00		1.675,00
21.03.	ER 372	Zieleinkauf		7.015,00	8.690,00
30.03.	BA 76	Scheck	6.800,00		1.890,00

4 a)/c)

S	Forderungen	H
AB 9.660,00		9.000,00
3.565,00		10.000,00
1.840,00		6.000,00
5.060,00		5.000,00
2.070,00	SB	2.085,00
4.255,00		
5.635,00		
32.085,00		32.085,00

b)

Kunde: Söffgen OHG, Kunden-Nr. 10 101

Datum	Beleg	Buchungstext	S	H	Saldo
01.12.		Saldovortrag	5.290,00		5.290,00
03.12.	AR 583	Zielverkauf	3.565,00		8.855,00
06.12.	AR 584	Zielverkauf	1.840,00		10.695,00
09.12.	BA 302	Verrechnungsscheck		10.000,00	695,00
28.12.	AR 588	Zielverkauf	5.635,00		6.330,00
30.12.	BA 318	Verrechnungsscheck		5.000,00	1.330,00

Kunde: Gertrud Schön e. Kffr., Kunden-Nr. 10 102

Datum	Beleg	Buchungstext	S	H	Saldo
01.12.		Saldovortrag	4.370,00		4.370,00
07.12.	AR 585	Zielverkauf	5.060,00		9.430,00
08.12.	BA 301	Banküberweisung		9.000,00	430,00
12.12.	AR 586	Zielverkauf	2.070,00		2.500,00
22.12.	AR 587	Zielverkauf	4.255,00		6.755,00
29.12.	BA 317	Banküberweisung		6.000,00	755,00

d)

Kto.-Nr.	Kunden	Salden
10 101	Söffgen OHG	1.330,00
10 202	Gertrud Schön e. Kffr.	755,00
Saldensumme		2.085,00

5 a)/c)

S	Verbindlichkeiten		H
AB	10.500,00	AB	12.075,00
	17.000,00		5.520,00
	4.500,00		3.795,00
	8.000,00		6.785,00
SB	1.285,00		2.990,00
			4.945,00
			5.175,00
	41.285,00		41.285,00

b) **Lieferer:** Bernhard Müller OHG, Lieferer-Nr. 17 101

Datum	Beleg	Buchungstext	S	H	Saldo
01.12.		Saldovortrag		8.050,00	8.050,00
04.12.	ER 412	Zieleinkauf		5.520,00	13.570,00
08.12.	ER 413	Zieleinkauf		3.795,00	17.365,00
11.12.	BA 299	Banküberweisung	17.000,00		365,00
22.12.	ER 416	Zieleinkauf		4.945,00	5.310,00
23.12.	BA 305	Verrechnungsscheck	4.500,00		810,00

Lieferer: Emut GmbH, Lieferer-Nr. 17 102

Datum	Beleg	Buchungstext	S	H	Saldo
01.12.		Saldovortrag		4.025,00	4.025,00
09.12.	ER 414	Zieleinkauf		6.785,00	10.810,00
10.12.	BA 298	Banküberweisung	10.500,00		310,00
20.12.	ER 415	Zieleinkauf		2.990,00	3.300,00
28.12.	ER 417	Zieleinkauf		5.175,00	8.475,00
30.12.	BA 309	Banküberweisung	8.000,00		475,00

(Lehrbuch, Seite 468–470)

d)

Kto.-Nr.	Lieferer	Salden
17 101	Bernhard Müller OHG	810,00
17 202	Emut GmbH	475,00
Saldensumme		1.285,00

6 a) Handelsware: Jeansjacke RJ   Bestellbestand: 60
                                      Eiserne Reserve: 20

Datum	Beleg	Bestandsmehrung Stück	Bestandsminderung Stück	Bestand Stück
				45
06.12.	AR 105		5	40
07.12.	AR 108		18	22
09.12.	ER 64	100		122
12.12.	AR 113		18	104
14.12.	AR 122		15	89
15.12.	AR 126		27	62
18.12.	AR 137		35	27
22.12.	ER 72	100		127
30.12.	AR 143		13	114

b) wertmäßiger Inventurbestand: 114 · 20,00 € = 2.280,00 €

7 a) **Buchungssätze**
   1. 3110 Wareneingang 1   82.000,00 €
      1410 Vorsteuer   15.580,00 €
         an 1710 Verbindlichk. a. LL   97.580,00 €
   2. 1010 Forderungen a. LL   190.400,00 €
         an 8210 Warenverkauf 2   160.000,00 €
         an 1810 Umsatzsteuer   30.400,00 €
   3. 3210 Wareneingang 2   90.000,00 €
      1410 Vorsteuer   17.100,00 €
         an 1710 Verbindlichk. a. LL   107.100,00 €
   4. 1010 Forderungen a. LL   166.600,00 €
         an 8110 Warenverkauf 1   140.000,00 €
         an 1810 Umsatzsteuer   26.600,00 €

b)/c) **Warengruppe I:**

S	3910 Warenbestände 1		H	S	3910 Warenbestände 1		H
1. 1710	82.000,00	9300	92.000,00	AB	120.000,00	SB	110.000,00
3910	10.000,00					3110	10.000,00
	92.000,00		92.000,00		120.000,00		120.000,00

S	3910 Warenbestände 1		H
9300	140.000,00	4. 1010	140.000,00

(Lehrbuch, Seite 468–470)

b)/c) **Warengruppe II:**

S	3210 Wareneingang 2		H	S	3920 Warenbestände 2		H
3. 1710	90.000,00	9300	110.000,00	AB	160.000,00	SB	140.000,00
3920	20.000,00					3210	20.000,00
	110.000,00		110.000,00		160.000,00		160.000,00

S	8210 Warenverkauf 2		H
9300	160.000,00	2. 1010	160.000,00

S		9300 GuV		H
3210	92.000,00		8110	140.000,00
3210	110.000,00		8210	160.000,00
.	.		.	.
.	.		.	.

d) **Warenrohgewinn:**
Warengruppe I: 140.000,00 − 92.000,00 = 48.000,00
Warengruppe II: 160.000,00 − 110.000,00 = 50.000,00

Warenrohgewinn in % von den Verkaufserlösen:
Warengruppe I: Warengruppe II:

$$\frac{100 \cdot 48.000,00}{140.000,00} = \underline{34,29\ \%} \qquad \frac{100 \cdot 50.000,00}{160.000,00} = \underline{31,25\ \%}$$

Aktion (Seite 471–473)

1. a) Zur Bearbeitung des Textes über „Bücher in der Buchführung" soll die **SQ3R-Methode** angewendet werden, die in Kap.1.2 im Lehrbuch beschrieben wird.
   b) Zu **Exzerpten** siehe die Ausführungen in Kap. 1.2 im Lehrbuch.
   c) Die Schüler sollen bei dieser Aktion selbstständig aus der Anzahl der bis dato erlernten **Methoden zur Informationsgewinnung** wählen. Zu nennen sind: aktives Lesen, kritisches Lesen, Exzerpieren, Notizen und Mitschriften machen, Informationsbeschaffung in Bibliotheken, Umgang mit Nachschlagewerken, Nutzen des Internets, Interview und/oder Sachverständigenbefragung.
   d)/e) schülerabhängig
   Darüber hinaus sollen die Schüler an dieser Stelle einmal mehr einüben und dabei gleichzeitig erkennen, dass das Bauen von Strukturen es leichter macht, die wesentlichen Informationen zu einem Thema, einem Text oder einem Lehrstoff zu überblicken. Dabei soll es den Schülern freigestellt bleiben, welches Strukturierungselement (Mindmap, Baumstruktur, Tabelle usw.) sie wählen.

2

Beleg-Nr.	Buchungssätze			
11	3110	Wareneingang	70.000,00 €	
	1410	Vorsteuer	13.300,00 €	
		an 1710 (1) Verb. a. LL		83.300,00 €
12	3210	Wareneingang	20.000,00 €	
	1410	Vorsteuer	3.800,00 €	
		an 1710 (2) Verb. a. LL		23.800,00 €
21	1310	Kreditinstitute	31.000,00 €	
		an 1010 (1) Ford. a. LL (1)		31.000,00 €
22	1310	Kreditinstitute	28.000,00 €	
		an 1010 (2) Ford. a. LL (2)		28.000,00 €
31	1010	(1) Ford. a. LL	107.100,00 €	
		an 8110 Warenverkauf		90.000,00 €
		an 1810 Umsatzsteuer		17.100,00 €
32	1010	(2) Ford. a. LL	95.200,00 €	
		an 8210 Warenverkauf		80.000,00 €
		an 1810 Umsatzsteuer		15.200,00 €
41	4100	Mieten, Pachten, Leasing	8.000,00 €	
		an 1310 Kreditinstitute		8.000,00 €
42	4020	Gehälter	10.000,00 €	
		an 1310 Kreditinstitute		10.000,00 €
43	1710	(1) Verb. a. LL (3)	34.000,00 €	
		an 1310 Kreditinstitute		34.000,00 €
44	1710	(2) Verb. a. LL (4)	23.000,00 €	
		an 1310 Kreditinstitute		23.000,00 €
51	4810	Bürobedarf	200,00 €	
	1410	Vorsteuer	38,00 €	
		an 1510 Kasse		238,00 €
52	4700	Betriebskosten, Instandhaltung	600,00 €	
	1410	Vorsteuer	114,00 €	
		an 1510 Kasse		714,00 €
53	4630	Gewährleistungen	500,00 €	
	1410	Vorsteuer	95,00 €	
		an 1510 Kasse		595,00 €
	Abschlussangaben			
60	1510	Kasse	357,00 €	
		an 8010 Warenverkauf		300,00 €
		an 1810 Umsatzsteuer		57,00 €
70	1810	Umsatzsteuer	17.347,00 €	
		an 1410 Vorsteuer		17.347,00 €
	1810	Umsatzsteuer	15.010,00 €	
		an 9400 SBK		15.010,00 €
80	3910	Warenbestände	30.000,00 €	
		an 3110 Wareneingang		30.000,00 €
	3210	Wareneingang	10.000,00 €	
		an 3920 Warenbestände		10.000,00 €

(Lehrbuch, Seite 471–473)

Kunde: Söffgen OHG, Kunden-Nr. 10 101				
Beleg-Nr.	Buchungstext	Soll	Haben	Saldo
1	Saldovortrag	31.000,00		31.000,00
21	Banküberweisung (1)		31.000,00	0,00
31	Zielverkauf	107.100,00		107.100,00

Kunde: Gertrud Schön e. Kffr., Kunden-Nr. 10 102				
Beleg-Nr.	Buchungstext	Soll	Haben	Saldo
2	Saldovortrag	28.000,00		28.000,00
22	Banküberweisung (2)		28.000,00	0,00
32	Zielverkauf	95.200,00		95.200,00

Debitorensaldenliste	Kto.-Nr.	Kunden	Salden
	10 101	Söffgen OHG	107.100,00
	10 102	Gertrud Schön e. Kffr.	95.200,00
	Saldensumme		202.300,00

Lieferer: B. Müller OHG, Lieferer-Nr. 17 101				
Beleg-Nr.	Buchungstext	Soll	Haben	Saldo
3	Saldovortrag		34.000,00	34.000,00
11	Zielverkauf		83.300,00	115.200,00
43	Banküberweisung (3)	34.000,00		83.300,00

Lieferer: Emut GmbH, Kunden-Nr. 17 102				
Beleg-Nr.	Buchungstext	Soll	Haben	Saldo
4	Saldovortrag		23.000,00	23.000,00
12	Zielverkauf		23.800,00	46.200,00
44	Banküberweisung (4)	23.000,00		23.800,00

Kreditorensaldenliste	Kto.-Nr.	Kunden	Salden
	71 101	B. Müller OHG	83.300,00
	17 102	Emut GmbH	23.800,00
	Saldensumme		107.100,00

S	9300 GuV		H
3110 Wareneingang I	40.000,00	8110 Warenverkauf I	90.300,00
3210 Wareneingang II	30.000,00	8210 Warenverkauf II	80.000,00
4020 Gehälter	10.000,00		
4100 Mieten, Pachten, Leasing	8.000,00		
4630 Gewährleistungen	500,00		
4700 Betriebskosten, Instandh.	600,00		
4810 Bürobedarf	200,00		
0600 Eigenkapital	81.000,00		
	170.300,00		170.300,00

(Lehrbuch, Seite 471–473)

S	0600 Eigenkapital		H
SB	1.061.000,00	AB	980.000,00
		9300 GuV	81.000,00
	1.061.000,00		1.061.000,00

S	9400 Schlussbilanzkonto		H
0330 Betr.- u. G'ausstatt.	780.000,00	0600 Eigenkapital	1.061.000,00
0340 Fuhrpark	200.000,00	0820 Langfr. Bankverbind.	602.000,00
1010 Forderungen a. LL	202.300,00	1710 Verbindlichk. a. LL	107.100,00
1310 Kreditinstitute	64.000,00	1800 Umsatzsteuer	15.010,00
1510 Kasse	28.810,00		
3910 Warenbestände I	280.000,00		
3920 Warenbestände II	230.000,00		
	1.785.110,00		1.785.110,00

4.15 Wir ordnen, bearbeiten und buchen Belege

Einstieg (Seite 474)

1. Die Buchführung darf Geschäftsfälle weder vergessen aufzuzeichnen, noch darf sie sie vortäuschen – nur dann gilt die Buchführung als ordnungsmäßig. Aus diesem Grund muss jeder Geschäftsfall durch eine schriftliche Unterlage nachgewiesen werden. Derartige Unterlagen werden **Belege** genannt.

   Jede Buchung von Geschäftsfällen muss auf der Grundlage von Belegen vorgenommen werden *(Belege als Beweismittel)*. Nur so können später Aufzeichnungen wahrheitsgemäß nachgewiesen und die einzelnen geschäftlichen Vorgänge, z. B. bei betrieblichen Kontrollen durch das Finanzamt oder gerichtlichen Verfahren, nachgeprüft werden *(Grundsatz der Nachprüfbarkeit)*.

2. schülerindividuelle Lösungen

Aufgaben (Seite 477 / 478)

1 A 1. ↔ B 2.; A 2. ↔ B 1.; A 3. ↔ B 4.; A 4. ↔ B 3.

2 a) **Natürliche Belege:**
   Eingangsrechnungen, Gehalts- und Lohnlisten, Nachweis über Privatentnahme eines Kleides, Brief von einem Lieferer über eine Gutschrift, Bankauszug, Reisekostenabrechnung, Ausgangsrechnung, Frachtbrief

   Künstliche Belege:
   Notbeleg für auswärts geführtes Ferngespräch, Umbuchungsanweisung, Anweisung für Stornobuchung

   b) **Externe Belege:**
   Eingangrechnungen, Brief von einem Lieferer über eine Gutschrift, Bankauszug, Ausgangsrechnung, Frachtbrief

   Interne Belege:
   Gehalts- und Lohnlisten, Nachweis über Privatentnahme eines Kleides, Reisekostenabrechnung

3 Sie verringern die Anzahl der Buchungen.

4 Die Vorkontierung geschieht durch die Eintragung der Buchung in einen Buchungsstempel oder auf einen Kontierungszettel.

5 Die Speicherung auf elektronischen Datenträgern (USB-Stick, Festplatte) oder auf Mikrofilm bringt den Vorteil, dass Platz für die Schriftgutablage eingespart wird.

6 Belege müssen 10 Jahre, vom Ende des Kalenderjahres gerechnet, aufbewahrt werden.

7
a) § 246 Abs. 2 HGB
b) § 238 Abs. 1 HGB, § 145 Abs. 1 AO
c) § 146 Abs. 2/2a AO
d) § 239 Abs. 3 HGB, § 146 Abs. 4 AO
e) § 238 Abs. 1 HGB, § 145 Abs. 1 AO
f) § 257 Abs. 3 HGB, § 147 Abs. 2 AO
g) § 146 Abs. 3 AO
h) § 257 Abs. 5 HGB, § 147 Abs. 4 AO
i) § 239 Abs. 2 HGB, § 146 Abs. 1 AO
j) § 239 Abs. 4 HGB, § 146 Abs. 5 AO
k) § 257 Abs. 4 HGB, § 147 Abs. 3 AO
l) § 146 Abs. 1 AO
m) § 239 Abs. 3 HGB, § 146 Abs. 4 AO
n) § 239 Abs. 2 HGB, § 146 Abs. 1 AO
o) § 239 Abs. 1 HGB, § 146 Abs. 3 AO
p) § 239 Abs. 2 HGB, § 146 Abs. 1 AO
q) § 246 Abs. 2 HGB

Aktionen (Seite 489–487)

1

Beleg-Nr.		Buchungssätze			
1	1010	(2) Ford. a. LL	129.483,90 €		
		an 8010 (8210) Warenverkauf		108.810,00 €	
		an 1810 Umsatzsteuer		20.673,90 €	
2	1010	(1) Ford. a. LL	176.120,00 €		
		an 8010 (8110) Warenverkauf		148.000,00 €	
		an 1810 Umsatzsteuer		28.120,00 €	
3	3010	(3110) Wareneingang	129.500,00 €		
	1410	Vorsteuer	24.605,00 €		
		an 1710 (1) Verb. a. LL			154.105,00 €
4	3010	(3210) Wareneingang	69.000,00 €		
	1410	Vorsteuer	13.110,00 €		
		an 1710 (2) Verb. a. LL			82.110,00 €
5	0330	Betriebs- u. G'ausstattung	6.500,00 €		
	1410	Vorsteuer	1.235,00 €		
		an 1710 (4) Verb. a. LL			7.735,00 €
6	4400	Werbe- u. Reisekosten	160,00 €		
	1410	Vorsteuer	30,40 €		
		an 1710 (5) Verb. a. LL			190,40 €

1

Beleg-Nr.		Buchungssätze		
7	4300	Energie, Betriebsstoffe	6.400,00 €	
	1410	Vorsteuer	1.216,00 €	
		an 1710 (3) Verb. a. LL		7.616,00 €
8	1310	Kreditinstitute	25.000,00 €	
		an 1010 (2) Ford. a. LL (51)		25.000,00 €
8	1310	Kreditinstitute	45.000,00 €	
		an 1010 (1) Ford. a. LL (50)		45.000,00 €
8	1610	Privatentnahmen	850,00 €	
		an 1310 Kreditinstitute		850,00 €
9	4860	Kosten des. Geldverkehrs	20,00 €	
		an 1310 Kreditinstitute		20,00 €
9	1710	(1) Verb. a. LL (80)	50.000,00 €	
		an 1310 Kreditinstitute		50.000,00 €
9	1710	(2) Verb. a. LL (81)	35.000,00 €	
		an 1310 Kreditinstitute		35.000,00 €
10	4100	Mieten, Pachten, Leasing	3.800,00 €	
		an 1310 Kreditinstitute		3.800,00 €
10/10a	4270	Beiträge	670,00 €	
		an 1310 Kreditinstitute		670,00 €
11	4810	Bürobedarf	60,00 €	
	1410	Vorsteuer	11,40 €	
		an 1510 Kasse		71,40 €
12	1610	Privatentnahmen	912,00 €	
		an 1510 Kasse		912,00 €
13	4700	Betriebskosten, Instandhaltung	160,00 €	
	1410	Vorsteuer	30,40 €	
		an 1510 Kasse		190,40 €
14	1510	Kasse 7.140,00 €		
		an 8010 (8110) Warenverkauf		4.000,00 €
		an 8010 (8210) Warenverkauf		2.000,00 €
		an 1810 Umsatzsteuer		1.140,00 €
15	1610	Privatentnahmen	309,40 €	
		an 8710 (8712) E. v. W.		260,00 €
		an 1810 Umsatzsteuer		49,40 €
		Abschlussangaben		
16	1810	Umsatzsteuer	40.238,20 €	
		an 1410 Vorsteuer		40.238,20 €
	1810	Umsatzsteuer	9.745,10 €	
		an 9400 SBK		9.745,10 €
17	3900	(3910) Warenbestände	30.000,00 €	
		an 3010 (3110) Wareneingang		30.000,00 €
	3010	(3210) Wareneingang	5.000,00 €	
		an 3900 (3920) Warenbestände		5.000,00 €

(Lehrbuch, Seite 479–487)

Debitorenliste

Kto.-Nr.	Kunden	Salden
10 101	Söffgen OHG	176.120,00
10 102	G. Schön e. Kffr.	129.483,00
Saldensumme		305.603,90

Kreditorensaldenliste

Kto.-Nr.	Lieferer	Salden
17 101	B. Müller OHG	154.105,00
17 102	Emut GmbH	82.110,00
17 103	Winter GmbH	7.616,00
17 104	K.-H. More e. Kfm.	7.735,00
17 105	Adsack GmbH	190,40
Saldensumme		251.756,40

S	9300 GuV		H
3110 Wareneingang I	99.500,00	8110 Warenverkauf I	152.000,00
3210 Wareneingang II	74.000,00	8210 Warenverkauf II	110.810,00
4100 Mieten, Pachten, Leasing	3.800,00	8712 Entnahme Waren II	260,00
4270 Beiträge	670,00		
4300 Energie, Betriebsstoffe	6.400,00		
4400 Werbe- u. Reisekosten	160,00		
4700 Betriebskosten, Instandh.	160,00		
4810 Bürobedarf	60,00		
4860 Kosten d. Geldverkehrs	20,00		
0600 Eigenkapital	78.300,00		
	263.070,00		263.070,00

S	0600 Eigenkapital		H
1610	2.071,40	AB	973.000,00
SB	1.049.228,60	9300 GuV	78.300,00
	1.051.300,00		1.051.300,00

S	0600 Eigenkapital		H
0330 Betriebs- u. G'ausstattung	876.500,00	0600 Eigenkapital	1.049.228,60
0340 Fuhrpark	140.000,00	0820 Verb. gegenüber KI	680.000,00
1010 Forderungen a. LL	305.603,90	1710 Verbindlichkeiten a. LL	251.756,40
1310 Kreditinstitute	59.660,00	1810 Umsatzsteuer	9.745,10
1510 Kasse	23.966,20		
3910 Warenbestände I	330.000,00		
3920 Warenbestände II	255.000,00		
	1.990.730,10		1.990.730,10

(Lehrbuch, Seite 479–487)

2

Tag	Belegart/ Buchungsnr.	Buchungssatz	Soll	Haben	Vorsteuer	Umsatzsteuer
		Forderungen a. LL an Warenverkauf an Umsatzsteuer	129.483,90	108.810,00 20.673,90		20.673,90
		Forderungen a. LL an Warenverkauf an Umsatzsteuer	176.120,00	148.000,00 28.120,00		28.120,00
		Wareneingang Vorsteuer an Verb. a. LL	129.500,00 24.605,00	154.105,00	24.605,00	
		Wareneingang Vorsteuer an Verb. a. LL	69.000,00 13.110,00	82.110,00	13.110,00	
		BGA Vorsteuer an Verb. a. LL	6.500,00 1.235,00	7.735,00	1.235,00	
		Werbe- und Reisekosten Vorsteuer an Verb. a. LL	160,00 30,40	190,40	30,40	
		Energie, Betriebsstoffe Vorsteuer an Verb. a. LL	6.400,00 1.216,00	7.616,00	1.216,00	
		Kreditinstitute an Forderungen a. LL	25.000,00	25.000,00		
		Kreditinstitute an Forderungen a. LL	45.000,00	45.000,00		
		Privatentnahmen an Kreditinstitute	850,00	850,00		
		Kosten des Geldverkehrs an Kreditinstitute	20,00	20,00		
		Verbindlichkeiten a. LL an Kreditinstitute	50.000,00	50.000,00		
		Verbindlichkeiten a. LL an Kreditinstitute	35.000,00	35.000,00		
		Mieten, Pachten, Leasing an Kreditinstitute	3.800,00	3.800,00		
		Beiträge an Kreditinstitute	670,00	670,00		
		Bürobedarf Vorsteuer an Kasse	60,00 11,40	71,40	11,40	
		Privatentnahmen an Kasse	912,00	912,00		
		Betriebskosten, Instandhaltung Vorsteuer an Kasse	160,00 30,40	190,40	30,40	
		Kasse an Warenverkauf (8110) an Warenverkauf (8210) an Umsatzsteuer	7.140,00	4.000,00 2.000,00 1.140,00		1.140,00
		Privatentnahmen an E. v. W. an Umsatzsteuer	309,40	49,40 260,00		49,40
					40.238,20	49.983,30
				Zahllast	9.745,10	

(Lehrbuch, Seite 479–487)

4.16 Wir buchen Bezugskosten und Vertriebskosten

Einstieg (Seite 489)

1. Der Unterschied besteht darin, dass auf dieser Ausgangsrechnung die Positionen *Fracht* und *Verpackung* erstmalig gesondert auftauchen.

2.

Datum	Buchungssatz	Betrag in €	
		Soll	Haben
Lfd. Geschäftsfälle			
16.08	Forderungen a. LL	3.164,81	
	an Warenverkauf		2.659,50
	an Umsatzsteuer		505,31
29.09	Kreditinstitute	3.164,81	
	an Forderungen a. LL		3.164,81

Da die *Spindler KG* im vorliegenden Fall offensichtlich keine Vertriebskosten zu tragen hat, sind auch keine entsprechenden Aufwendungen, z. B. für Verpackung oder Bahnfracht, buchhalterisch festzuhalten. Die der Kundin Frau Hempe in Rechnung gestellten Vertriebskosten (Fracht und Verpackung) sind gem. § 10 UStG buchhalterisch als Umsatzerlöse zu behandeln.

3. Anders sieht es im Falle des Käufers, der Einzelhändlerin Hempe, aus. Sie könnte die ihr entstandenen Kosten für den Bezug der Waren (Fracht und Verpackung) auf dem Konto „Wareneingang" buchen. Für die Kalkulation ihrer Verkaufspreise ist es jedoch übersichtlicher, sie zunächst gesondert auf einem *Unterkonto* des Kontos „Wareneingang" zu erfassen; das neu einzurichtende Konto trägt den Namen „**Warenbezugskosten**".

Anm.: Die Warenbezugskosten werden von Frau Hempe monatlich oder vierteljährlich auf das entsprechende Wareneingangskonto umgebucht. Dadurch wird erreicht, dass auf dem Konto „Wareneingang" entsprechend den gesetzlichen Vorschriften die Anschaffungskosten ausgewiesen werden.

Aufgaben (Seite 492–498)

1 a) f   b) r   c) f   d) r   e) f

2
1. 3010 Wareneingang   20.000,00 €
   1410 Vorsteuer   3.800,00 €
   an 1710 Verbindlichk. a. LL   23.800,00 €
2. 3020 Warenbezugskosten   100,00 €
   1410 Vorsteuer   19,00 €
   an 1510 Kasse   119,00 €
3. 3020 Warenbezugskosten   200,00 €
   1410 Vorsteuer   38,00 €
   an 1710 Verbindlichk. a. LL   238,00 €
4. 3010 Wareneingang   25.000,00 €
   3020 Warenbezugskosten   500,00 €
   1410 Vorsteuer   4.845,00 €
   an 1710 Verbindlichk. a. LL   30.345,00 €
5. 1710 Verbindlichkeiten a. LL   357,00 €
   an 3020 Warenbezugskosten   300,00 €
   an 1410 Vorsteuer   57,00 €

S	3900 Warenbestände		H		S	3010 Wareneingang		H
AB	80.000,00	SB	70.000,00		1. 1710	20.000,00	9300	55.500,00
		3010	10.000,00		4. 1710	25.000,00		
	80.000,00		80.000,00		3020	500,00		
					3900	10.000,00		
S	3020 Warenbezugskosten		H			55.500,00		55.500,00
2. 1510	100,00	5. 1710	300,00					
3. 1710	200,00	3010	500,00					
4. 1710	500,00							
	800,00		800,00					

3 3010 Wareneingang 860,00 €
an 3020 Warenbezugskosten 860,00 €

4 Beleg 1: a) Eingangsrechnung über Waren und Bezugskosten
  b) 3010 Wareneingang 16.000,00 €
     3020 Warenbezugskosten 385,00 €
     1410 Vorsteuer 3.113,15 €
     an 1710 Verb. a. LL 19.498,15 €

Beleg 2: a) Gutschrift für Rücksendung der Verpackung
  b) 1710 Verbindlichkeiten a. LL 238,00 €
     an 3020 Warenbezugskosten 200,00 €
     an 1410 Vorsteuer 38,00 €

Beleg 3: a) Den Expressdienst für die Anlieferung von
     3 Kartons (Textilien) haben wir bar bezahlt.
  b) 3020 Warenbezugskosten 55,48 €
     1410 Vorsteuer 10,54 €
     an 1510 Kasse 66,02 €

Beleg 4: a) Eingangsrechnung einer Spedition über
     Warenbezugskosten
  b) 3020 Warenbezugskosten 3.000,00 €
     1410 Vorsteuer 570,00 €
     an 1710 Verb. a. LL 3.570,00 €

Beleg 5: a) Eingangsrechnung einer Handelsvertretung
     über Einkauf von Textilien
  b) 3020 Warenbezugskosten 500,00 €
     1410 Vorsteuer 95,00 €
     an 1710 Verb. a. LL 595,00 €

5 Beleg 1: a) Eingangsrechnung einer Spedition über Transportkosten
     für die Warenauslieferung an unseren Kunden
  b) 4620 Ausgangsfrachten 4.000,00 €
     1410 Vorsteuer 760,00 €
     an 1710 Verb. a. LL 4.760,00 €

(Lehrbuch, Seite 492–498)

Beleg 2: a) Eingangsrechnung einer Kartonagenfabrik über Verpackungsmaterial
 b) 4610   Verpackungsmaterial   10.940,00 €
    1410   Vorsteuer   2.078,60 €
       an 1710 Verb. a. LL   13.018,60 €
Beleg 3: a) Den Expressdienst für den Versand von Textilien haben wir bar bezahlt.
 b) 4620   Ausgangsfrachten   325,00 €
    1410   Vorsteuer   61,75 €
       an 1510 Kasse   386,75 €
Beleg 4: a) Ausgangsrechnung mit Transportkosten und Verpackungskosten
 b) 1010   Ford. a. LL   67.847,85 €
       an 8010 Warenverkauf   57.015,00 €
       an 1810 Umsatzsteuer   10.832,85 €
Beleg 5: a) Gutschrift an den Kunden für die Rückgabe der Verpackung
 b) 8010   Warenverkauf   330,00 €
    1810   Umsatzsteuer   62,70 €
       an 1010 Ford. a. LL   392,70 €
Beleg 6: a) Barzahlung der Versandkosten für die Auslieferung
    von Waren an einen Kunden
 b) 4620   Ausgangsfrachten   175,00 €
    1410   Vorsteuer   33,25 €
       an 1510 Kasse   208,25 €
Beleg 7: a) Eingangsrechnung einer Handelsvertretung über Verkauf von Textilien
 b) 4500   Provisionen   900,00 €
    1410   Vorsteuer   171,00 €
       an 1710 Verb. a. LL   1.071,00 €

6 1. 4610 Verpackungsmaterial   300,00 €
       1410 Vorsteuer   57,00 €
          an 1510 Kasse   357,00 €

    2. 4620 Ausgangsfrachten   200,00 €
       1410 Vorsteuer   38,00 €
          an 1510 Kasse   238,00 €

    3. 1010 Forderungen a. LL   36.295,00 €
          an 8010 Warenverkauf   30.500,00 €
          an 1810 Umsatzsteuer   5.795,00 €

    4. 8010 Warenverkauf   300,00 €
       1810 Umsatzsteuer   57,00 €
          an 1010 Forderungen a. LL   357,00 €

Aktion (Seite 499–501)

1 Hinweise zur *Fragerunde* sind im Kap. 4.6, Aktion 3 dieses Lösungsbandes zu finden.

2

Beleg-Nr.	Buchungssätze			
11	4020	Gehälter	12.000,00 €	
		an 1310 Kreditinstitute		12.000,00 €
12	4220	Kfz-Steuer	1.000,00 €	
		an 1310 Kreditinstitute		1.000,00 €
13	4260	Versicherungen	2.000,00 €	
		an 1310 Kreditinstitute		2.000,00 €
14	4100	Mieten, Pachten, Leasing	8.000,00 €	
		an 1310 Kreditinstitute		8.000,00 €
15	1710	(1) Verb. a. LL (3)	40.000,00 €	
		an 1310 Kreditinstitute		40.000,00 €
16	4100	Mieten, Pachten, Leasing	800,00 €	
	1410	Vorsteuer	152,00 €	
		an 1310 Kreditinstitute		952,00 €
17	4821	Porto	500,00 €	
		an 1310 Kreditinstitute		500,00 €
18	4080	Ü. s. Personalaufwendungen	30,00 €	
		an 1310 Kreditinstitute		30,00 €
21	3010	(3210) Wareneingang	70.000,00 €	
	3020	(3220) Warenbezugskosten	1.400,00 €	
	1410	Vorsteuer	13.566,00 €	
		an 1710 (2) Verb. a. LL		84.966,00 €
22	3010	(3110) Wareneingang	40.000,00 €	
	3020	(3120) Warenbezugskosten	500,00 €	
	1410	Vorsteuer	7.695,00 €	
		an 1710 (1) Verb. a. LL		48.195,00 €
23	3020	(3220) Warenbezugskosten	500,00 €	
	1410	Vorsteuer	95,00 €	
		an 1710 (2) Verb. a. LL		595,00 €
31	3020	(3220) Warenbezugskosten	700,00 €	
	1410	Vorsteuer	133,00 €	
		an 1510 Kasse		833,00 €
32	4610	Verpackungsmaterial	1.000,00 €	
	1410	Vorsteuer	190,00 €	
		an 1510 Kasse		1.190,00 €
33	4080	Ü. s. Personalaufwendungen	200,00 €	
		an 1510 Kasse		200,00 €
41	1710	(2) Verb. a. LL (21)	714,00 €	
		an 3020 (3220) Warenbezugskosten		600,00 €
		an 1410 Vorsteuer		114,00 €
42	1710	(2) Verb. a. LL (21)	119,00 €	
		an 3020 (3220) Warenbezugskosten		100,00 €
		an 1410 Vorsteuer		19,00 €
50	1010	(1) Ford. a. LL	298.452,00 €	
		an 8010 (8210) Warenverkauf		200.800,00 €
		an 8010 (8110) Warenverkauf		50.000,00 €
		an 1810 Umsatzsteuer		47.652,00 €

(Lehrbuch, Seite 499–501)

Beleg-Nr.	Buchungssätze			
60	8010 (8210) Warenverkauf	800,00 €		
	1810 Umsatzsteuer	152,00 €		
	an 1010 (1) Ford. a. LL (50)		952,00 €	
70	1310 Kreditinstitute	40.000,00 €		
	an 1010 (2) Ford. a. LL (2)		40.000,00 €	
80	1010 (1) Ford. a. LL	500,00 €		
	an 2610 Zinserträge a. k. F.		500,00 €	
	Abschlussangaben			
90	4610 Verpackungsmaterial	25,00 €		
	1410 Vorsteuer	4,75 €		
	an 1510 Kasse		29,75 €	
100	1810 Umsatzsteuer	21.702,75 €		
	an 1410 Vorsteuer		21.702,75 €	
	1810 Umsatzsteuer	25.797,25 €		
	an 9400 SBK		25.797,25 €	
110	3900 (3910) Warenbestände	15.000,00 €		
	an 3010 (3110) Wareneingang		15.000,00 €	
	3010 (3210) Wareneingang	25.000,00 €		
	an 3900 (3920) Warenbestände		25.000,00 €	

Debitorensaldenliste

Kto.-Nr.	Kunden	Salden
10 101	Söffgen OHG	348.000,00
10 102	Gertrud Schön e. Kffr.	0,00
Saldensumme		348.000,00

Kreditorensaldenliste

Kto.-Nr.	Lieferer	Salden
17 101	B. Müller OHG	48.195,00
17 102	Emut GmbH	114.728,00
Saldensumme		162.923,00

S		9300 GuV		H
3110 Wareneingang I	25.500,00	2610 Zinserträge a. k. F.		500,00
3210 Wareneingang II	96.900,00	8110 Warenverkauf I		50.000,00
4020 Gehälter	12.000,00	8210 Warenverkauf II		200.000,00
4080 Ü. s. Personalaufwend.	230,00			
4100 Mieten, Pachten, Leasing	8.800,00			
4220 Kfz-Steuer	1.000,00			
4260 Versicherungen	2.000,00			
4610 Verpackungsmaterial	1.025,00			
4821 Porto	500,00			
0600 Eigenkapital	102.545,00			
	250.500,00			250.500,00

(Lehrbuch, Seite 499–501)

S	0600 Eigenkapital		H
SB	1.092.545,00	AB	990.000,00
		9300 GuV	102.545,00
	1.092.545,00		1.092.545,00

S		9400 Schlussbilanzkonto		H
0330 Betriebs- u. G'ausst.	800.000,00	0600 Eigenkapital		1.092.545,00
0340 Fuhrpark	400.000,00	0820 Verb. gegenüber KI		975.000,00
1010 Forderungen a. LL	348.000,00	1710 Verbindlichkeiten a. LL		162.923,00
1310 Kreditinstitute	75.518,00	1810 Umsatzsteuer		25.797,25
1510 Kasse	37.747,25			
3910 Warenbestände I	365.000,00			
3920 Warenbestände II	230.000,00			
	2.256.265,25			2.256.265,25

4.17 Wir lernen Besonderheiten der Warenbuchungen kennen

Einstieg (Seite 503)

1. Der Unterschied besteht darin, dass bei diesem Warenverkauf der Kunde nicht wie in den Fällen zuvor das Zahlungsziel ausnutzt, sondern die Rechnung der *Spindler KG* vorzeitig (innerhalb von 10 Tagen) unter Ausnutzung des eingeräumten Skontosatzes von 2 % bezahlt.

2. **Überlegung des Kunden – der Adam GmbH:**

Rechnungsbetrag	1.656,60 €	
– Skonto 2 %	33,13 €	(= Bruttoskonto)
= Überweisungsbetrag	1.623,47 €	

Erfassung der Geschäftsfälle von Anja Kruse in der Spindler KG:

Datum	Buchungssatz	Betrag in €	
		Soll	Haben
Lfd. Geschäftsfälle			
22.09	**Buchung der Ausgangsrechnung:**		
	Forderungen a. LL	1.656,60	
	an Warenverkauf		1.392,10
	an Umsatzsteuer		264,50
02.10	**Buchung des Zahlungseingangs:**		
	Kreditinstitute	1.623,47	
	Kundenskonti (= Nettoskonto)	27,84	
	Umsatzsteuer	5,29	
	an Forderungen a. LL		1.656,60

- Beim Kundenskonto ist die **Umsatzsteuer zu berichtigen,** da Kundenskonto den Umsatzerlös mindert:

Ermittlung des Betrags für die Steuerberichtigung:

$$\frac{(\text{Bruttoskonto}) \, 33{,}13 \, € \cdot 19\,\%}{119\,\%} = \underline{\underline{5{,}29 \, €}}$$

Dies ist die im Bruttoskontonachlass enthaltene Umsatzsteuer.

- Das Konto „**Kundenskonti**" wird über das Konto „**Warenverkauf**" abgeschlossen.

3. **Erfassung der Geschäftsfälle in der Buchhaltung der Adam GmbH:**

Datum	Buchungssatz	Betrag in €	
		Soll	Haben
Lfd. Geschäftsfälle			
24.09	**Buchung der Eingangsrechnung:**		
	Wareneingang	1.392,10	
	Vorsteuer	264,50	
	an Verbindlichkeiten a. LL		1.656,60
01.10	**Buchung des Rechnungsausgleichs:**		
	Verbindlichkeiten a. LL	1.656,60	
	an Kreditinstitute		1.623,47
	an **Liefererkonti**		**27,84**
	an **Vorsteuer**		**5,29**

- Der Skonto, der dem Kunden vom Lieferer gewährt wird, mindert nachträglich den Anschaffungspreis der eingekauften Waren.
- Der vom Einkäufer in Anspruch genommene Skonto wird auf dem Unterkonto des Wareneingangskontos „**Liefererkonti**" gebucht, und zwar direkt beim Rechnungsausgleich mit dem Nettobetrag. Die darauf entfallende **Vorsteuerberichtigung** wird ermittelt und sofort durchgeführt.
- Das Konto „**Liefererkonti**" wird über das Konto „**Wareneingang**" abgeschlossen.

Aufgaben (Seite 510–518)

1
- Treuerabatt
- Mengenrabatt
- Wiederverkäuferrabatt
- Personalrabatt
- Sonderrabatt

2 a) 1010 Ford. a. LL   47.600,00 €
         an 8010 Warenverkauf   40.000,00 €
         an 1810 Umsatzsteuer   7.600,00 €

    b) 3010 Wareneingang   40.000,00 €
       1410 Vorsteuer   7.600,00 €
         an 1710 Verb. a. LL   47.600,00 €

3 a) 8010 Warenverkauf   3.000,00 €
       1810 Umsatzsteuer   570,00 €
         an 1010 Ford. a. LL   3.570,00 €

    b) 1710 Verb. a. LL   3.570,00 €
         an 3010 Wareneingang   3.000,00 €
         an 1410 Vorsteuer   570,00 €

4 Beleg 1: a) Eingangsrechnung (mit Rabatt)
  b) 3010 Wareneingang   11.610,00 €
     1410 Vorsteuer   2.205,90 €
          an 1710 Verb. a. LL   13.815,90 €

  Beleg 2: a) Ausgangsrechnung (mit Rabatt)
  b) 1010 Ford. a. LL   11.282,99 €
          an 8010 Warenverkauf   9.481,50 €
          an 1810 Umsatzsteuer   1.801,49 €

  Beleg 3: a) Gutschrift unseres Lieferers für einen nicht gewährten Rabatt
  b) 1710 Verb. a. LL   4.879,00 €
          an 3010 Wareneingang   4.100,00 €
          an 1410 Vorsteuer   779,00 €

5 a) 1010 Ford. a. LL   13.815,90 €
        an 8010 Warenverkauf   11.610,00 €
        an 1810 Umsatzsteuer   2.205,90 €

  b) 3010 Wareneingang   9.481,50 €
     1410 Vorsteuer   1.801,49 €
        an 1710 Verb. a. LL   11.282,99 €

  c) 8010 Warenverkauf   4.100,00 €
     1810 Umsatzsteuer   779,00 €
        an 1010 Ford. a. LL   4.879,00 €

6 a) 1. 3010 Wareneingang   25.000,00 €
           1410 Vorsteuer   4.750,00 €
              an 1710 Verb. a. LL   29.750,00 €

       2. 1710 Verb. a. LL   2.380,00 €
              an 3050 Rücksend. an Lieferer   2.000,00 €
              an 1410 Vorsteuer   380,00 €

       3. 1710 Verb. a. LL   1.190,00 €
              an 3060 Nachlässe v. Lieferern   1.000,00 €
              an 1410 Vorsteuer   190,00 €

S	1410 Vorsteuer		H
1. 1710	4.750,00	2. 1710	380,00
		3. 1710	190,00

S	1710 Verbindlichkeiten a. LL		H
2. 3050/1410	2.380,00	AB	40.000,00
3. 3060/1410	1.190,00	1. 3010/1410	29.750,00

S	GuV		H
1. 1710	25.000,00	3050	2.000,00
3900	5.000,00	3060	1.000,00
		Wareneinsatz	27.000,00
	30.000,00		30.000,00

(Lehrbuch, Seite 510–518)

S	3050 Rücksendungen an Lieferer		H
3010	2.000,00	2. 1710	2.000,00

S	3060 Nachlässe von Lieferern		H
3010	1.000,00	3. 1710	1.000,00

S	3900 Warenbestände		H
AB	35.000,00	SB	30.000,00
		3010	5.000,00
	35.000,00		35.000,00

7 3060 Nachlässe an Lieferer 12.400,00 €
    an 3010 Wareneingang 12.400,00 €

8 1. 1010 Ford. a. LL 17.850,00 €
       an 8010 Warenverkauf 15.000,00 €
       an 1810 Umsatzsteuer 2.850,00 €
   2. 8060 Nachlässe an Kunden 2.500,00 €
      1810 Umsatzsteuer 475,00 €
       an 1010 Ford. a. LL 2.975,00 €
   3. 8050 Rücksendungen von Kunden 1.000,00 €
      1810 Umsatzsteuer 190,00 €
       an 1010 Ford. a. LL 1.190,00 €

S	1010 Forderungen a. LL		H
AB	20.000,00	2. 8060/1810	2.975,00
1. 8010/1810	17.850,00	3. 8050/1810	1.190,00

S	1810 Umsatzsteuer		H
2. 1010	475,00	1. 1010	2.850,00
3. 1010	190,00		

S	8010 Warenverkauf		H
8050	1.000,00	1. 1010	15.000,00
8050	2.500,00		
9300	11.500,00		
	15.000,00		15.000,00

S	8050 Rücksendungen von Kunden		H
3. 3010	1.000,00	8010	1.000,00

S	8060 Nachlässe an Kunden		H
2. 2010	2.500,00	8010	2.500,00

9 8010 Warenverkauf 16.900,00 €
    an 8050 Rücksendungen von Kunden 16.900,00 €

(Lehrbuch, Seite 510–518)

10 Beleg 1: a) Unser Lieferer erteilt uns eine Gutschrift für zurückgesandte Waren (Wandelung) und für die dazu in Rechnung gestellten Verpackungskosten.

    b) 1710 Verb. a. LL   3.629,50 €
        an 3050 Rücksend. an Lieferer   3.000,00 €
        an 3020 Warenbezugskosten   50,00 €
        an 1410 Vorsteuer   579,50 €

Beleg 2: a) Wir erteilen einem Kunden eine Gutschrift aufgrund seiner Mängelrüge (Minderung).

    b) 8060 Nachlässe an Kunden   6.000,00 €
        1810 Umsatzsteuer   1.140,00 €
        an 1010 Ford. a. LL   7.140,00 €

11 a) 8050 Rücksendungen von Kunden   3.000,00 €
       1810 Umsatzsteuer   570,00 €
       an 1010 Ford. a. LL   3.570,00 €

   b) 1710 Verb. a. LL   7.140,00 €
       an 3060 Nachlässe von Lieferern   6.000,00 €
       an 1410 Vorsteuer   1.140,00 €

12 a) **Buchung des Lieferers:**
    8060 Nachlässe an Kunden   12.000,00 €
    1810 Umsatzsteuer   2.280,00 €
    an 1010 Ford. a. LL   14.280,00 €
    Buchung des Kunden:
    1710 Verb. a. LL   14.280,00 €
    an 3060 Nachlässe von Lieferern   12.000,00 €
    an 1410 Vorsteuer   2.280,00 €

   b) **Buchung des Lieferers:**
    8060 Nachlässe an Kunden   14.000,00 €
    1810 Umsatzsteuer   2.660,00 €
    an 1010 Ford. a. LL   16.660,00 €
    Buchung des Kunden:
    1710 Verb. a. LL   16.660,00 €
    an 3060 Nachlässe von Lieferern   14.000,00 €
    an 1410 Vorsteuer   2.660,00 €

13 Beleg 1: a) Eingangsrechnung über Waren mit Rabatt, Verpackungs- und Transportkosten

    b) 3010 Wareneingang   33.480,00 €
       3020 Warenbezugskosten   700,00 €
       1410 Vorsteuer   6.494,20 €
       an 1710 Verb. a. LL   40.674,20 €

Beleg 2: a) Wir begleichen die Rechnung unseres Warenlieferers unter Abzug von Skonto durch Banküberweisung.

    b) 1710 Verb. a. LL   40.674,20 €
       an 1310 Kreditinstitute   39.478,96 €
       an 3080 Liefererskonti   1.004,40 €
       an 1410 Vorsteuer   190,84 €

    c) Der Skontoabzug wird gemäß Skontoklausel nur vom Warenwert vorgenommen.

(Lehrbuch, Seite 510–518)

Bruttowarenwert: 33.480,00 € · 1,19 = 39.841,20 €
Bruttoskontoabzug: 3 % von 39.841,20 € → 1.195,24 €

Nettoskontoabzug: $\frac{1.195,24 \cdot 100}{119}$ = 1.004,40 €

Beleg 3: a) Buchungsanweisung für Abschluss des Kontos „3080 Liefererskonti".
b) 3080 Liefererskonti 1.004,40 €
an 3010 Wareneingang 1.004,40 €

Beleg 4: a) Ausgangsrechnung mit Rabatt, Verpackungs- und Transportkosten
b) 1010 Forderungen a. LL 41.519,10 €
an 8010 Warenverkauf 34.890,00 €
an 1810 Umsatzsteuer 6.629,10 €

Beleg 5: a) Bankgutschrift für Zahlungsausgleich unserer Ausgangsrechnung (Beleg 4) abzüglich 3 % Skonto vom Warenwert.
b) 1310 Kreditinstitute 40.291,38 €
8080 Kundenskonti 1.031,70 €
1810 Umsatzsteuer 196,02 €
an 1010 Forderungen a. LL 41.519,10 €
c) Der Skontoabzug wird gemäß Skontoklausel nur vom Warenwert vorgenommen.
Bruttowarenwert: 34.390,00 € · 1,19 = 40.924,10 €
Bruttoskontoabzug: 3 % von 40.924,10 € → 1.227,72 €

Nettoskontoabzug: $\frac{1.227,72 \cdot 100}{119}$ = 1.031,70 €

Beleg 6: a) Buchungsanweisung für Abschluss des Kontos „8080 Kundenskonti"
b) 8010 Warenverkauf 1.031,70 €
an 8080 Kundenskonti 1.031,70 €

14 Beleg 1: a) Eingangsrechnung über Kopiergeräte und Büromaterial
b) 0330 Betr.- u. G'ausstattung 3.750,00 €
4810 Bürobedarf 458,80 €
1410 Vorsteuer 799,67 €
an 1710 Verb. a. LL 5.008,47 €

Beleg 2: a) Wir begleichen die Rechnung unseres Lieferers unter Abzug von Skonto durch Banküberweisung.
b) 1710 Verb. a. LL 5.008,47 €
an 1320 Kreditinstitute 4.908,30 €
an 0330 Betr.- u. G'ausstattung 75,00 €
an 4810 Bürobedarf 9,18 €
an 1410 Vorsteuer 15,99 €
c) Nettoskontoabzug auf „0330 Betr.- u. G'ausst.":
2 % von 3.750,00 € → 75,00 €
Nettoskontoabzug auf „4810 Bürobedarf":
2 % von (299,00 € + 159,80 €) → 9,18 €

Summe Nettoskontoabzug	84,18 €
darauf 19 % USt	15,99 €
Bruttoskontoabzug	100,17 €

(Lehrbuch, Seite 510–518)

15 a) 2 % von 35.700,00 € = 714,00 €
119 % – 714,00 €
100 % –   x   €

$$x = \frac{714,00 \cdot 100}{119} = 600,00 \text{ €} \rightarrow \text{Nettoskontoabzug,} \quad \underline{114,00 \text{ €}} \rightarrow \text{anteilige USt}$$

b) 1710 Verb. a. LL . . . . 35.700,00 €
      an 1310 Kreditinstitute . . . . 34.986,00 €
      an 3080 Liefererskonti . . . . 600,00 €
      an 1410 Vorsteuer . . . . 114,00 €

c) 1310 Kreditinstitute . . . . 34.986,00 €
   8080 Kundenskonti . . . . 600,00 €
   1810 Umsatzsteuer . . . . 114,00 €
      an 1010 Ford. a. LL . . . . 35.700,00 €

16 a) 8010 Warenverkauf . . . . 7.240,00 €
      an 8080 Kundenskonti . . . . 7.240,00 €

b) 3080 Liefererskonti . . . . 8.600,00 €
      an 3010 Wareneingang . . . . 8.600,00 €

17 a) **aus der Sicht des Kunden:**
   1. 1710 Verb. a. LL . . . . 29.750,00 €
        an 1310 Kreditinstitute . . . . 29.155,00 €
        an 3080 Liefererskonti . . . . 500,00 €
        an 1410 Vorsteuer . . . . 95,00 €

   2. 3080 Liefererskonti . . . . 500,00 €
      1410 Vorsteuer . . . . 95,00 €
        an 1710 Verb. a. LL . . . . 595,00 €

b) **aus der Sicht des Lieferers:**
   1. 1310 Kreditinstitute . . . . 29.155,00 €
      8080 Kundenskonti . . . . 500,00 €
      1810 Umsatzsteuer . . . . 95,00 €
        an 1010 Ford. a. LL . . . . 29.750,00 €

   2. 1010 Ford. a. LL . . . . 595,00 €
        an 8080 Kundenskonti . . . . 500,00 €
        an 1810 Umsatzsteuer . . . . 95,00 €

18 a) **aus der Sicht des Lieferers:**
   1. Zahlungsvorgang:
      1310 Kreditinstitute . . . . 58.310,00 €
      8080 Kundenskonti . . . . 1.000,00 €
      1810 Umsatzsteuer . . . . 190,00 €
        an 1010 Ford. a. LL . . . . 59.500,00 €

   2. Belastung:
      1010 Ford. a. LL . . . . 595,00 €
        an 8080 Kundenskonti . . . . 500,00 €
        an 1810 Umsatzsteuer . . . . 95,00 €

(Lehrbuch, Seite 510–518)

b) **aus der Sicht des Kunden:**
1. Zahlungsvorgang:
   1710 Verb. a. LL   59.500,00 €
       an 1310 Kreditinstitute   58.310,00 €
       an 3080 Liefererskonti   1.000,00 €
       an 1410 Vorsteuer   190,00 €
2. Belastung:
   3080 Liefererskonti   500,00 €
   1410 Vorsteuer   95,00 €
       an 1710 Verb. a. LL   595,00 €

19 a) **aus der Sicht des Lieferers:**
1. 1310 Kreditinstitute   833,00 €
       an 1010 Ford. a. LL   833,00 €
2. 1310 Kreditinstitute   833,00 €
       an 8080 Kundenskonti   700,00 €
       an 1810 Umsatzsteuer   133,00 €
b) **aus der Sicht des Kunden:**
   3080 Liefererskonti   700,00 €
   1410 Vorsteuer   133,00 €
       an 1310 Kreditinstitute   833,00 €

20 a) Ein Bonus ist eine Vergütung, die Lieferer ihren Kunden bei Überschreiten einer bestimmten Umsatzhöhe in einem festgelegten Zeitraum (Monat, Vierteljahr, Halbjahr, Jahr) nachträglich gewähren.
b) Ein Bonus soll einen Anreiz schaffen, höhere Umsätze zu tätigen.

21 Beleg 1: a) Wir überweisen unserer Kundin einen Bonus.
         b) 8070 Kundenboni   5.000,00 €
            1810 Umsatzsteuer   950,00 €
               an 1310 Kredtitinstitute   5.950,00 €
   Beleg 2: a) Wir erteilen einem Kunden eine Bonusgutschrift.
         b) 8070 Kundenboni   5.500,00 €
            1810 Umsatzsteuer   1.045,00 €
               an 1010 Ford. a. LL   6.545,00 €

22 a) 1310 Kreditinstitute   5.950,00 €
          an 3070 Liefererboni   5.000,00 €
          an 1410 Vorsteuer   950,00 €
       1710 Verb. a. LL   6.545,00 €
          an 3070 Liefererboni   5.500,00 €
          an 1410 Vorsteuer   1.045,00 €

23 a) 3 % von 520.000,00 € = 15.600,00 € (Nettobonusvergütung)
       3 % von 98.800,00 € = 2.964,00 € (Steuerberichtigung)
    b) 8070 Kundenboni   15.600,00 €
       1810 Umsatzsteuer   2.964,00 €
           an 1010 Ford. a. LL   18.564,00 €
    c) 1710 Verb. a. LL   18.564,00 €
           an 3070 Liefererboni   15.600,00 €
           an 1410 Vorsteuer   2.964,00 €

(Lehrbuch, Seite 510–518)

Aktionen (Seite 519–524)

1 a)–c) Die **Kopfstandmethode,** auch „Umkehrmethode" genannt, geht von einem bewusst herbeigeführten Rollentausch aus: Die Problemfrage wird auf den Kopf gestellt, in ihr Gegenteil verkehrt, wie beispielsweise

→ „Warum benötigt das Großhandelsunternehmen für seinen wirtschaftlichen Fortbestand keinerlei Unterkonten für die buchhalterische Behandlung von Rücksendungen und Preisnachlässen?" oder

→ „Warum sollte der Großhändler Warenrücksendungen und Preisnachlässe direkt über das Wareneingangskonto bzw. Warenverkaufskonto buchen?"

Die sich daran anschließende Ideensuche erfolgt im Brainstorming. Die Vorgehensweise hierzu findet sich analog im Kap. 1.2 im Lehrbuch.

d) Zur Veranschaulichung der Lösungsvorschläge siehe analog Kap. 1.2 im Lehrbuch.

2 **Grundsätzliches:** Die Besonderheiten der Warenbuchungen sind aufgrund der Sachstruktur vorgegeben. Das **Mindmapping** hat dabei den Vorteil, dass es einfach zu handhaben ist. Es sind nur die aufgeführten Gestaltungsregeln anzuwenden. Mit dem Mindmapping wird das herkömmliche „schön geordnet und untereinander" Aufschreiben überwunden. Dadurch wird sehr viel Zeit gespart. Deshalb geht auch kaum ein Gedanke verloren: Man hat alles auf einen Blick und das einigermaßen übersichtlich.

Der Einsatz der **Mindmap** an dieser Stelle dient der Lernstoffwiederholung sowie der Ordnung der Gedanken. Es kann gelernt werden, die Inhalte zum Themengebiet „Besonderheiten der Warenbuchungen" strukturiert anzuordnen, die Assoziationsfähigkeit und Kreativität zu steigern sowie Informationen zu den entsprechenden Buchungen auf den Unterkonten zu verdichten und zu verknüpfen – Erleichterung des Wiederfindens.

Im Mindmapping-Prozess werden Gedanken nicht verarbeitet, sondern einfach notiert, so wie sie aus dem Kopf kommen.

Für die **Erstellung einer Mindmap** sollten sich die Schüler an die Ablauffolge halten, wie sie in Kap. 1.2 im Lehrbuch dargestellt ist.

3

Beleg-Nr.	\multicolumn{2}{l} Buchungssätze		
11	1810	Umsatzsteuer	9.500,00 €	
		an 1310 Kreditinstitute		9.500,00 €
12	4200	Gehälter	14.000,00 €	
		an 1310 Kreditinstitute		14.000,00 €
13	1710	(1) Verb. a. LL (3)	48.000,00 €	
		an 1310 Kreditinstitute		48.000,00 €
21	3010	(3210) Wareneingang	70.000,00 €	
	3020	(3220) Warenbezugskosten	500,00 €	
	1410	Vorsteuer	13.395,00 €	
		an 1710 (2) Verb. a. LL		83.895,00 €
22	3010	(3210) Wareneingang	9.000,00 €	
	3020	(3220) Warenbezugskosten	200,00 €	
	1410	Vorsteuer	1.748,00 €	
		an 1710 (6) Verb. a. LL		10.948,00 €

Beleg-Nr.	Buchungssätze			
31	1710	(2) Verb. a. LL (21)	3.570,00 €	
		an 3050 (3250) Rücksend. an Lief.		3.000,00 €
		an 1410 Vorsteuer		570,00 €
32	1710	(6) Verb. a. LL (22)	1.190,00 €	
		an 3060 (3160) Nachlässe v. Lief.		1.000,00 €
		an 1410 Vorsteuer		190,00 €
33	1710	(2) Verb. a. LL (21)	3.570,00 €	
		an 8720 Provisionserträge		3.000,00 €
		an 1810 Umsatzsteuer		570,00 €
40	4500	Provisionen	15.000,00 €	
	1410	Vorsteuer	2.850,00 €	
		an 1710 (8) Verb. a. LL		17.850,00 €
50	1710	(8) Verb. a. LL (40)	2.380,00 €	
		an 4500 Provisionen		2.000,00 €
		an 1410 Vorsteuer		380,00 €
61	1010	(1) Forderungen a. LL	239.190,00 €	
		an 8010 (8210) Warenverkauf		201.000,00 €
		an 1810 Umsatzsteuer		38.190,00 €
62	1010	(2) Forderungen a. LL	47.957,00 €	
		an 8010 (8110) Warenverkauf		40.300,00 €
		an 1810 Umsatzsteuer		7.657,00 €
71	8050	(8250) Rücksend. von Kunden	50.000,00 €	
	1810	Umsatzsteuer	9.500,00 €	
		an 1010 (1) Ford. a. LL (61)		59.500,00 €
72	8060	(8160) Nachlässe an Kunden	3.000,00 €	
	1810	Umsatzsteuer	570,00 €	
		an 1010 (2) Ford. a. LL (62)		3.570,00 €
	Abschlussangaben			
80	1810	Umsatzsteuer	16.853,00 €	
		an 1410 Vorsteuer		16.853,00 €
	1810	Umsatzsteuer	19.494,00 €	
		an 9400 SBK		19.494,00 €
90	3010	(3110) Wareneingang	12.000,00 €	
		an 3900 (3910) Warenbestände		12.000,00 €
	3900	(3920) Warenbestände	2.000,00 €	
		an 3010 (3210) Wareneingang		2.000,00 €

Debitorensaldenliste

Kto.-Nr.	Kunden	Salden
10 101	Söffgen OHG	219.690,00
10 102	G. Schön e. Kffr.	64.387,00
Saldensumme		284.077,00

(Lehrbuch, Seite 519–524)

Kreditorensaldenliste

Kto.-Nr.	Lieferer	Salden
17 101	B. Müller OHG	0,00
17 102	Emut GmbH	76.755,00
17 106	Vödisch AG	51.758,00
17 108	A. Mattke e. Kffr.	15.470,00
Saldensumme		143.983,00

S	9300 GuV		H
3110 Wareneingang I	20.200,00	8110 Warenverkauf I	37.300,00
3210 Wareneingang II	65.500,00	8210 Warenverkauf II	151.000,00
4020 Gehälter	14.000,00	8720 Provisionserträge	3.000,00
4500 Provisionen	13.000,00		
0600 Eigenkapital	78.600,00		
	191.300,00		191.300,00

S	0600 Eigenkapital		H
SB	978.600,00	AB	900.000,00
		9300 GuV	78.600,00
	978.600,00		978.600,00

S	9400 Schlussbilanzkonto		H
0330 B.- u. G'ausstattung	700.000,00	0600 Eigenkapital	978.600,00
0340 Fuhrpark	350.000,00	0820 Verb. gegenüber KI	775.500,00
1010 Forderungen a. LL	284.077,00	1710 Verbindlichk. a. LL	143.983,00
1310 Kreditinstitute	53.500,00	1810 Umsatzsteuer	19.494,00
3910 Warenbestände I	288.000,00		
3920 Warenbestände II	242.000,00		
	1.917.577,00		1.917.577,00

4

Beleg-Nr.	Buchungssätze			
11	1010	(2) Ford. a. LL	72.352,00 €	
	an 8010	(8110) Warenverkauf		60.800,00 €
	an 1810	Umsatzsteuer		11.552,00 €
12	1010	(1) Forderungen a. LL	262.990,00 €	
	an 8010	(8210) Warenverkauf		221.000,00 €
	an 1810	Umsatzsteuer		41.990,00 €
21	1310	Kreditinstitute	57.715,00 €	
	8080	(8280) Kundenskonti	1.500,00 €	
	1810	Umsatzsteuer	285,00 €	
	an 1010	(1) Ford. a. LL (1)		59.500,00 €
22	1310	Kreditinstitute	8.000,00 €	
	an 2420	Betriebsfremde Erträge		8.000,00 €
31	1510	Kasse	26.180,00 €	
	an 8010	(8110) Warenverkauf		10.000,00 €
	an 8010	(8210) Warenverkauf		12.000,00 €
	an 1810	Umsatzsteuer		4.180,00 €

(Lehrbuch, Seite 519–524)

Beleg-Nr.	Buchungssätze			
32	1510	Kasse	357,00 €	
		an 2460 Sonstige Erträge		300,00 €
		an 1810 Umsatzsteuer		57,00 €
41	3010	(3110) Wareneingang	60.000,00 €	
	3020	(3120) Warenbezugskosten	400,00 €	
	1410	Vorsteuer	11.476,00 €	
		an 1710 (1) Verb. a. LL		71.876,00 €
42	3010	(3210) Wareneingang	110.000,00 €	
	3020	(3220) Warenbezugskosten	400,00 €	
	1410	Vorsteuer	20.976,00 €	
		an 1710 (2) Verb. a. LL		131.376,00 €
43	4840	Rechts- und Beratungskosten	1.000,00 €	
	1410	Vorsteuer	190,00 €	
		an 1710 (17 111) Verb. a. LL		1.190,00 €
51	1710	(1) Verb. a. LL (3)	47.600,00 €	
		an 1310 Kreditinstitute		46.648,00 €
		an 3080 (3180) Lieferskonti		800,00 €
		an 1410 Vorsteuer		152,00 €
52	1710	(2) Verb. a. LL (4)	35.700,00 €	
		an 1310 Kreditinstitute		34.629,00 €
		an 3080 (3280) Lieferskonti		900,00 €
		an 1410 Vorsteuer		171,00 €
53	4020	Gehälter	72.000,00 €	
		an 1310 Kreditinstitute		72.000,00 €
54	4700	Betriebskosten, Instandhaltung	2.000,00 €	
	1410	Vorsteuer	380,00 €	
		an 1310 Kreditinstitute		2.380,00 €
61	8050	(8150) Rücksend. von Kunden	5.000,00 €	
	1810	Umsatzsteuer	950,00 €	
		an 1010 (2) Ford. a. LL (11)		5.950,00 €
62	8060	(8260) Nachlässe an Kunden	8.000,00 €	
	1810	Umsatzsteuer	1.520,00 €	
		an 1010 (1) Ford. a. LL (12)		9.520,00 €
		Abschlussangaben		
70	1510	Kasse	11,90 €	
		an 2460 Sonstige Erträge		10,00 €
		an 1810 Umsatzsteuer		1,90 €
80	1810	Umsatzsteuer	32.699,00 €	
		an 1410 Vorsteuer		32.699,00 €
	1810	Umsatzsteuer	22.326,90 €	
		an 9400 SBK		22.326,90 €
90	3900	(3910) Warenbestände	30.000,00 €	
		an 3010 (3110) Wareneingang		30.000,00 €
	3010	(3210) Wareneingang	10.000,00 €	
		an 3900 (3920) Warenbestände		10.000,00 €

(Lehrbuch, Seite 519–524)

Debitorensaldenliste

Kto.-Nr.	Kunden	Salden
10 101	Söffgen OHG	253.470,00
10 102	G. Schön e. Kffr.	95.152,00
Saldensumme		348.622,00

Kreditorensaldenliste

Kto.-Nr.	Lieferer	Salden
17 101	B. Müller OHG	71.876,00
17 102	Emut GmbH	131.376,00
17 111	RA Kuhlmann	1.190,00
Saldensumme		204.442,00

S		9300 GuV		H
3110 Wareneingang I	29.600,00	2420 Betriebsfremde Erträge		8.000,00
3210 Wareneingang II	119.500,00	2460 Sonstige Erträge		310,00
4020 Gehälter	72.000,00	8110 Warenverkauf I		65.800,00
4700 Betriebsk., Instandhaltung	2.000,00	8210 Warenverkauf II		223.500,00
4840 Rechts- u. Beratungsk.	1.000,00			
0600 Eigenkapital	73.510,00			
	297.610,00			297.610,00

S		0600 Eigenkapital		H
SB	979.660,00	AB		906.150,00
		9300 GuV		73.510,00
	979.660,00			979.660,00

S		9400 Schlussbilanzkonto		H
0330 B.- u. G'ausstattung	800.000,00	0660 Eigenkapital		979.660,00
0340 Fuhrpark	300.000,00	0820 Verb. gegenüber KI		848.800,00
1010 Forderungen a. LL	348.622,00	1710 Verbindlichk. a. LL		204.442,00
1310 Kreditinstitute	30.058,00	1810 Umsatzsteuer		22.326,90
1510 Kasse	46.548,90			
3910 Warenbestände I	310.000,00			
3920 Warenbestände II	220.000,00			
	2.055.228,90			2.055.228,90

(Lehrbuch, Seite 519–524)

Bildquellenverzeichnis
Cover: Claude Beaubien/fotolia (links) und Dan Barnes/iStockphoto.com (rechts)